최고의 지도자를 만드는 실행력

리더의 품격

시대를 창조하는 지도자의 열정

위대한 황제에게 배우는 리더십 총서 2

UNIQUE · DIGNITY · FULFILL

최고의 지도자를 만드는 실행력

리더의 품격

· 신동준 21세기 정경연구소 소장 ·

미다스북스

리더십의 핵심은 '품격'이다!

중국이 21세기에 들어와 문득 G2로 부상함에 따라 중국인의 자부심은 한껏 높아졌다. G2 중국의 궁극적인 목표는 현재의 G1 미국을 제압하고 명실상부한 G1 중국을 건설하는 일이다. 그게 바로 '신 중화제국'이다.

19세기 말 손문 등의 혁명파는 '중화민족'의 기치를 앞세우며 만주족의 청나라를 뒤엎고 한족 중심의 공화국을 세우자는 취지로 멸만흥한滅滿興漢을 내걸었다. 만주족을 악질적인 오랑캐로 취급한 것이다.

문제는 이것이 중국의 영토를 나눠가지려는 서구 열강의 속셈과 맞아떨어졌다는 데 있다. 열강과 손을 잡은 대소군벌이 난립해 사실상 중국 전체를 나누어 가졌다. 20세기 말 중국 수뇌부는 민족 문제와 관련해 새로운 과제를 떠안게 됐다. 지역 간 극심한 빈부 격차로 인한 갈등을 해소해야 했다. 경제발전의 수혜를 받지 못하고 내륙오지에서 낙후된 삶을 살아가야 하는 소수민족의 불만이 수면 위로 떠올랐기 때문이다. 수뇌부가 그 해답으로 제시한 것이 '중화민족 대국주의'다. 한족을 포함한 중국 내 56개 민족은 원래 하나였다는 주장이 핵심이다.

역사공정과 조작된 중화주의

겉모습만 보면 중국의 수뇌부가 추진하고 있는 '중화민족 대국주의'는 '호한융합'의 모습을 띠고 있다. 그러나 그 내용은 현격히 다르다. 원래의 '호한융합'은 기본적으로 선비족 등 북방민족이 주축이 된 것이었다.

그런데도 중국 학계는 수당의 황실마저 한인과 호인의 혼혈로 시작했고 게다가 점차 호인의 피가 희석된 것으로 보고 있다. 이는 이민족 정복왕조인 수당제국을 한족의 역사로 보려고 하는 '역사공정' 때문이다. 이전까지만 해도 성군으로 꼽히던 당태종을 제치고, 21세기에 들어 청나라 강희제가 중국의 역대 제왕 중 최고의 명군으로 손꼽히게 된 것도 같은 맥락이다. 강희제는 자타가 공인하는 순수한 만주족 출신 황제이다. '조작된 중화민족' 슬로건을 확산시키는 데 더 없이 좋은 조건을 갖추고 있는 셈이다.

중국의 전 역사를 개관할 때 장성 안팎을 아우르는 진정한 의미의 '천하' 개념이 등장한 것은 북방민족과 한족이 치열하게 다툰 남북조시대 이후다. 이 시기는 '5호16국' 운운하며 북조의 역사를 깔아뭉갠 역대 중국사서의 기록과 달리 북방민족이 주도권을 행사한 시기였다. 북위의 후신인 북주의 역사문화 전통을 그대로 이어받은 수당제국이 장성의 안팎을 아우른 사상 최초의 통일제국을 건설했기 때문이다.

이후의 역사는 말할 것도 없이 북방민족이 전적으로 주도했다. 요, 금, 원, 청 등이 그렇다. 한족이 세운 왕조는 오직 송나라와 명나라밖에 없다. 금나라에 의해 장강 이남으로 밀려난 남송은 말할 것도 없고 '5대10국' 시대를 종식시키고 천하통일을 이룬 북송 또한 장성 이남을 모두 장악했던 것은 아니다.

한족의 '역사공정'은 최근의 일이 아니다. 사마천이 『사기』를 저술할 때부터 이미 수천 년 전에 자행된 일이다. 과거 북방민족의 정복왕조 역사를 기록한 사관들마저도 예외 없이 한족 중심의 '중화주의'에 매몰된 한족 출신 사대부들이었다. 이들은 정복왕조 모두 한족의 문화에 흡수돼 곧 사라졌다는 식으로 역사를 왜곡했다. 이런 점에서 기존의 중국 사서를 거꾸로 읽어야 할 필요가 있다. 사실 그래야만 중국사가 한족의 역사가 아닌 북방민족의 역사라는 사실을 확연히 파악할 수 있다.

동아시아 전체 역사로서의 중국사

중국의 전 역사는 한족의 역사만이 아닌 동아시아 전체의 역사로 진행됐다. 북방민족의 정복정권이 중원에 들어설 때 한족의 남조 정권, 송나라, 명나라 등은 아예 나라 자체가 없어졌다. 한반도를 중심으로 한 신라와 고려, 조선 등은 침략은 받았지만 나라가 패망하는 지경에 이르지는 않았다. 원나라 때는 부마국이 되어 전 세계를 호령한 몽골족과 가장 가까운 관계를 유지했다. 원나라 말기 때는 황실이 고려의 혈통으로 이어지기도 했다.

또한 우리의 역사는 늘 동아시아 역사의 중심에 서 있었다는 점이다. 명실상부한 세계제국을 건설한 당제국의 선비족과 세계 최대 판도를 자랑한 원나라의 몽골족 및 그 이웃사촌격인 거란족, 금나라와 청나라를 세운 여진족의 선조격인 말갈족 모두 고구려 백성이었다.

지난 2013년 5월 고구려발해학회 주최로 열린 국제학술대회에서 이런 논문이 발표됐다. "고구려가 700여 년 동안 끊임없는 전쟁을 치르면서도 수당제국에 버금가는 규모로 성장한 비결은 효율적인 '다문화 정책'에 있었다. 고구려는 처음부터 주변 민족을 흡수해 힘을 키웠다. 기원전 8년부터 선비족 일부를 복속시켜 대외 전쟁에 동원했다. 서기 49년에는 화북 지방의 깊숙한 곳까지 정벌했다. 이후 거란족 4만~5만 명이 고구려에 유입돼 말 양육과 조련 임무를 맡았다. 서기 313년 고구려에 병합된 낙랑유민 약 4만 명이 고구려의 외교 및 해외교역 등에 큰 역할을 했다. 서기 436년 5호16국의 하나인 북연이 북위에 의해 멸망할 때 선비족의 많은 귀족과 군인이 고구려로 이주했다. 고구려는 핏줄보다 능력을 우선시해 중원의 거대한 통일 제국과 자웅을 겨룰 수 있었다.”

중국에 대한 이해는 선택이 아닌 필수다

고구려 패망 이후에도 유사한 상황이 지속됐다. 고구려 유민이 말갈족과 합세해 고구려 땅에 세운 발해는 ‘해동성국’의 칭송을 받으면서 대외적으로 ‘고려’라 이름했다. 일본에 보낸 국서에 ‘고려왕’이라고 명시한 것을 봐도 그렇다. 고구려의 웅혼한 기상을 이어받은 고려 역시 내부적으로 황제라고 칭하며 한족의 송나라와 대등한 입장의 외교관계를 수립했다.

중원의 통일국가에 사대의 예를 취한 것은 조선조에 들어와 처음으로 나타난 특이한 현상이었다. 우리 민족은 동아시아 역사의 전개 과정에서 늘 중심에 서 왔다. 이것은 우리의 역사를 스스로 한반도에 가두는 식의 자폐적인 역사관을 과감히 깨뜨려야 하는 근거가 된다. 사실 그래야만 안방과 문밖의 구분이 사라진 21세기 스마트혁명 시대를 슬기롭게 헤쳐 나갈 수 있다.

중국이 G2의 일원으로 우뚝 선 만큼 이제 중국에 대한 이해는 선택이 아닌 필수다. 정치경제뿐만 아니라 사회문화 등 모든 부문에서 그런 주문은 더욱 심화되고 있다. 그럴수록 우리는 중국사가 한족의 역사가 아닌 북방민족의 역사로 이어져왔다는 점을 명확히 인식해야 한다.

중국 전 역사를 통틀어 가장 뛰어난 인물들

이번에 펴내는 리더십 총서 1, 2는 한족의 왕조는 물론 북방민족의 정복왕조를 모두 포함해 중국의 전 역사를 통틀어 가장 뛰어난 인물로 거론되는 10명의 제왕을 선정한 뒤 그들의 리더십을 중심으로 중국사를 통사적으로 접근한 책이다. 역대 명군의 리더십을 통해 중국의 전 역사를 일괄적으로 살펴본 것은 아마 본서가 처음으로 시도한 것일 듯싶다.

이들 10명은 모두 득천하得天下와 치천하治天下 과정에서 뛰어난 리더십을 발휘한 인물들이다. 득천하의 '창업'에 성공한 제왕들의 리더십은 새로운 사업을 시작하고자 하는 사람들에게 참신한 아이디어를 제공할 것으로 본다. 치천하의 '수성'에 성공한 제왕은 모두 해당 왕조에서 전성기를 누린 사람들이다. 이들의 리더십에 대한 고찰은 기왕의 성과를 토대로 사업을 더욱 확장하려고 하는 사람에게 많은 도움이 될 것이다.

주목할 점은 이들 10명 가운데 진시황과 한고제 2명을 빼고는 나머지 8명 모두 북방민족의 정복왕조 제왕들이라는 것이다. 최근에는 진시황도 북방민족으로 보아야 한다는 주장마저 나오고 있다. 객관적으로 봐도 한족이 세운 통일왕조는 겨우 한나라와 송나라, 명나라에 불과하다. 독자들은 본서를 통해 동북공정을 포함한 역사공정이 얼마나 허무맹랑한 것인지 쉽게 알 수 있을 것이다. 현재 한국은 정치경제뿐만 아니라 군사외교 등 모든 면에서 중국과 불가분의 관계를 맺고 있다. 『손자병법』이 역설했듯이 지피지기知彼知己 차원에서라도 중국의 역사문화를 보다 깊이 살펴볼 필요가 있다. 눈앞의 현실로 다가온 한반도 통일문제도 이런 틀 내에서 해결할 수밖에 없다. 이제는 조선조의 자폐적 소국 의식을 과감히 내던지고 스스로 천하의 중심이 되어 세상을 바라보는 안목을 가져야만 한다.

모든 것은 우리가 하기 나름이다. 우리도 노력하기에 따라서는 스마트혁명 시대에 능히 G1이 될 수 있다. 필자가 리더십 총서를 펴내는 근본적인 이유이기도 하다. 중국사로 표현되는 동아시아 역사를 총체적으로 조망함으로써 북방민족 출신이 주류를 형성하고 있는 뛰어난 역대 중국 황제들의 리더십을 21세기 스마트혁명 시대에 적용하려고 하는 것이다.

모쪼록 본서가 중국사를 동아시아 역사의 관점에서 새롭게 접근해 통일시대를 앞당기고자 하는 모든 사람에게 나름의 도움이 됐으면 한다.

2017년 봄 학오재學吾齋에서 저자 쓰다.

일러두기

1. 리더십 총서 1, 2권은 중국사에서 탁월한 업적이 있는 황제들을 고루 선정했습니다.

2. 본서에 실린 황제들은 시대순으로 실었습니다. 각 부 도입의 연표를 참고해주시기 바랍니다.

3. 리더십 총서 1권에 실린 저자의 말은 리더십 총서 전체를 아우르는 내용으로서 1, 2권에 공통
   으로 적용됩니다.

Class
04 이상의 품격

Outlook

조직에 최선의 방향을 제시하라
: 황금기로의 인도자 강희제

Class
05 공정의 품격

Justice

무엇 하나 함부로 차별하지 말라
: 황금기의 완성자 건륭제

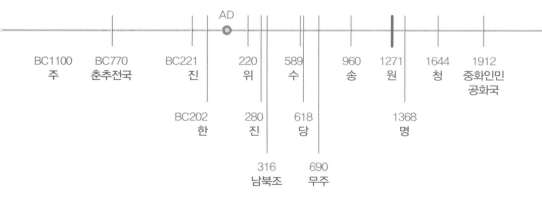

당신에게 전략이 없다면,

당신은 누군가 다른 사람의 전략의 일환이다.

앨빈 토플러

최적의 방법으로
조직을 이끌어라
: 초원의 정복자 칭기즈칸

원태조 **칭기즈칸** Chingiz Khan

본명 테무친鐵木眞

생애 1162~1227

재위 1206~1227

몽골의 보르지긴 씨족에서 태어났다. 수십 개의 부족과 씨족들이 약탈과 복수를 반복하던 몽골 초원에서 씨족 집단에서 버려지고 고난의 시기를 보냈다. 케레이트의 옹칸 밑에서 지내다가, 아버지대부터 원한이 있었던 메르키트 부족을 격퇴하고 세력을 모으기 시작해 27세의 나이에 젊은 '칸'이 된다. 이어 옹칸의 견제를 벗어나고 경쟁자 자무카마저 꺾은 그는 '예케 몽골 울루스', 즉 '큰 몽골 나라'의 칸, 칭기즈칸으로 옹립된다.

그는 수많은 부족과 씨족이 흩어져 있는 몽골에 법을 내려 약탈을 금지하고, 혈연으로 이어진 관계를 확대하여 민족 전체가 가족적 유대를 가지도록 했다. 또한 군사 편재를 새로 하여 철저히 조직화했다. 공성전 전술, 신식 무기, 엄격한 규율 등 뛰어난 전략으로 수차례의 원정에서 승리를 거두었다. 금제국과 호라즘을 정복하고 유럽에까지 진출했다.

칭기즈칸은 서역이 '몽골'에 가진 '파괴와 약탈, 살육과 폭력'의 이미지를 창조한 장본인이다. 더불어 수많은 동방의 문물과 문화를 서역에 전해준 세계 발전의 공로자이기도 하다.

01

STRATEGY

진정한 리더의 자격은 '리더다운 품격'이다

"나를 극복하는 그 순간 나는 칭기즈칸이 되었다."

칭기즈칸의 나라, 몽골

현재 몽골은 면적이 156
만 제곱킬로미터가 넘는
다. 한반도의 7.4배이다. 그
러나 인구는 265만 명으로 남한의
13분의 1도 안 된다. 몽골 인구 중 3분의 1인 80만 명이 수

몽골

도 울란바토르Ulaanbaatar에 살고 있다. 몽골의 넓은 초원은 얼마 안 되는 유목민들 몫이다. 몽골의 수도 울란바토르 거리에 있던 과거 공산주의 시대의 소련인 동상들은 모두 철거됐으나 레닌의 동상만은 옛날의 그 자리에 그대로 서 있다. 레닌의 어머니가 타타르 출신이어서 몽골의 피가 섞여 있다는 이유 때문이다.

현재의 몽골지역에는 예로부터 북적北狄으로 불리는 여러 민족이 존재했다. 그중에는 몽골계, 터키계도 있다. 9세기경 터키계의 위구르족이 서쪽으로 이동한 까닭에 몽골족의 땅으로 불리게 된 것이다. 중국에서는 위구르족을 회흘回紇로 기록했다. 몽골과 관련해 가장 오래된 사서는 『구당서』다. 여기에 실위몽올室韋蒙兀로 기록돼 있다. 북위에 조공한 실위족室韋族의 일파로 보인다. 돌궐은 그들을 '타타르'로 불렀다. 중국 사서에는 달단韃靼으로 나온다.

울란바토르 일대는 원래 테무친이 몽골을 통일하고 칭기즈칸이 되기 전에는 옹칸王罕이 다스리던 케레이트Kereit 왕국의 영역이었다. 옹칸의 원래 이름은 토그릴이다. 금나라가 왕王의 명칭을 하사하자 이후 '옹칸'으로 불리게 됐다. 이곳은 테무친이 타타르를 비롯해 주변의 도전적인 부족의 압력으로 몽골 부족의 생존이 위협받을 때 동맹을 맺고 끝내 그 나라를 치기 위해 몇 차례 다녀간 곳이기도 하다. 울란바토르에서 차를 이용해 북쪽으로 7시간 동안 달리면 러시아와 몽골을 흐르는 오논Onon 강이 나온다. 몽골어로 '오논 골'이라고 한다. 우리말의 골짜기의 '골'과 같은 어원이다. 길이는 818킬로미터이다. 칭기즈칸이 이 강 부근에서 태어나고 자랐다. 테무친은 자주 오 논 강을 찾아가 놀았고, 가난했을 때는 강에서 고기를 잡았다. 정적 으로부터 위협받을 때는 이 강을 건너 도망하기도 했다. 강폭은 50 미터쯤 된다.

| 지금의 울란바토르 수흐바타르광장

울란바토르

몽골의 수도 울란바토르는 몽골어로 '붉은 용사'라는 뜻이다. 1924년까지 '성벽'을 의미하는 쿠룬 庫倫이라고 불렸고, 유럽사람들은 '우르가'라고 했다. 몽골 라마교의 본산이었던 작은 마을이 본 격적으로 도시로 개발된 것은 조선에서 병자호란이 일어난 지 3년 뒤인 1639년부터다. 18세기에 러시아와 청의 중계무역지가 되면서 번창에 박차를 가했다. 1911년 외몽골이 독립하면서 수도가 되었다. 소련에 이어 세계에서 두 번째로 볼셰비키 혁명이 성공하면서 '울란바토르'로 이름이 바 뀌었고 본격적으로 몽골의 중심지가 되었다.

몽골인의 전통적인 주거공간인 게르가 아닌 근대적인 건축물, 주택이 지어졌으며 넓은 초원대 신 포장도로가 건설되었다. 현재는 수흐바토르 광장을 중심으로 정부청사, 독립 영웅들의 무덤, 국립극장, 호텔 등이 늘어서 있다. 1995년 서울특별시와 자매결연을 맺으면서 이듬해 여름, 나트 사그도로지의 거리 1킬로미터 정도를 '서울의 거리'로 지정하기도 했다.

'오논 골'에 그 유명한 '호흐 노르Khokh Nuur'가 있다. '호흐'는 푸르다, '노르'는 호수라는 뜻이다. '노르'는 현재 넓은 호수를 가리키는 말로 사용되고 있으나 원래는 아주 넓은 땅을 가리키는 말로 우리말의 누리와 어원을 같이한다. '너르다, 넓다, 너럭' 등도 여기서 분화된 것이다. 넓은 평야를 가리키는 일본어 '노'도 뿌리가 같다. '호흐 노르'는 테무친이 약혼녀를 데려다 살던 신혼의 땅으로 1206년에 열린 귀족회의 쿠릴타이에서 테무친鐵木眞이 칭기즈칸成吉思汗의 명칭을 얻고 칸의 자리에 오른 곳이기도 하다.

| 몽골의 호흐 노르

진짜 '호흐 노르'는 어디일까?
몽골에는 '호흐 노르'라는 이름의 호수가 여러 곳 있다. 몽골의 호수들이 모두 녹황색으로 보이기 때문에 그런 이름을 붙였을 것이다. 이들 모두 자기네 호수가 바로 테무친이 칭기즈칸이 된 호흐 노르라고 주장하고 있어 아직 의견 통일을 보지 못하고 있다.

칸의 핏줄, 용맹한 테무친

암바가이칸은 몽골족의 칸이었다. 그는 시집가는 딸을 데려다주러 갔다가 같은 몽골계의 타타르족에게 붙잡혔다. 타타르족은 암바가이칸을 여진족의 금나라 황제 알탄칸에게 보냈다. '알탄칸'은 해릉왕을 말한다. 해릉왕 치세 때 금나라는 몽골계 타타르족에게 공포정치를 구사했다. 충성의 징표를 요구하자 타타르족이 암바가이칸을 압송한 것이다. 그는 금나라에서 살해됐다.

칸
중앙유라시아에서의 군주를 칭하던 말. 몽골어인 'Khaghan可汗'에서 나왔으며 다시 'Khaan', 'Khan', 즉 칸이라고 불리게 되었다고 한다. 그러나 어원에 관해서는 정설이 없다. '칸'을 칭호로 사용한 나라는 대체로 모로코 · 위구르 · 거란 · 몽골 · 하자르 · 불가르 · 킵차크 등 비非투르크계 민족들이다.

암바가이칸의 뒤를 이어 부족을 통솔한 사람이 바로 칭기즈칸의 부친, 에스게이 바토르이다. 그는 호에룬이라는 여자를 메르키트족의 남자로부터 빼앗았다. 칭기즈칸은 이 사이에서 태어났다. 아명은 테무친이다. 에스게이가 숙적인 타타르족과 싸워 '테무친 우게'라는 족장을 포로로 한 사이에 태어났기 때문에 '테무친'이라는 이름을 얻게 되었다.

테무친의 탄생은 언제인가?
테무친이 탄생한 해에 관해 설이 엇갈린다. 『원사』는 태조가 죽은 것이 태조 22년(1227) 66세였다고 기록해놓았다. 이를 역산하면 그는 1162년생이 된다. 그러나 라시드 앗 딘의 『집사』는 향년 72세로 돼 있다. 통설은 『원사』의 기록을 좇고 있다.

어느 날 아침 요란한 말발굽 소리를 내며 메르키트 부족의 한 무리가 테무친을 습격해왔다. 뜻밖의 습격을 받은 테무친의 가족들은 재빨리 말을 타고 흩어져 무사했으나 그의 아내는 타고 달아날 말이 없어서 머뭇거리다가 사로잡혀 끌려가고 말았다. 메르키트 부족이 테무친의 아내를 잡아간 이유는 약 20년 전에 테무친의 아버지가 메르키트 부족장의 친척에게서 신혼의 아내를 빼앗아 자신의 아내로 삼았기 때문이었다. 바로 그 여인이 테무친의 어머니였다. 메르키트 족은 이에 대한 복수를 위해 테무친의 아내를 잡아간 것이다.

| 라시드 앗 딘, 『집사』

테무친은 죽마고우인 자무카, 아버지의 맹우인 옹칸과 손잡고 메르키트를 쳐 아내를 되찾아왔다. 옹칸은 케레이트의 수장으로, 테무친의 부친에게 여러 번 위기에서 구출된 일이 있었다. 자무카는 자다란 부족의 유력자였다. 테무친이 메르키트 부족과 싸우는 와중에 연합전선이 형성되었다. 라시드 앗 딘의 『집사集史』에는 메르키트가 테무친의 아내를 빼앗은 후 이를 옹칸에게 보내고, 테무친이 송환을 요구해 옹칸이 응한 것으로 돼 있다. 이 싸움은 테무친의 용맹을 더 높였다.

스스로 권력을 가져오게 하라

칭기즈칸은 메르키트를 격파한 뒤 자무카와 약 1년을 함께 보냈다. 이 시기에 그의 세력은 급속히 성장해 단 9필의 말로 메르키트를 공격하던 때와 달라졌다. 이후 그는 자무카와 갈라선 지 얼마 되지 않아 21개 부족의 수장으로부터 추대돼 칸의 지위에 올랐다. 권력을 탈취하는 것이 아니라 다른 사람이 자신의 손에 권력을 가져다주도록 하는 고도의 책략을 구사한 덕분이다.

이때 주도적인 역할을 한 인물은 신직神職(신관)을 맡은 다하르치答齡兒赤였다. 당시 칭기즈칸은 다하르치에게 만일 자신을 위해 일을 해주면 1만 호의 봉읍을 주겠다고 했다. 다하르치는 전국에서 30명의 미녀를 뽑아주고, 이후 칭기즈칸이 그의 책략을 들어야 한다는 역제의를 했다. 이를 수용해 거래가 성사됐다. 다하르치는 자신의 신분을 이용해 하늘에 칭기즈칸이 대칸으로 확정되었음을 알리는 역할을 떠맡았다.

몽골인은 대규모로 집단생활을 했기에 대칸을 돕는 일은 조금도 지체해서는 안 되는 일이었다. 당시 대칸 후보 가운데 칭기즈칸은 나이도 가장 어린 데다 경력도 미천했고, 세력 역시 크지 않았다. 칭기즈칸이 대칸의 자리를 차지할 가능성은 매우 낮았다. 그러나 주도면밀한 계획을 세운 칭기즈칸은 우선 여론을 형성하기 시작했다. 여기에 이용된 것이 다하르치였다. 많은 사람들이 다하르치의 말을 믿고 칭기즈칸에게 귀의했다. 당시 사람들은 신직의 자리에 있는 사람의 말을 곧 신의 말로 받아들였다. 어느 누구도 다하르치의 말을 거짓 음모로 의심하지 않았다.

　그에게 권력을 가져다준 것은 다하르치뿐만이 아니었다. 칸이 되고자 하는 경쟁은 치열했다. 이때 그는 오히려 잠시 물러남으로써 더 멀리 나아간다는 계략을 세웠다. 귀족들이 서로 눈치를 보면서 누구도 함부로 나서 명확한 입장을 표하지 않을 때 그는 가장 먼저 숙부 다리타이答里台의 아들 알탄阿勒壇을 칸으로 세우자고 제의했다. 그러나 호응하는 사람이 없었다. 이때 알탄이 스스로를 추천할 수 없었다. 또한 몽골에는 겸양의 전통이 있어 알탄은 일단 칭기즈칸의 제의를 사양했다. 칭기즈칸은 다른 귀족까지 하나하나 추천했지만 모든 이들이 이러는 바람에 부합하는 인물은 없었다. 이런 상황에서 다하르치가 칭기즈칸의 추대가 곧 하늘의 뜻임을 주장했다. 달리 이의를 다는 사람이 없었다. 이렇게 25세에 불과했던 젊은 청년 칭기즈칸이 몽골의 대칸 자리에 올랐다.

칭기즈칸이 테무친이었던 시절, 결혼하고 얼마 지나지 않아 그의 아내 보르테가 메르키트족에 의해 납치당했다. 이에 보르테를 돌려받기 위한 전쟁이 시작되었다. 결국 9개월이 지나서야 그녀는 칭기즈칸에게 돌아올 수 있었다. 그런데 이때 보르테는 임신 중이었다. 보르테가 낳은 사내아이는 칭기즈칸의 장남이 된다.

칭기즈칸은 아들의 이름을 주치朮赤라고 했는데, 이는 '객인客人', 즉 '이방인'이라는 뜻이다. 칭기즈칸이 큰아들에게 이런 이름을 붙인 이유에 대한 두 가지 설이 있다.

하나는 보르테가 남편에게 돌아오는 도중에 뜻하지 않게 태어났기 때문이라는 설이다. 그리고 또 하나는 보르테가 낳은 아들이 칭기즈칸의 아들이 아니기 때문이라는 설이다. 후자의 설에 따르면 칭기즈칸은 아내가 원수의 아이를 배고 온 것까지 포용했으며, 그 아들도 받아들여 자신의 아들로 키운 것이 된다.

집안이 나쁘다고 탓하지 말라.

나는 아홉 살 때 아버지를 잃고 마을에서 쫓겨났다.

가난하다고 말하지 말라.

나는 들쥐를 잡아먹으며 연명했고,

목숨을 건 전쟁이 내 직업이고 내 일이었다.

작은 나라에서 태어났다고 말하지 말라.

그림자 말고는 친구도 없고

병사는 10만, 백성은 어린애, 노인까지 합쳐 2백만도 되지 않았다.

배운 것이 없다고, 힘이 없다고 탓하지 말라.

나는 내 이름도 쓸 줄 몰랐으나

남의 말에 귀 기울이면서 현명해지는 법을 배웠다.

너무 막막하다고, 그래서 포기해야겠다고 말하지 말라.

나는 목에 칼을 쓰고도 탈출했고,

뺨에 화살을 맞고 죽었다 살아나기도 했다.

적은 밖에 있는 것이 아니라 내 안에 있었다.

나는 내게 거추장스러운 것은 깡그리 쓸어버렸다.

나를 극복하는 그 순간 나는 칭기즈칸이 되었다.

- 칭기즈칸

부하의 품격을 세우는 것이 최고의 용인이다

"칭기즈칸과 그의 후손들이 세계를 흔들자 술탄들이 쓰러졌다."

전쟁에서 가장 유용한 무기는 사람이다

몽골이 전무후무한 대제국을 건립할 수 있었던 것은 칭기즈칸의 전략과 책략이 있기에 가능했다. 그는 전략적으로 먼 곳의 적과 동맹해 가까운 적을 공격하는 것을 중시했고, 적을 많이 만드는 것을 피했다. 적의 사정을 면밀히 살핀 후 포위하고 먼 거리에서 기습하고, 거짓으로 물러나는 척해 적을 유인하고 움직이는 중에 적을 섬멸하는 등의 전술을 썼다.

한국전쟁에도 참전한 미국의 군사 학자 베빈 알렉산더는 『위대한 장군들은 어떻게 승리했는가』에서 세계적으로 유명한 10명의 장수 가운데 칭기즈칸을 두 번째로 꼽았다. 성공 비결은 속도와 계략이었다. 그러나 그보다 더 중요한 게 있다. 칭기즈칸은 뛰어난 전략가였다. 그는 적의 내부분열에 능했다. 『손자병법』이 역설하는 궤계詭計와 반간계反間計의 명수였다.

| 베빈 알렉산더, 『위대한 장군들은 어떻게 승리했는가』, 흥익출판사

그가 집안을 일으킨 것은 모두 옹칸과 자무카의 지지 덕분이었다. 세력이 커지는 과정에서 자무카 부락을 매수했다. 메르키트와 타타르 부족을 함락한 것도 옹칸 등을 활용한 덕분이다. 그는 시기가 무르익자 먼저 자무카를 제거하고 이어 옹칸까지 궤멸시켰다. 당시 그는 첩자를 파견해 적의 동태를 손바닥 보듯 알고 있었다. 옹칸이 그를 제거코자 했을 때 미리 정보를 입수해 위험을 피했고, 옹칸이 그를 공격하려 할 때도 누군가의 밀고 덕분에 미리 대비할 수 있었다. 어느 정도 운이 따라주었던 게 사실이나 이 또한 그가 늘 싸움을 벌이기 전에 첩자를 적진에 침투시켰기에 가능했던 일이다.

그는 늘 적의 후방에 첩자를 침투시켜 심리전을 펼쳤다. 정보를 염탐한 뒤 첩자를 파견해 적진의 내분을 유도한 것은 멀리 내다보았기에 가능한 일이었다. 실제로 그는 첩자에게 일시적인 이익을 구하지 않았다. 단기간에 그 공을 치하하지도 않았다. 적에게 곧바로 발견될 소지가 컸기 때문이다. 이들 첩자들은 결정적인 시기에 엄청난 일들을 해냈다.

대칸으로서의 품격을 세운 젊은 지도자

칸을 추대하면 몽골 귀족은 충성을 맹서하고 칸은 수하의 귀족과 기구들을 통제할 권한을 갖는다. 당시 귀족들은 각자의 재산과 군대, 백성들이 있어 실제로는 하나하나 독립된 제후국이었다. 칸이 아무리 막강할지라도 휘하 귀족들을 제어할 힘이 충분하지 못하면 허수아비에 불과했다. 당시 많은 귀족들은 여전히 칭기즈칸에게 불복하고 있었다. 모두 풍부한 연륜에 막강한 세력을 형성하고 있었기 때문이다.

칭기즈칸은 우선 자신의 진영을 공고히 하는 것을 첫 과제로 삼았다. 그는 친위부대를 만들어 심복 보르슈博爾術 등에게 지휘를 맡겼다. 이어 음식, 호위 등 여러 전문분야와 전문직을 두고 휘하 군사와 백성들이 각자 임무를 나눠 맡도록 한 뒤 자신의 형제나 친족들에게 관리를 맡겼다.

그는 과거 자무카와 함께 있는 동안 자무카 치하에 있던 몽골인들 대부분을 자신의 영향권 아래 편입시켰다. 칭기즈칸은 사람들의 마음을 사로잡는 데 뛰어났다. 신뢰감과 함께 물력을 동원해 백성을 끌어들였다. 자무카를 떠나 그에게 몸을 맡긴 자가 40여 귀족, 20여 부락에 이르렀다. 그중 쿠빌라이와 수부타이 등은 나중에 유명한 대장이 됐다. 자무카가 모은 병사들 역시 칭기즈칸의 수중으로 들어가면서 자무카는 노적가리를 태워 싸라기를 주워먹는 꼴이 되었다.

| 수부타이

칭기즈칸은 칸의 자리에 오른 후 곧바로 옹칸과 자무카에게 이 소식을 알렸다. 옹칸은 아무 생각 없이 잘 된 일이라고 기뻐했으나 자무카는 불편해하며 소식을 전하러 온 알탄 등에게 이같이 말했다.

"너희는 테무친과 나 사이를 이간하더니 결국은 내 허리에 창을 찌르고 내 가슴에 칼날을 날려 나를 배반하는구나!"

칭기즈칸의 기세가 등등해지자 자무카는 칭기즈칸의 원수인 타이치우인泰赤烏人을 이용해 칭기즈칸에게 치명적인 일격을 가할 기회를 찾았다. 원래 자무카는 숙부의 창업을 계승한 젊고 유망한 인물이었다. 그는 한때 칭기즈칸을 거둬들여 휘하 부장으로 쓰기도 했다. 그러나 그는 칭기즈칸이 비밀리에 휘하의 부족들을 끌어들여 자신을 겨냥하고 있다는 사실을 전혀 눈치채지 못했다. 칭기즈칸은 자신의 세력으로는 자무카에 맞설 수 없다는 것을 알고 있었다. 자무카역시 칭기즈칸이 의지하고 있는 옹칸의 강대한 세력을 두려워해 경솔히 손을 쓰지 못했다.

오랜 친구일지라도 쉽게 방심하지 말라

이러는 사이 10년의 세월이 흘렀다. 그동안 자무카는 타타르 및 왕고부汪古部 등과 결연을 맺고 나름 칭기즈칸을 견제하기 위해 애썼다. 서쪽의 나이만부와 연락해 칭기즈칸의 후원자인 옹칸을 견제했다. 그는 칭기즈칸과 옹칸의 내부에 사람을 보내 거짓 투항시킨 후 이같이 이간질하기도 했다.

"칭기즈칸이 칸을 칭한 것은 몽골 부족을 없애고 자신의 독재를 하려는 것이지만 자무카가 연맹을 맺은 것은 각 부족이 평등하게 함께 발전하려는 것이다."

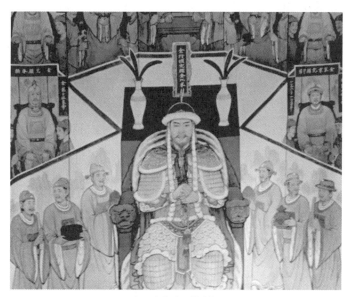

| 금나라 세종 완안옹

　　이때는 칭기즈칸이 은밀히 힘을 기르며 후일을 대비하던 때였다. 마침 금나라 세종 완안옹完顔雍이 대정 29년(1189)에 죽고 아들 완안경完顔璟이 장종으로 즉위했다. 자무카의 휘하 부장들이 속히 출병해 칭기즈칸을 칠 것을 권했다. 자무카도 금나라가 속국 사이의 분쟁에 간섭할 겨를이 없을 것이라고 생각했다. 자무카는 사람을 보내 말을 훔쳐오도록 했다. 자무카의 동생이 칭기즈칸의 영지에 들어가 말 1필을 훔쳤다. 이를 칭기즈칸의 부하가 발견하고 급히 쫓아가 쏘아 죽였다. 이것이 전쟁의 빌미가 됐다. 자무카는 타타르 등 13개 부락을 규합해 3만의 군사를 이끌고 칭기즈칸을 궤멸하고자 했다.

　　그러나 13개 부족 내에는 칭기즈칸의 첩자가 숨어 있었다. 이들은 이 소식을 칭기즈칸에게 알렸다. 칭기즈칸은 휘하를 13익翼의 군사로 조직해놓고 있었다. 이를 13개의 '고란'이라고 불렀다. 고란은 '둘레'라는 뜻으로 후에 이것이 군단으로 발전했다. 13개 고란의 병력은 총 13,000명이었다. 자무카 연합군의 반에 미치지 못했다.

칭기즈칸은 국경 밖에서 적을 맞이하기 위해 모든 병력을 이끌고 신속히 동북 방향으로 행군해 자무카가 오기를 기다렸다. 습격 계획이 누설된 것을 안 자무카가 망설일 때 칭기즈칸은 소부대를 파견해 공격을 시도했다. 자무카는 당황했으나 곧 칭기즈칸의 소부대를 물리쳤다.

사람을 사로잡는 데에는 말 한마디면 충분하다

칭기즈칸은 '구르반 노르'로 후퇴했다. 지금도 몽골에서는 '구르반 노르의 맹서' 일화가 전해져온다. 당시 그의 부대가 전쟁 중에 해체됐다. 단지 19명의 장수들만이 그를 따랐다. 군수품을 포기했기에 혼탁한 강물을 마시고 말고기를 먹을 수밖에 없었다. 칭기즈칸은 이 19명의 장수들을 이끌고 강가에 꿇어앉아 하늘에 대고 맹서했다.

"언젠가 큰 성공을 거두게 되면 반드시 여러분과 동고동락하게 될 것이다. 만일 이 맹서를 저버리면 나를 이 강의 혼탁한 물로 변하게 할 것이다."

칭기즈칸의 진심과 솔직함은 수하 장수들의 마음을 크게 움직였다. 현장에 있었던 사람들 가운데 감격해 눈물을 흘리지 않는 자가 없었다. 나중에 이들은 모두 유명한 공신이 되었고 한 사람도 배반하는 이가 없었다. 칭기즈칸은 겉치레의 호의를 베풀지 않았고, 단지 몇 마디 말로 사람들이 죽음으로써 보답할 수 있도록 했다.

칭기즈칸은 뒤로 물러나 다시 결전을 치르고자 했다. 자무카도 함정에 빠질 것을 우려해 퇴각령을 내렸다. 『원조비사元朝祕史』에는 칭기즈칸이 패해 오논 강의 골짜기로 달아난 것으로 돼 있다. 그러나 『원사元史』와 『집사』에는 자무카가 진 것으로 돼 있다. 칭기즈칸 쪽으로 귀순하는 부족이 늘어난 점에 주목했기 때문이다.

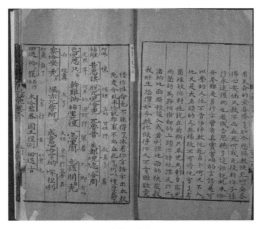

| 원조비사

한편 자무카는 내부 첩자가 있다는 것을 알고 13개 부락을 조사했다. 그러나 진짜 내통자는 잡지 못했다. 결국 그는 무고한 사람들을 72개의 큰 솥에 삶아 죽였다. 군심이 크게 동요했다.

금나라 장종 태화 원년(1201) 정월, 자무카와 연합한 10여 개 부락 수령이 오논 강 남쪽 기슭에서 맹서하며 자무카를 '구르칸古兒汗'으로 옹립했다. 이들이 이같이 맹서했다.

"우리가 동맹을 했으니 출병 계략을 누설하는 자는 천벌을 받을 것이다!"

『원조비사』는 구르칸을 '보황제普皇帝'로 한역해놓았다. '널리 통치하는 대황제'라는 뜻이다.

'구르칸'으로 즉위한 자무카는 곧바로 연합군을 이끌고 출격했다. 그러나 그들은 맹서에 참여한 부족 내에 칭기즈칸의 첩자가 끼어 있다는 사실을 알지 못했다. 첩보를 전달받은 칭기즈칸은 미리 만반의 대비책을 강구해 옹칸과 연합전선을 펼쳤다. 자무카 연합군과 칭기즈칸 연합군은 금나라 장성 북쪽 코이덴에서 조우했다. 교전을 벌이려 할 때 문득 폭풍이 몰아치기 시작했다. 자무카 연합군은 하늘이 칭기즈칸을 보호하는 징조로 여겨 뒤로 물러났다. 칭기즈칸이 이를 놓치지 않고 돌격해 자무카 연합군을 궤멸시켰다. 이 싸움이 벌어진 해를 『몽골원류』에는 닭의 해로 적고 있다. 신유년辛酉年인 1201년이다.

반란군의 내부에 역으로 반군을 만들어라

이듬해인 태화 2년(1202) 칭기즈칸이 타타르를 쳐 궤멸시켰다. 이후 옹칸과 대립했다. 당초 자무카는 옹칸에게 칭기즈칸이 비밀리에 나이만과 내통해 해를 입힐 것이라고 했다. 나이만 부족은 알타이 산록에서 유목하던 투르크계 부족이다. 금나라는 나이만 수장에게 '대왕'의 칭호를 수여했다. '왕'에 봉한 옹칸보다 한 단계 위의 직급을 부여한 셈이다. 옹칸의 아들 셍굼桑昆은 날마다 강대해지는 칭기즈칸을 용인할 수 없어 누차 옹칸에게 청했다. 옹칸은 야심이 없는 데다 칭기즈칸에게 여러 이득을 얻고 있었던 까닭에 주저했다. 그러나 결국 셍굼의 사주에 넘어가 태도를 바꿨다.

옹칸과 셍굼, 자무카는 칭기즈칸을 연회에 초대해 연회장에서 제거할 계획을 세웠다. 칭기즈칸은 그 말을 믿고 시종을 이끌고 연회장으로 갔다. 도중에 그를 키워준 멍리커蒙力克 노인을 만났다. 그는 언행이 일치하지 않는 옹칸의 음모일 것이라고 충고했다. 칭기즈칸은 멍리커의 계책에 따라 시종 2명을 보내 봄에는 말이 여위어 장거리 여행이 불편해 가을에 말이 살쪘을 때 다시 연회에 가겠다는 핑계를 대고 참석하지 않았다. 그들은 음모가 드러난 것을 알고 다음날 습격하기로 결정했다. 그러나 이 사실을 첩자들이 듣고 그날 밤 말을 몰아 칭기즈칸에게 이를 고했다.

칭기즈칸은 즉시 부하들을 소집한 뒤 밤을 틈타 달아날 것을 명했다. 다음날 저녁 무렵, 그들은 허란진사타에 도착했다. 옹칸의 기병이 쫓아왔다. 칭기즈칸도 반격할 준비를 했다. 옹칸은 주력부대를 넷으로 나눠 번갈아 공격했다. 이때 자무카는 은밀히 사람을 보내 옹칸의 전투원 배치 상황을 칭기즈칸에게 알려주었다. 그는 옹칸이 자신을 총지휘자로 천거하자 이를 거절하고 싸움이 시작되자마자 자기 사람들을 이끌고 전장을 떠났다. 어부지리를 노린 것이다.

자무카측 첩자 덕분에 옹칸의 전투원 배치 상황을 속속들이 파악한 칭기즈칸은 옹칸의 4개 부대를 차례로 격파하고 셍굼에게 화살을 쏘아 상처를 입혔다. 기회를 엿보면서 싸우기도 하고 퇴각하기도 하며 옹칸의 추격에서 벗어났다. 그는 베이르貝爾 호수 일대까지 퇴각한 후 계속해 힘을 길렀다.

| 달리는 말 위에서 활을 쏘는 몽골 기병의 모습

그는 옹칸이 다시 군사를 일으키는 것을 방지하기 위해 사자를 보내 자신은 옹칸에게 잘못이 없다는 것을 일깨우면서 옹칸이 약속을 지키지 않은 것을 질책했다. 옹칸은 모든 것을 간사한 사람들의 이

간질로 돌리며 칭기즈칸과 화해하려고 했다. 옹칸과 자무카는 칭기즈칸이 다른 세력과 연합해 자신에게 대적할 것이라고 생각했다. 둘은 서로를 견제했다. 일종의 이이제이以夷制夷 책략이었다. 이 사이 칭기즈칸은 세력을 회복했을 뿐만 아니라 반격을 위해 세심한 준비까지 할 수 있었다. 옹칸이나 자무카 모두 예측하지 못한 일이었다.

"칭기즈칸과 그의 후손들이 세계를 흔들자 술탄들이 쓰러졌다.
칼리파들이 넘어졌고, 카이사르들은 왕좌에서 떨었다.
그는 천수를 누리고 영광이 최고에 이른 상태에서 죽었으며,
마지막 숨을 내쉬면서 자식들에게
중국 제국 정복을 완수하라는 지침을 내렸다."

– 에드워드 기번, 『로마제국쇠망사』

몽골의 역사는 한문 이외에 몽골어, 페르시아어를 뒤져야만 한다. 『원사』는 명나라 초기 송렴을 총재로 하여 1년여 만에 만들어진 까닭에 조잡하기로 악명이 높다. 당나라 멸망 후 40년도 채 안 돼 쓰여진 『구당서』도 문제가 많아 이후 새로운 사료의 발견 등으로 다시 150년 만에 『신당서』가 편찬됐다. 1919년 5·4운동으로 세상이 들끓고 있을 때 결함투성이 『원사』를 보충하기 위해 가소민柯劭忞이 『신원사』를 완성시켰으나 이 또한 일정한 한계가 있었다. 『원사』와 『신원사』보다 원대 역사의 근본 사료가 되는 것은 몽골어로 쓴 『원조비사』이다.

13세기 이란 출신 역사가 라시드 앗 딘이 쓴 『집사』와 12세기 이슬람 역사가 주베이니가 저술한 『세계정복자의 역사』 등도 중요한 1차 사료이다. 주베이니의 저서는 돌궐 비문의 존재를 기록한 최초의 문헌이기도 하다.

『원조비사』

13세기 중기에 쓰여진 것으로 추정되는 작자 미상의 몽골제국의 역사서. 중앙아시아의 북방 유목민족에 의해 편찬된 역사서로서는 가장 오래되었다. 몽골족과 칭기즈칸의 선조에 대한 전승傳承·계보, 칭기즈칸의 일생과 치세를 기록했다. 몽골족 특유의 서사시적인 서술을 사용하여 당시 몽골족의 언어를 연구하는 자료로도 귀중한 사료로 쓰인다. 1380년대 명나라 초기에 한자로 음역되고 정리되었다. 책 이름도 이때 붙였다.

『집사』

『집사』를 쓴 라시드 앗 딘은 페르시아 이슬람 왕조 일칸국의 정치가이자 역사가다. 어려서부터 익힌 제약과 의술 지식을 바탕으로 몽골 군주 일칸의 궁정에 출사하여 문관으로서는 재상인 바지르 자리까지 올랐다. 그러나 일칸국의 군주를 시해했다는 정적들의 모략으로 처형당했다.

그는 역사학을 비롯해 신학과 식물학, 약학 등 광범위한 분야의 저작들을 남겼다. 재상으로서 세계 각지의 학자들과 교류하며 『집사』를 편찬했다. 14세기 초에 완성된 『집사』는 몽골사, 세계 민족사, 세계 지리지의 3부로 구성되어 있으며 전 7권이다. 비한문非漢文 저서로 돌궐, 중국, 인도 등의 역사를 체계적으로 서술했다. 『집사』의 몽골 관련 부분은 오늘에도 그 독보적인 사료의 가치를 인정받고 있다.

| 라시드 앗 딘의 동상

적은 축소하고 아군은 확대하는 것이 통치다

"몽골은 그의 통치 아래에서 땅과 백성, 유목민 전체의 통칭이 되었다."

아군을 적의 동맹자로 만들라

금나라 태화 3년(1203) 봄, 하늘은 칭기즈칸에게 절호의 기회를 내려주었다. 옹칸과 금나라 사이에 충돌이 일어나 금나라 군사가 옹칸을 공격하자 옹칸의 세력이 크게 줄어들었다. 칭기즈칸은 이런 절호의 기회를 놓치지 않았다. 그는 동생 하싸르合撒兒를 옹칸에게 보내 거짓으로 투항하게 했다. 늙어 판단력이 흐려진 옹칸은 칭기즈칸에 대한 경계심을 풀고 하싸르와 굳은 맹서를 나누었다.

그러나 칭기즈칸의 대군은 이미 하싸르의 뒤를 쫓아가 옹칸의 궁 앞에 이르렀다. 옹칸은 아무것도 모르고 칭기즈칸의 대군이 코앞에 닥쳐올 때까지도 자신의 궁 안에서 연회를 벌이고 있었다. 전투는 3일 만에 끝났다. 옹칸과 셍굼은 황급히 도주했다. 도중에 부자는 서로를 원망하며 각기 갈 길을 갔다. 옹칸은 나이만으로 도주했다가 그곳을 지키던 장수에게 살해되었다. 셍굼은 홀로 서하로 도주했다가 다시 서역으로 도주했으나 이내 현지 사람에게 살해되었다. 이로써 몽골 초원 대부분이 칭기즈칸의 판도에 들어갔다.

적이 어떤 정보도 믿지 못하게 하라

태화 4년(1204) 위기를 느낀 나이만 부족이 칭기즈칸의 적들을 규합해 동쪽으로 진공했다. 힘만 비교하면 칭기즈칸은 크게 열세였다. 나이만 족장 타양칸은 왕고 부족과 연합하고자 했으나 왕고부의 수령은 나이만 부족이 승리할 수 없음을 예측하고 이를 거절했다. 그들의 출병계획까지 칭기즈칸에게 밀고했다. 칭기즈칸은 그에게 많은 보물을 보내 자신의 편에 서줄 것을 요구했다.

나이만군과 칭기즈칸군은 살리천 부근에서 만났다. 이때 말 한 마리가 놀라 나이만군 쪽으로 달려갔다. 나이만군은 몽골의 말이 마른 것을 보고 더욱 교만해졌다. 그러나 이는 계략이었다. 칭기즈칸은 이번엔 군세를 커보이게 하기 위해 사람마다 5개의 불을 붙이게 했다. 타양칸의 보초병이 이를 보고 급히 몽골군의 수가 많아 살리천 전체를 모두 뒤덮었다고 보고했다. 타양칸은 점점 불안해졌다.

몽골은 조직적으로 빠르게 나이만의 군영을 어지럽게 만들었다. 나이만이 산속으로 후퇴하기 시작했다. 한편 자무카는 타양칸이 유약하고 무능한 것을 보고 나이만이 패할 것으로 생각해 전투에 참여하지 않고 군사를 이끌고 떠났다. 얼마 후 타양칸은 여러 겹으로 포위되었다. 이후 부상 후유증으로 사망했다. 나이만의 군사는 모두 붕괴되고 왕후는 생포돼 칭기즈칸의 후궁이 되었다. 나이만과 일부 부족은 대부분 투항했고, 타양칸의 아들은 소수의 병사를 이끌고 도주했다.

칭기즈칸은 나이만을 쳤을 때 나이만이 터키계의 위구르 문자를 사용해 몽골어를 표현하는 것을 알게 되었다. 이를 재빨리 채용했다. 쿠릴타이에서는 「야사」라는 법령이 발포되기도 했다. 이는 위구르문자를 사용해 철판에 새긴 것이다. 이로써 칭기즈칸, 자무카, 옹칸이 정립鼎立한 초원의 삼국시대는 끝나고 칭기즈칸이 실질적인 주인인 새로운 시대가 활짝 열리게 됐다.

치밀하게 분석하고 끈질기게 집중하라

그가 구사한 일련의 '반간계'는 『손자병법』이 역설하는 지피지기知彼知己의 토대 위에 서 있는 것이다. 고금을 막론하고 적과 아군의 실력을 정확히 파악해야 제대로 된 작전이 나오기 마련이다. 그는 첩자를 통한 정확한 정보를 토대로 치밀한 군사작전을 짠 뒤 통일전선을 구축해 적을 무찌르는 '선택과 집중'의 전략을 구사했다. 이를 최초로 사용한 것은 메르키트와 싸울 때였다. 그의 아내가 잡혀갔을 때 그는 옹칸과 자무카의 사정부터 알아보았다. 양자 모두 메르키트와 사이가 좋지 않았다. 그는 곧 이들 양자와 손을 잡고 통일전선을 결성한 뒤 손쉽게 메르키트를 궤멸시켰다.

그는 메르키트를 제압 후 다시 자무카를 반대하는 진영과 통일전선을 형성했다. 주목할 것은 이때 그는 모든 수단을 동원해 자무카 쪽 사람을 자기 쪽으로 끌어들인 점이다. '반간계'의 전형에 해당한다. 이는 엄청난 위력을 발휘했다. 20여 개 부락의 귀족 40여 명이 문득 테무친 쪽으로 돌아선 뒤 자무카와 맞섰다.

쿠릴타이

몽골인을 비롯한 북방 유목민 사회에서 집단의 중대사에 관련한 합의를 위해 소집했던 집회. 유목민은 정착지 없이 이동하는 목축 사회로 이루어져 있기 때문에 씨족氏族, 즉 혈연血緣을 기반으로 하거나 이에 준하는 집단을 기본으로 사회가 구성되었다. 그리고 다시 혈연을 기반으로 하여 부족이 구성되었다. 각 씨족이나 부족 내부에서 선출되는 장로들이 합의하여 최고의 지도자를 추대하고 그밖의 중요한 국사가 결정되었다. 이 합의를 위해 소집되는 모임을 쿠릴타이라고 한다.

사서史書의 기록에는 흉노匈奴·선비鮮卑·오환烏桓 등에 쿠릴타이가 존재했던 흔적이 있으나 가장 알려진 것은 13세기 몽골제국이다. 기록에 의하면 적어도 칭기즈칸까지는 쿠릴타이가 본연의 형태와 기능을 했던 것으로 추정된다. 그러나 군주권君主權이 절대적인 권력이 되면서 쿠릴타이는 형식적인 절차가 되어 이미 정해져 있는 군주의 뜻을 받아들이고 공표하는 자리가 되어버렸다. 그러나 종종 군주의 권력이 약화되면 쿠릴타이는 또 다시 본연의 기능을 되찾았다. 기존의 군주가 힘을 잃거나 사회가 동요하면 쿠릴타이는 자체적으로 소집되어 새로운 군주를 추대하기도 했다.

당시 서쪽 나이만부의 타양칸은 방대한 동맹군을 조직해 칭기즈칸을 공격하고자 했다. 이때도 칭기즈칸은 적진에서 자신의 세력을 구축하는 전략을 구사했다. 왕고부가 대상이었다. 왕고부는 원래 나이만부의 친족이다. 이치로 따지면 나이만부의 타양칸을 도와야 했다. 그러나 오히려 칭기즈칸 편에 섰다. 칭기즈칸의 통일전선 공작이 심도 있게 펼쳐졌기 때문이다.

멀리 있는 적과 연맹해 가까운 적을 공격하는 전략은 그가 유라시아 여러 제왕을 정복하고 방대한 몽골제국을 건설하는 과정에서 예외 없이 구사됐다. 당시 몽골국의 동쪽과 동남쪽에 이웃하고 있는 것이 금나라이고, 서남이 서하이고, 금나라에서 멀리 떨어진 곳에 남송이 있었다. 가장 큰 위협은 금나라였다. 주변에서 금나라를 공격해야 한다고 주장했지만 그는 먼저 쉬운 대상인 서하를 치고 나중에 어려운 대상인 금나라를 치기로 결정했다. 이는 현명한 판단이었다. 서하를 정벌하면 뒷걱정을 없애고 인력과 물자를 보충할 수 있었다.

금나라

12세기 초 여진족의 아구다阿骨打가 세운 국가. 여진족은 말갈靺鞨, 만주족滿洲族 등으로 불렸다. 여진족은 본래 10세기 초 이후 거란족이 세운 요遼의 지배를 받고 있었으나, 12세기 초 완안부의 세력이 커지며 추장인 아구다가 요를 배반하고 국호를 금金이라 하였다. 서하와 고려를 복속시키고 남송에서 신하의 예를 받는 등 전성기를 누렸으나, 몽골족의 공격으로 약해지다가 몽골·남송 연합군의 공격을 받아 건국 120년 만에 멸망하였다.

하늘이 내린 몽골의 황제

이듬해인 태화 6년(1206) 칭기즈칸의 제2차 즉위식이 행해졌다. 이전의 1차 즉위식 때는 부족연합의 맹주인 칸이었으나 이번에는 전 몽골계 유목민족 위에 군림하는 황제로서의 즉위였다. 오논 강변에서 대족장회의인 쿠릴타이를 열어 추대 의식이 거행됐다.

'몽골'은 그의 통치 아래, 일개 부족의 이름에서 영토와 백성 그리고 유목민 전체의 통칭이 되었다. 제국을 건립한 후 그는 군사와 행정의 개혁을 단행해 전국의 백성을 96개의 천호 단위로 나누고 천호장으로 하여금 이를 맡도록 했다.

정복된 부족은 모두 경계선을 없애고 일정한 천호로 편제되었다. 천호 아래에는 백호와 십호가 있었다. 이 조직은 행정조직이자 군사조직으로 평시에는 유목을 하고 전시에는 군사로 조직되었다. 이는 유목국가의 기본 군사조직 방식이자 전투력 증강의 한 요소이다. 전쟁에서 지휘체계를 일관되게 할 목적으로 칭기즈칸은 천호 위에 다시 만호장萬戶長까지 두었다.

칭기즈칸이 몽골을 통일할 수 있었던 이유

① 유능한 참모들을 휘어잡았다.
② 행정 및 군사를 철저히 조직화했다.
③ 신식 무기와 파격적인 전략을 유연하게 썼다.

| 칸으로 추대되어 보좌에 오르는 칭기즈칸

그는 천부적인 리더십을 갖고 있었다. 그는 일자무식이지만 법률 제도와 문화, 교육까지 완벽히 다루었다. 귀족을 전국 최고의 사법장관에 임명했고, 선포한 많은 규범은 그대로 법률이 되었다. 그는 나이만 부족의 재상이었던 타타통아塔塔統阿를 중용해 몽골 문자를 만들고 문화교육의 책임을 맡겼다. 이는 문자가 없던 몽골인이 문화적으로 비약하는 계기가 됐다.

그러나 신권을 위시한 통치 집단 내의 권력 경쟁으로 인해 몽골은 제국 건국 후에도 쉽게 평온해지지 않았다.

테무친에게 '칭기즈칸'의 대칸 칭호를 올릴 당시 이를 주도한 인물은 멍리커의 아들 코코추闊闊出였다. 그는 쿠릴타이 대회를 주관해 대칸의 지위를 칭기즈칸에게 내린다는 하늘의 뜻을 전했다. 몽골인에게 종교지도자는 신성한 권위를 지닌 자로서 때에 따라 대칸보다 더 중요한 인물로 여겨졌다. 그러나 칭기즈칸이 제국을 건립한 후 그의 힘은 점차 약해졌다. 이에 불만을 품은 그는 이후 하늘이 칭기즈칸에게 그의 동생 하싸르와 함께 몽골을 다스리게 했다는 요설을 퍼뜨려 두 형제를 이간했다. 이 말을 들은 칭기즈칸은 정말 동생을 죽일 뻔했다. 이 일로 계기로 코코추의 위세가 강해지자 실력 있는 많은 이들이 그에게 몸을 의탁했다. 그러나 칭기즈칸은 동생 오르치킨에게 그를 살해하도록 하여 신권과의 싸움에서도 승리를 얻을 수 있었다.

'칭기즈칸'의 유래

'칭기즈칸'의 명칭이 나오게 된 배경에 대해서는 설이 엇갈린다. 몽골어로 '강하다'는 뜻을 나타내는 '칭Ching'이라는 말에서 비롯됐다는 해석도 있다. 반자로프는 몽골 전통 신앙에서 '광명의 신'을 뜻하는 '하지르 칭기즈 텡그리Hajir Chingis Tengri'에서 비롯됐다고 추론했다. 페리오는 고대 투르크와 몽골에서 바이칼호를 가리키며 '바다'나 '넓게 펼쳐지다'라는 의미를 나타내던 고대 터키어 '텡기스Tenggis'가 변형된 것으로 추측했다. 후자가 보다 유력하다.

"그의 눈에는 불이 있고 얼굴에는 빛이 있다."

-『몽골비사』

04
STRATEGY

적에게서 인재를 선발하는 품격을 가져라
"적의 첩자가 침투하면 거꾸로 아군에게 소용이 되도록 만든다."

적의 내부에 반목의 씨앗을 심어라

테무친이 칭기즈칸을 칭한 지 2년째인 태조 2년(1207) 가을, 그는 서하가 신하로서 공납을 거부한다는 핑계로 서하로 달려갔다. 몽골군은 서하의 도성 중흥부를 포위했으나 공성전의 경험이 없었던 까닭에 함락에 어려움이 있었다. 황하의 물줄기를 바꾸어 영하를 공격하려는 시도도 하였으나 댐 건설의 경험이 없던 그들에게 댐 건설은 너무 어려운 일이었고, 오히려 사고로 수십 명이 익사하는 피해를 보기도 했다. 몽골군은 수영을 할 줄 몰랐기에 특히 피해가 심했다.

한편 서하의 양종 이안전은 금에 구원요청을 하기도 했으나 거절 당했고, 물자 부족에도 시달렸다. 칭기즈칸은 이번에는 서하를 제압할 수 없겠다고 판단해 강화를 맺었다. 서하의 양종 이안전은 몽골에의 복속을 약속하고 자신의 딸을 보내 칭기즈칸과 혼인시켰다.

한편 서하와 금나라의 관계는 돌이킬 수 없이 갈라지고 말았다. 금나라는 종주국이면서도 서하가 포위됐을 때 단 한 명의 군사도 보내지 못했다. 금나라 태종의 천회 연간에 평화조약을 맺은 이해 80여 년에 걸쳐 유지된 금나라와 서하의 관계가 끊어진 것이다. 서하가 오히려 발 벗고 나서 남송을 향해 함께 힘을 합쳐 금나라를 칠 것을 제의했다. 이후 서하는 금나라와 오랜 전쟁을 치렀다. 이는 양국의 국력을 쇠퇴하게 하였다.
칭기즈칸이 이 전쟁에서 서하의 힘을 크게 약화시키고, 특히 금나라와 서하를 갈라놓은 것은 큰 성과였다. 금나라는 일찍이 거란의 요나라와 북송을 멸망시킨 북방민족의 맹주였다. 그러나 칭기즈칸이 패권을 잡았을 때 금나라는 이미 국력이 크게 쇠락해가고 있었다. 군신이 반목하고 군사력도 크게 저하되었다.

태조 6년(1211) 봄, 칭기즈칸이 조상의 원수를 갚는다는 명분을 내걸고 금나라로 향했다. 이해 7월, 금나라의 만리장성을 넘어 야호령에서 금나라 군사를 대파했다. 이때 금나라 정예군사 가운데 절반이 전사했다. 몽골군은 금나라가 말을 기르는 군목감을 습격해 말들을 빼앗아 돌아갔다. 태조 7년(1212), 거란족 장수 예루류기耶律留哥가 금나라에 반란을 일으킨 뒤 칭기즈칸에게 사람을 보내 복속 의사를 밝혔다. 예루류가는 금나라가 카라키타이와 몽골의 결탁을 두려워한 나머지 동북쪽의 북만주로 이주시킨 거란족의 일원이었다. 당시 금나라는 거란의 반란을 두려워해 거란족 1호당 여진족 2호를 배치해 감시하게 했다. 장종 때 거란문자의 사용을 금하는 등 억압책을 구사했다. 당시 예루류가는 천호장의 자리에 있었다.

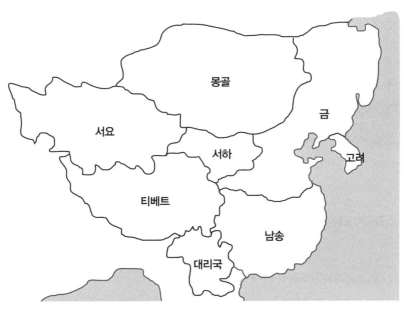

| 몽골 통일 직후인 12세기 중반의 국경

거란족은 같은 몽골계인 칭기즈칸의 세력이 날로 커가고 있다는 소식에 큰 기대를 걸었다. 예루류가는 금나라 조정이 수도인 중도의 방위를 위해 동북수비대를 서쪽으로 이동시킨 틈을 노려 반기를 들었다. 융주, 한주 등 여러 지역을 공략했다. 세력은 10만여 명이었다. 예루류가는 흥안령에서 요동으로 진출해 오는 몽골군의 부장과 짜고 세력을 더욱 넓혔다. 처음에는 도원을 칭했으나 태조 8년(1213)에는 자립해 요왕遼王을 칭했다. 연호를 원통元統이라고 했다.

이듬해인 태조 8년(1213), 칭기즈칸은 다시 군사를 이끌고 금나라를 공격했다. 야호령 부근에서 먼저 금나라 30만 대군을 격파했다. 이해 7월, 금나라 도성인 지금의 북경에서 북서쪽으로 60킬로미터 떨어진 지점에 있는 거용관 밖 1백여 리에 마름쇠를 깔아놓고 정예군을 파견해 수비했다. 적의 주력을 피하고 약한 곳을 골라 치기 위해 그는 부장을 남겨 금군과 대치하도록 하고, 자신이 직접 정예부대를 이끌고 샛길로 밤낮을 달려 자형관을 급습했다. 결국 금나라 도성 중도는 몽골군의 정예부대 앞에 그대로 노출됐다. 이해 가을, 칭기즈칸은 병사를 삼로로 나눠 산서, 하북, 산동과 동북의 여러 지역을 점령했다.

적군이라는 진흙 속에서도 진주를 찾아라

정우 2년(1214)에 금나라는 칭기즈칸이 이끄는 몽골군이 지금의 북경인 중도를 포위하려고 하자 도원수 완안승휘完顔承暉를 보내 강화를 청했다. 이해 4월에 강화를 맺었다. 금나라는 중도가 몽골군의 세력권에 가까워 개봉으로 천도하기로 했다. 칭기즈칸은 금나라의 개봉 천도를 배신으로 간주했다. 몽골군은 금을 침공했다. 몽골군의 침공을 막기 위해 파견된 금나라 장군은 진주 방어사인 출호고기尤虎高琪였다. 그러나 몽골군의 맹공에 버티지 못하고 철수하고 말았다. 그는 추궁이 두려워 그의 집에서 호사호를 죽였다.

| 예류초재

태조 10년(1215), 몽골군이 마침내 중도를 함락시켰다. 최대 수확은 예루초재耶律楚材를 포로로 잡은 것이다. 요나라 황족 출신인 예루초재는 이미 진사에 급제해 좌우원외랑으로 있었다. 금나라는 남쪽으로 천도했으나 그는 완안승휘 밑의 연경에 남아 있었다. 칭기즈칸은 그의 재능을 인정해 자신의 비서로 썼다. 예루초재는 일찍이 부친을 여의고 모친의 교육을 받았다. 그의 학문은 천문, 역법, 지리, 역사,

종교, 의학, 역학 등 모든 부면에 이르고 있었다. 칭기즈칸은 아들인 오고타이에게 이같이 말했다.

"예루초재는 하늘이 우리 집에 내려주신 사람이다. 모든 국정을 맡겨라."

예루초재는 칭기즈칸의 핵심 참모로 활약하다가 이후 원나라의 재상이 되었다.

몽골군이 화북을 점령한 후 칭기즈칸은 몽골 서북지역으로 눈을 돌렸다. 금나라 흥정 원년(1217) 8월, 칭기즈칸은 원래 자무카 아래 있었던 무칼리木華黎를 태사국왕太師國王에 봉했다.

| 무칼리

칭기즈칸의 충신 무칼리
원래 무칼리는 자무카의 휘하 장수였으나 자무카의 비정함에 실망해 칭기즈칸에게 귀순한 인물이다. 문무를 겸비하여 칭기즈칸의 두터운 신임을 받았다. 그는 금나라 공략의 최고 총사령관으로서 큰 활약을 했다. 이후 벼슬을 받아 중국, 만주 지방, 중앙아시아 일대를 다스렸다. 불행히도 무칼리는 금나라 정벌의 사령관이 되어 금나라를 공격하는 도중 과로로 사망하고 말았다.

몽골, 규糺, 한漢의 군사를 이끌고 남정하기 위한 포석이었다. '규'
는 금나라가 만든 외인 혼성부대이다. 이는 원래 유목민족의 침공에
대비하기 위한 것이었다. 호사호를 죽인 출호고기가 지휘했다. 남쪽
으로 천도할 때 규군은 이를 달가워하지 않고 도중에 되돌아서 몽골
군에 투항했다. 몽골군의 연경 공격에 이 부대가 앞장을 섰다. 무칼
리 밑의 한나라 군사는 금나라의 한족 부대가 투항한 것이다. 국왕
에 봉해진 무칼리는 연경에 막부를 설치했다. 이때부터 가을에 내습
해 봄에 철수하던 몽골군이 이후로는 중원에 계속 주둔하게 되었다.

무칼리는 연경을 기지로 사방으로 병력을 출동시켜 황하 이북을
공략했다. 금나라의 어려운 상황을 보고 남송은 세폐를 정지했다. 흥
정 2년(1217), 북으로부터 몽골의 압력을 받고 있는데도 불구하고 금
나라는 남송을 치려고 했다. 그러나 이는 큰 잘못이었다. 남방전선은
이내 수렁으로 빠져들었다. 이미 서하는 몽골의 침공을 받았을 때
금나라가 도와주지 않아 이반한 적이 있다. 배신감에 등을 돌린 서
하는 앞장서서 남송에게 금나라를 협공하자고 제의했다. 남송은 가
정 12년(1219)에 이를 받아들였다.

'적의 첩자를 이용하여 적을 제압하는 계책'이다. 간間은 적으로 하여금 서로 의심하여 믿지 못하도록 하는 의미이고, 반간은 아군을 이간하려는 적의 계략을 역이용하여 적을 이간한다는 의미이다. 적의 첩자를 꾀어내 아군으로 끌어들이거나, 적의 첩자에게 거짓정보를 흘려 적을 속인다.

『손자』의 「용간用間」편에서는 첩자를 이용하는 5가지 방법 중 하나로 꼽고 있다.

"반간계는 잘못된 정보로 적의 첩자를 역이용하는 것을 말한다."

적이 보낸 간첩을 매수하는 방식을 통해 아군에게 도움이 되는 쪽으로 활용하는 계책이 바로 반간계의 요체다. 『손자병법』 「용간」은 간첩을 활용하는 전술을 크게 5가지로 나눴다.

"첩자를 이용하는 방법은 크게 다섯 가지이다. 향간鄕間, 내간內間, 반간反間, 사간死間, 생간生間이 그것이다. 이들 다섯 가지 부류의 첩자를 함께 활용해 적이 그 내용을 전혀 눈치채지 못하도록 한다. 이를 일컬어 신묘하여 헤아릴 수 없다는 뜻의 신기神紀라고 한다. 이는 군주의 보배다. '향간'은 적국의 일반인을 첩자로 이용하고, '내간'은 적국의 관원을 첩자로 삼으며, '반간'은 거짓 정보로 적의 첩자를 역이용하는 것을 말한다. '사간'은 밖에서 유포한 거짓 정보를 적국에 잠입해 있는 아군 첩자에게 알린 뒤 고의로 이를 적국의 첩자에게 전달하도록 하는 방법이다. '생간'은 적국에 잠입해 수집한 정보를 보고하도록 이용하는 것을 말한다."

당나라의 시인이자 병법가 두목은 반간계를 이렇게 설명했다.
"적의 첩자가 아군을 정탐하기 위해 침투하면 반드시 두터운 이익으로 매수해 거꾸로 아군에게 소용이 되도록 만든다. 또는 일부러 모르는 체하며 거짓 정보를 흘리는 식으로 대응해 적의 첩자가 오히려 아군을 위해 일하는 셈이 되도록 만든다."

「진승상세가」의 기록에 따르면 진평은 초나라의 사자가 도착할 즈음 좌우에 명해 이른바 태뢰太牢를 갖춰놓게 했다. '태뢰'는 제사나 연회 때 소와 양, 돼지 등 3가지 희생犧牲을 모두 갖추는 것을 말한다. 돼지와 양만을 갖춘 것은 소뢰小牢라고 한다. '태뢰'는 대접하는 측이 모든 정성을 기울였다는 의미이기도 하다. 싸움을 하는 와중에 상대방 사자가 왔을 때 '태뢰'로 대접하는 것은 사실상 패배를 자인하는 것이나 다름없다. 상차림이 진행되는 도중 진평이 나타나 범증의 사자인 줄 착각했다며 다시 조악한 음식을 내오도록 한 것은 말할 것도 없이 항우를 흔들려는 속셈이었다.

| 진평

　어이없게도 진평의 반간계에 넘어가 유일한 책사 역할을 하고 있
던 범증을 의심하기 시작한 항우는 초나라 사자의 보고를 듣고는 범
증에 대한 의심을 더욱 크게 가졌다. 당시 범증은 총력을 기울여 범
양성을 함락시킬 것을 주장했다. 진평의 반간계에 넘어간 항우는 범
증을 의심한 나머지 범증의 계책을 채택하지 않았다. 화가 난 범증은
항우 곁을 떠나 팽성으로 가다가 등창이 나 횡사하고 말았다.

05
STRATEGY

전쟁에서 승패를 결정하는 것은 멘탈이다

"신神은 나에게 동에서 서에 이르는 지상의 제국을 주었다."

마지막까지 강적을 토벌하다 죽은 칸

마지막 남은 서쪽의 강적은 호라즘이었다. 호라즘의 영토는 지금
의 카자흐스탄, 키르키스스탄, 타지키스탄, 우즈베키스탄, 투르크메
니스탄, 아프가니스탄과 이란의 일부 지역에 걸쳐 있었다. 태조 14
년(1219) 가을, 칭기즈칸은 상인들이 호라즘에게 살해당했다는 구실
로 20만 대군을 이끌고 서정에 나섰다. 호라즘의 오트랄 태수가 사

욕 때문에 죽인 대상이 칭기즈칸의 국서를 갖고 있었다. 그 국서는 교역을 하자는 매우 평화적인 내용이었다.

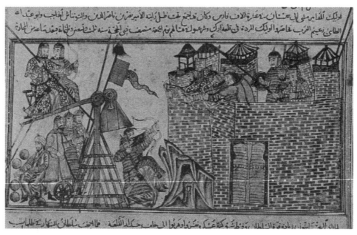

| 몽골의 호라즘 정복을 묘사한 그림

호라즘

호라즘Khorazm은 원래 지역의 이름이다. 4,550㎢의 면적으로, 중앙아시아 아무다리야강의 최하류 지역이다. 북방의 유목민 문화와 중앙아시아 농경문화가 만나는 교통의 요지다. 일찍부터 페르시아 문화의 중요한 거점의 하나였으나, 8세기 초 아랍의 침입을 계기로 이슬람화되었다. 11세기부터는 투르크화가 진척되어 호라즘 샤 왕조가 나타났다. 서요 왕조를 멸망시키고 동서무역을 독점하며 번영하였다. 그러나 호라즘 왕조는 몽골 칭기즈칸에 패하여 멸망했다. 1873년 러시아의 아래에 있다가 1924년 우즈베키스탄과 투르크메니스탄 두 나라로 갈라졌다.

칭기즈칸의 서역 원정은 나름 실리적인 판단 끝에 나온 것이다. 서역원정은 성공적이었다. 호라즘의 40만 대군이 순식간에 와해되었다. 일부는 호라즘 왕을 추격해 코카스 산맥을 넘어 킵차크 초원의 러시아 경내로 들어갔다. 당시 칭기즈칸은 호라즘 원정에 앞서 서하에 사신을 보내 출정을 명했다. 이때 서하의 고관이 이같이 답했다.

"능력도 없으면서 칸은 다 무엇인가!"

중앙아시아의 최강국인 호라즘과의 전쟁에서 몽골군이 패배할 것이라고 예측한 것이다. 그러나 호라즘이 몽골군에 속수무책으로 당했다. 칭기즈칸의 서역원정은 중앙아시아에 커다란 변화를 가져왔다. 부하라, 사마르칸트 등이 점령되고 호라즘 국왕 무하마드는 카스피 해의 섬으로 도주해 거기서 죽었다. 몽골군의 일대는 호라즘이 왕자를 추격해 아프가니스탄에서 인더스 강까지 진출했다. 카스피 해까지 나아간 몽골군은 코커스 산맥을 넘어 남러시아의 여러 제후 군사들과 싸워 각지를 약탈했다. 이는 전무후무의 대규모 원정이었다. 칭기즈칸이 카라코룸으로 돌아갔다는 것을 안 각 부대는 잇달아 귀환했다. 7년에 걸친 서정 이후 몽골군은 다시 동쪽으로 향했다.

| 적을 추격하는 몽골군

태조 20년(1225), 서하의 헌종 이덕왕李德旺이 금나라와 연합해 몽골에 대항하려 한다는 사실을 알게 되었기 때문이다. 이때 칭기즈칸은 사고로 말에서 떨어진 후유증으로 열병을 앓고 있었다. 자식들이 원정을 만류했다. 하지만 칭기즈칸은 원정을 강행했다. 우선 서하에 사신을 파견해 서정에 동반하지 않고 그 자신을 모욕한 것을 책망하며 항복을 제의했으나 서하가 거부했다.

이듬해인 태조 21년(1226) 여름, 칭기즈칸이 마침내 서하를 완전히 토벌할 생각을 했다. 두 갈래 길로 나눠 서하를 쳤다. 지원군을 보내지 않고 인질을 보내지 않는다는 구실을 댔다. 서하의 도성을 포위했다. 서하의 헌종은 마침내 칭기즈칸에게 사신을 보내 1달 뒤 백성들을 이끌고 도시 밖으로 나와 항복하겠다고 제의했다. 칭기즈칸이 이를 수락했다. 이는 자신의 죽음을 예감한 결과였다. 그가 주변 사람을 불러놓고 당부했다.

"나의 죽음을 알리지 말라. 적이 알지 못하도록 하기 위해 절대로 곡을 하거나 애도하지 말라. 서하의 군주와 백성들이 약속기일에 맞춰 밖으로 나오면 모두 없애도록 하라!"

이해 8월 15일, 칭기즈칸이 숨을 거뒀다. 이후 서하의 동도성은 함락되고 주민들 모두 학살을 당했다. 『원사』에 따르면 그는 임종 전 셋째 오고타이를 계승자로 지정하면서 금나라를 멸할 수 있는 계책을 남겼다.

"금나라 정예부대는 동관童關에 있다. 동관은 산이 연이어 있고 북으로 큰 강이 있어 일시에 섬멸하기 어렵다. 만일 송나라에 길을 빌리겠다고 하면 송나라는 금나라와 원수지간이니 반드시 동의할 것이다. 아군은 남하해 당, 등을 지나 곧장 금의 수도를 공격하라. 다급해진 금나라는 반드시 동관으로 군사를 불러들일 것이고 동관의 수만 병사가 천리 길을 구하러 와도 모두 지칠 터이니 싸움을 제대로 할 수 없을 것이다. 아군이 반드시 승리할 것이다."

칭기즈칸 사후, 정벌이 계속되다

칭기즈칸의 금나라 정벌은 태조 6년(1211)에 시작되어 그가 죽을 때까지 지속되었다. 그러나 생전에 이를 완수하지 못했다. 후계자인 오고타이 때 비로소 완성됐다. 몽골군은 중국의 오래된 전투방법인 공성전을 다루는 데 어려움이 있었다. 그들이 공포를 조성하기 위해 자주 사용하던 학살의 방법은 인구가 많은 중국인들에게 큰 영향을 주지 못하였다. 여진족은 중원으로 내려온 지 100년밖에 안 되었던 까닭에 용맹함을 여전히 지니고 있었다.

금나라는 개봉으로 천도한 후 영토가 지금의 섬서성의 일부와 하남성 일대로 축소되었다. 그러나 몽골이 중앙아시아에서 전쟁을 하고 있어 여력이 없을 때 다시 지금의 북경인 중도를 제외한 여러 성을 수복하였다. 무칼리는 금나라 정벌 책임을 떠맡아 나름 열심히 싸웠으나 싸움이 공성전으로 바뀐 탓에 커다란 어려움을 겪다 과로사하고 말았다.

| 오고타이

1229년, 오고타이가 금나라 정벌을 명했다. 이듬해에 금나라 대군
은 매복해 있던 몽골군에게 공격받아 전멸했다. 금나라 애종은 성을
버린 채 장병 2천 명을 이끌고 귀덕으로 달아났다. 이후 식량이 달리
자 다시 채주로 도주했다. 몽골군이 곧바로 채주를 포위했다. 남송이
몽골과 맹약한 바대로 병사 2만여 명과 몽골군에게 줄 군량과 마초
30만 석을 갖고 와 합류했다. 결국 금나라 애종이 목매어 자진하면
서 금나라는 멸망하고 말았다.

형제 사이를 배려한 칭기즈칸의 유언

당초 서역 원정을 떠나기 전 총애를 받던 왕비가 혹시 모를 나쁜
사태에 대비하기 위해 후계자를 미리 결정해야 한다는 건의를 했다.
칭기즈칸은 다른 황제들처럼 '죽음'이라는 말을 꺼리지 않았다. 왕비의 말을 듣고 큰 상을 내리면서 그녀가 가장 중요한 문제를 제안했다며 칭찬을 아끼지 않았다. 객관적으로 볼 때 후계자를 정하는 일은 조만간 불거질 문제였으므로 미리 준비한다고 해서 나쁠 것은 없었다. 그의 자식들은 진작부터 칸의 자리에 관심을 보여왔으나 칭기즈칸의 노여움을 살까 두려워 섣불리 제기하지 못하고 있었다. 대신들도 마찬가지였다. 칭기즈칸이 자식들과 신하들을 모두 불러 이 문제를 제기하자 차가타이가 주치의 혈통문제를 거론했다. 주치 역시 지지 않고 대들어 주먹이 오갈 정도로 격론이 벌어졌다.

차가타이가 제기한 핏줄 문제는 사실 핑계에 지나지 않았다. 주치를 배제시킬 경우 형제들 중 자신이 가장 유리한 위치에 설 수 있다고 판단했다. 그러나 이는 졸렬한 방법이었다. 칭기즈칸은 심사숙고했다. 주치와 차가타이 모두 용맹스런 장수로서 여러 차례 큰 전공을 세웠다. 오히려 오고타이는 전공과 거리가 멀었다. 그러나 도량이 컸고 수완이 뛰어났다. 그는 오고타이의 재능을 누구보다 아꼈으나 막내아들 툴루이에 대한 애정이 매우 컸다. 자식들을 이끌고 전쟁에 나설 때 늘 툴루이와 같은 부대를 지휘한 사실이 이를 방증한다. 툴루이는 부친과 함께 있으면서 많은 것을 배웠다. 『사집史集』은 그의 고민을 이같이 기록해놓았다.

"칭기즈칸은 누구를 후계자로 삼을 것인지에 대해 줄곧 고민했다. 어떨 때는 오고타이로 마음을 돌렸다가 어떨 때는 툴루이에게 마음이 기울어졌다."

오고타이는 칭기즈칸 사후 1주일 만에 바로 칸의 자리에 올랐다. 오고타이의 아들 귀유도 부친 사후 보위에 오를 수 있었다. 그러나 그로부터 얼마 되지 않아 오고타이 일가는 이내 쇠락하고 몽골 초원과 중원 모두 툴루이 일가의 손에 떨어졌다. 당시 칸의 자리에 오르지 못한 툴루이의 자손은 어떻게 천하를 손에 넣을 수 있었던 것일까? 칭기즈칸이 생전에 행한 배려에서 해답을 찾을 수 있다.

칭기즈칸은 칸의 자리를 오고타이에게 물려주면서도 툴루이에게 세심한 배려를 했다. 영토를 나눠줄 때 다른 세 아들들에게 각기 수천 호씩 물려주면서 툴루이에게 홀로 1만여 호를 내렸다. 몽골 군단의 근본이랄 수 있는 초지가 그에게 간 것이다. 이는 막내가 가문을 지키는 몽골의 관습에 비춰보면 이상할 게 없었다.

그러나 오고타이에게는 큰 문제였다. 유산에서 다른 형제보다 더 나을 것이 없었던 오고타이로서는 권위에 한계를 느낄 수밖에 없었다. 오고타이와 귀유 모두 이를 심각하게 생각했다. 금나라 애종 정대 3년(1226) 서하를 정벌하기 전 오고타이와 아들 귀유가 칭기즈칸에게 더 큰 봉토를 청했으나 일언지하에 거절당했다.

"이제 나는 아무 것도 가진 게 없다. 모든 것은 툴루이의 소유이고 그가 모든 것을 관장한다."

툴루이를 총애한 칭기즈칸은 그에게 이같이 말한 적이 있다.

"너는 나의 군대와 재산 모두 물려받았다. 이를 바탕으로 너는 다른 형제보다 더 독립적이고 강해질 수 있을 것이다."

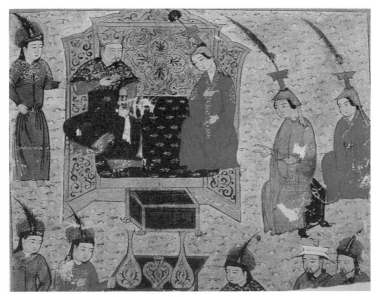

| 툴루이와 그의 아내 사르후투니와 자손들의 모습

후계싸움, 골육상잔의 비극

네 아들 사이에는 이미 깊은 갈등의 골이 있었다. 칭기즈칸 사후 차가타이와 오고타이가 결속하고, 툴루이와 주치가 손을 잡았다. 오고타이가 칸이 되자 차가타이가 이를 지지했다. 바투와 툴루이는 칭기즈칸의 유명이 살아 있던 때라 함부로 나서지 못했다. 그러나 오고타이의 아들 귀유가 칸의 자리에 즉위하면서 상황이 달랐다. 바투는 쿠릴타이 집회에도 참석하지도 않은 채 귀유를 칸으로 모시는 것이 과연 타당한 것이냐며 이의를 제기했다. 오고타이 일파에 대한 엄중 경고를 시작한 것이다.

결국 귀유가 죽자 바투는 툴루이의 아들 몽케를 적극 천거하고 나섰다. 툴루이 일가가 칭기즈칸의 가산 대부분을 물려받았으므로 그들이 실질적인 제국의 지도자라는 게 이유였다. 쿠릴타이 집회는 결국 몽케를 칸으로 정했다. 차가타이와 오고타이 일가는 몽케를 호위한다는 명분으로 기습하고자 했으나 기밀이 발각되면서 골육상잔의 참극이 일어났다. 주도자들 모두 참형을 당하거나 추방되었다. 이를 계기로 오고타이와 차가타이 세력은 와해되고, 툴루이 세력은 더욱 기세등등해졌다.

당시 몽케는 사천을 우회해 장강 남쪽에 위치한 송나라의 심장을 노렸다. 5만 명의 몽골군은 5천 명이 지키는 중경의 조어성에서 크고 작은 200여 차례의 전투를 벌였다. 금나라가 패망한 지 15년 뒤인 남송 이종의 개경 원년(1259), 몽케칸이 문득 조어성 전투가 한창 진행 중인 와중에 풍토병으로 사망했다. 중경 전투가 그만큼 격렬했음을 보여준다. 실제로 중경은 공제 덕우 2년(1276) 남송의 수도 임안이 함락된 뒤에도 3년 동안이나 항전을 계속했다.

원래 송나라 효종은 죽는 해인 순희 16년(1189) 정월 아들 조돈趙惇을 공왕恭王에 봉했다. 조돈은 왕에 봉해진 지 한 달 만인 이해 2월 광종光宗으로 즉위했다. '경사가 두 번 겹쳤다'는 뜻의 지금의 '중경'이 등장한 배경이다. 당시 남송은 중경의 조어성을 배경으로 몽골 군사와 36년에 걸친 처절한 항전을 펼쳤다.

몽케가 정벌에 나섰다가 문득 병사하자 이번에는 친형제인 쿠빌라이와 아리부케 사이에 보위를 둘러싼 내분이 빚어졌다. 패한 아리부케는 승복한 이후 다시 반란을 꾀했지만 이내 다시 패했다. 이후의 생사는 알려져 있지 않다. 권력 다툼에서 '친형제'는 허울에 불과했다. 원나라 건립 이후에도 이런 내분이 끊이지 않았다. 원나라의 패망 원인은 외세의 침략이 아니라 그들 자신의 내분에 있다.

《 칭기즈칸의 가계도 》

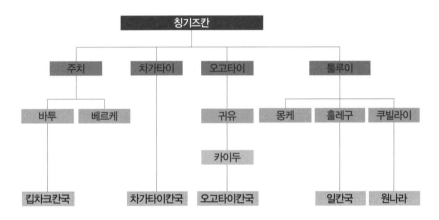

사상 최대의 판도를 자랑했던 몽골제국의 분열은 쿠빌라이가 스스로 칸을 칭하면서 시작됐다는 게 학계의 중론이다. 그 전에는 독자적으로 커다란 세력을 형성한 4대 칸국이 병립하면서 몽골초원을 지배하는 칸이 최고의 권위를 자랑했다. 그러나 쿠빌라이가 친형제를 죽이고 스스로 제국의 주인이 되면서 권위가 무너졌다. 그의 힘은 중앙아시아 일대에 한정됐다. 서쪽의 일칸국과 킵차크칸국, 북쪽은 그의 영향권에서 벗어났다. 쿠빌라이는 어찌할 도리가 없었다.

영원한 몽골의 칸, 칭기즈칸

칭기즈칸의 리더십은 크게 3가지로 요약할 수 있다.

첫째, 최고의 기동력을 갖춘 군사조직을 들 수 있다. 몽골족의 야망은 스텝 지역 밖으로까지 세력을 확장해 나가는 것이었다. 칭기즈칸은 세계정복의 원대한 야망을 실현시킬 준비가 되어 있었다. 새로운 몽골국은 무엇보다도 전쟁을 치르기 위한 조직으로 정비되었다. 칭기즈칸의 군대는 10진법 체제로 나뉘어 엄격한 기강을 유지했고, 보급품과 군비를 갖추었다. 부장部將들 역시 칭기즈칸의 아들이거나 그에게 절대충성을 바치는 선발된 사람들로 구성됐다.

둘째, 유연한 무기사용을 들 수 있다. 칭기즈칸은 군사적으로 탁월한 재능을 가지고 있어서 급속하게 변하는 외부환경에 잘 적응했다. 처음에 그의 군대는 사료가 필요 없는 튼튼한 초식동물인 몽골 조랑말을 타는 기병으로만 구성되어 있었다. 이러한 군대로 다른 유목민들은 패배시킬 수 있었지만 도시들을 함락시킬 수는 없었다. 이후 몽골군사는 규모가 큰 성읍도 투석기, 쇠뇌, 사다리와 끓는 기름 등을 사용하여 함락시킬 수 있었다. 강물을 끌어들여 수공을 가하는 방법도 동원했다. 정착문화를 가진 국가와 접촉하게 되면서 칭기즈칸은 서서히 공격 · 파괴 · 약탈보다 더 멋진 권력의 향유 방법이 있다는 것을 알게 되었다.

셋째, 유능한 참모들을 들 수 있다. 칭기즈칸에 대항했던 마지막 몽골 부족인 나이만의 한 신하는 그에게 문화의 유용함을 일깨워 주었다. 위구르문자를 이용해 몽골어를 표기한 게 그렇다. 『몽골비사』에 따르면 1222년 말 아무다리야 강과 시르다리야 강 지역에서 호라즘과 전쟁을 벌였을 때, 칭기즈칸은 이슬람 출신의 측근으로부터 성읍의 의미와 중요성을 배우게 되었다.

한때 금나라의 신하였던 또 다른 측근인 야율초재는 농민과 장인들이 생산해내는 물품은 과세의 대상이 될 수 있음을 일러주었다. 칭기즈칸은 당초 중국 북부의 비옥한 전답들을 말의 목초지로 만들 생각이었다. 그러나 몽골을 세계 최강대국으로 부상시킬 위대한 정복은 아직 끝나지 않았다. 그 목표로 중국이 떠올랐다. 이는 손자 쿠빌라이에 의해 완수됐다.

"나의 죽음을 알리지 말라.
적이 알지 못하도록 하기 위해
절대로 곡을 하거나 애도하지 말라."

– 칭기즈칸

1219년 칭기즈칸은 서양 세계에도 알려지기 시작했다. 원래 유목 민족 특유의 약탈로 시작된 침략은 중국 북부의 금을 정복하기에 이르렀다. 혹독한 자연과 치열하게 싸워야만 먹고 살 수 있었던 몽골에게 정착민족의 기름진 땅은 너무도 풍요로웠다. 몽골은 더 많은 땅을 차지하기 위해 서양으로 눈을 돌렸다.

당시 서아시아를 제패하고 있었던 이슬람국가 호라즘 샤 왕조와 몽골은 원래 우호적인 관계를 유지하고 있었다. 그러나 호라즘에서 몽골의 상단이 첩자라는 혐의를 쓰고 학살당하게 되었고 칭기즈칸은 분노했다.

몽골군은 탄탄한 기마병과 금에게서 습득한 공성전攻城戰 기술로 승승장구했다. 오토라르 공략에는 5개월이 걸렸지만 부하라는 불과 며칠 만에 함락되었다. 이 시기에 니샤푸르에서 칭기즈칸이 낭독한 선언문이다.

"사령관, 대관, 평민들이여. 신이 동에서 서에 이르는 지상의 제국을 짐에게 준 것을 알라. 항복하는 자는 목숨은 살려줄 것이다. 그러나 저항하는 자는 불행을 당하여 처자妻子, 평민 모두 죽음을 면치 못할 것이다."

이에 몽골군이 두려워 자진해서 문을 여는 도시들도 많았다. 몽골군이 수도 사마르칸트에 오기 전에 국왕 무하마드는 이미 도망친 후였다. 사마르칸트는 4일만에 함락되었다.

몽골군의 전투는 서양에 전설이 되어 전해졌다.

"적국 이슬람의 동쪽에 기독교도들의 나라가 있는데, 그 나라 왕은 프레스터 존Prester John이라고 한다."라는 소문이 돌기 시작한 것이다. 더불어 이 동방의 군단이 러시아를 향해 오고 있다는 새로운 소문이 퍼지기 시작했다. '프레스터 존'은 당시 이렇다 할 전과를 올리지 못하고 있었던 십자군에게 구세주 같은 존재로 굳어져 갔다. 성스러운 제왕이 나타나 이슬람군을 격파해주기를 원했던 것이다. 그들의 희망대로 동방의 왕이 도착했다. 그러나 그 왕의 이름은 '프레스터 존'이 아닌 '칭기즈칸'이었다.

유럽은 완전히 위기에 봉착했다. 몽골군이 어디까지 진격할지 아무도 예측할 수 없었던 데다 그들의 진격로에는 라인 강 이외에 군사적 요충지가 전무했다.

이 위기에서 유럽을 구한 것은 뜻밖에 오고타이칸의 죽음이었다. 1241년 겨울, 서방 정복의 명령을 내린 오고타이칸이 죽자 정복을 계속할 것인지에 대한 여부가 모호해졌다. 몽골군은 비엔나를 눈앞에 두고 유럽을 떠났다. 이후 몽골이 유럽을 공격할 기회는 없었다. 그러나 이후 수백 년 동안 러시아 땅은 몽골의 지배를 받게 되었다. 이를 러시아인들은 '타타르의 멍에'라고 부른다. 러시아가 '타타르의 멍에'에서 벗어난 것은 16세기 중반이었다.

| 몽골의 러시아 지배

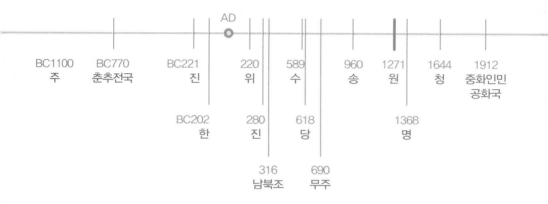

天時不如地利 地利不如人和
하늘의 기회는 견고한 요새에 미치지 못하고,
견고한 요새도 사람의 화합에는 미치지 못한다.

『맹자孟子』

시간과 공간을 넘어 융화하라

: 몽골의 나침반 쿠빌라이칸

원세조 쿠빌라이칸

본명 쿠빌라이 忽必烈

생애 1215~1294

재위 1260~1294

칭기즈칸 사후 몽골제국은 다시 분열되었다. 칭기즈칸의 후손들은 대칸의 자리를 놓고 치열하게 경쟁했다. 쿠빌라이는 칭기즈칸의 총애를 받았던 막내 툴루이의 둘째 아들이자, 4대 대칸 몽케의 동생이었다.

몽케칸은 쿠빌라이를 중국과 맞닿은 고비사막 남쪽의 막남한지 총독으로 임명했다. 쿠빌라이는 중국인들을 탄압하지 않고 다독이며 존중하는 정책을 펼쳤다. 이에 중국 출신 백성들의 지지를 받게 되었다. 몽케칸이 사망하자 쿠빌라이는 스스로 5대 대칸의 자리에 올라 국호를 원元 이라 한다.

그는 칭기즈칸을 원태조로 추증하고, 수도를 새로 건설했다. 지금껏 몽골인에게 없었던, 중국의 지방행정제도와 중앙관제 등을 들여와 국가로서의 기반을 탄탄히 했다. 또한 능력이 특출하면 한인, 색목인, 가톨릭교도 등을 가리지 않고 발탁했다. 그러나 몽골인으로서의 정체성 역시 중요시했다. 이로써 원제국은 온전한 '몽골의 세계정부'가 되었다.

01

HARMONY

강압이 아닌 인정의 품격을 가져라

"귀천을 막론하고 자신에게 가르침을 주는 명사를 모두 예우했다."

칭기즈칸의 대몽골이 분열되다

칭기즈칸의 손자인 몽케가 바투의 지지로 등극한 것은 칭기즈칸 즉위로부터 45년이 지난 1251년이다. 오고타이칸이 1242년 4월 세상을 뜬 후 헌종 몽케가 보위를 이을 때까지 10년 동안 몽골의 정국은 혼란스러웠다. 몽골은 통일국가의 모습을 갖추지 못했다. 그는 칭기즈칸의 창업시대에 비해 자신의 시대가 타락했다고 생각했다. 조정에서 지배적인 우위를 차지한 몽골 귀족과 서역인은 백성들을 수

탈하고 법도를 어지럽혔다. 게다가 그가 즉위했을 때는 국가재정이 파산 직전이었다. 이는 몽케의 생각을 굳게 만들었다. 헌종 몽케는 몽골의 전통을 지키는 것이 자신의 사명이라고 생각했다. 이런 상황에서 몽케는 우선 오고타이계의 왕과 대신들의 권력을 빼앗고 자신을 도운 사람에게 상을 내리면서 기반을 쌓았다. 이어 백성을 괴롭히는 일련의 정치체제를 혁파해 경제를 회생하는 데 박차를 가했다.

| 몽케

몽골은 금나라를 패망시켜 그 땅을 복속시켰으나 통치형태는 제 각각이었다. 정부 직할의 영지도 있었으나 왕족이나 공신의 영지가 있는가 하면 '한인세후'의 영지도 있었다. 몽골은 각지에 '다루가치'라고 불리는 감찰관을 파견하기는 했으나 행정에 직접 관여한 것은 아니었다.

헌종 몽케는 이를 일원화를 하려고 했다. 영지가 비록 왕족이나 공신, 한인세후의 것이라고 해도 결국 모든 땅은 칭기즈칸의 것이라는 생각이었다. 몽케는 카라코룸에 중앙정부를 설치하고, 몽골 이외의 제국 영토를 셋으로 나눠 각각 '행상서성', 즉 '행성'을 두었다. 중원에는 '연경 등처 행성', 서역은 이분하여 지금의 신강 땅에는 '비스바리 등처 행성', 지금의 우즈베키스탄을 비롯한 중앙아시아에는 '아무다리야 등처 행성'을 두었다. 그는 동서로 뻗은 제국영토를 직접 관장하고자 했다. 헌종 몽케에게 이것은 영광스러운 칭기즈칸의 시대로 돌아가는 일이었다.

열린 사고를 가진 쿠빌라이의 등장

쿠빌라이는 툴루이와 사르후투니의 둘째 아들이다. 쿠빌라이의 모친 사르후투니는 독실한 경교 신도였다. 일부러 경서에 능통한 학자를 고비사막 북쪽까지 초빙해와 자녀들을 가르칠 만큼 교육에 심혈을 기울였

경교

기독교 종파 가운데 하나인 네스토리우스교Nestorianism가 동양에 전래된 이후 붙여진 명칭. 기독교계에서는 오랫동안 이단시되었다.

다. 쿠빌라이는 어려서부터 한족 문화의 영향을 깊이 받았다. 성인이 된 후에는 더욱 적극적으로 천하 명사들과 교유했다. 귀천을 막론하고 자신에게 가르침을 주는 명사를 모두 예우했다.

1242년 쿠빌라이는 연경 대경사의 해운법사를 초빙해 천하를 안정시키는 방법에 대해 자문을 구한 적이 있다.
"불법에 천하를 안정시키는 법이 있습니까?"
"그 문제라면 천하의 이름난 현자와 석학을 찾아 물어야지요."

해운 법사는 자신이 데리고 온 남당사 승려 유병충을 소개했다.

| 유병충

유병충劉秉忠은 환관 집안 출신으로 그의 조상은 요나라에서 관원으로 있다가 다시 금나라에 출사했다. 유병충은 젊었을 때 집안 살림을 꾸리기 위해 글을 베껴 쓰는 일을 하는 말직의 관리로 있었다. 지루한 일에 염증을 느껴 붓을 던지고 은거하여 경전에 빠져들었다.

이후 그는 자신의 능력을 알아본 천녕사 허조 선사의 권유로 승려가 된 후 그곳에서 서기의 역할을 맡았다. 그런 식으로 여러 사찰을 돌다가 남당사에 와 머물던 차에 해운법사가 몽골 땅으로 가면서 유병충의 박학다식하다는 소문을 듣고 동행하자는 제안을 했다. 기회만 있으면 자신의 재능과 포부를 시험해보고 싶었던 그는 해운법사의 제안을 흔쾌히 받아들여 그 길로 쿠빌라이를 알현했다.

해운법사가 돌아갈 때 쿠빌라이는 유병충에게 자신의 책사로 남아 달라는 부탁을 했다. 이를 받아들인 유병충은 이후 쿠빌라이가 칸을 차지하고 원을 건립할 때 가장 큰 공을 세운 인물이 되었다.

작은 일이라도 주인의식을 가지고 경영하라

헌종 몽케는 즉위하자마자 아우 쿠빌라이를 고비사막 남쪽인 막남한지의 대총독에 임명했다. 이는 '연경 등처 행성'을 포함해 군사까지 총괄하는 직책이다. 막남한지의 상황이 복잡해져 힘이 있는 사람의 통치가 필요했기 때문이다.

중원 지역의 대총독이 된 쿠빌라이는 금련천이라는 곳에 성곽을 쌓았다. 이곳은 이후 개평부로 불리다가 쿠빌라이 즉위 후 원나라의 수도, 상도上都가 되었다. 성곽을 쌓은 것은 몽골족으로서 획기적인 일이었다. 당시 쿠빌라이는 유병충 외에도 허형, 요추 등 한족을 대거 등용했다. 몽골인들은 본래 한족이 간악하다고 생각했다. 그러나 쿠빌라이의 생각은 달랐다. 중원을 경영하는 임무를 맡았다면 그 풍습에도 익숙해져야 한다는 생각을 했다.

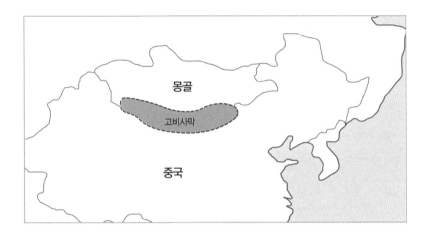

처음 총독으로 임명되었을 때 쿠빌라이는 기쁨을 감출 수 없었다. 자신의 꿈을 마음껏 펼칠 땅을 갖게 되었기 때문이다. 왕족의 한 사람으로서 쿠빌라이도 하북 형주를 영지로 가지고 있었다. 그러나 몽케가 즉위하기 전까지, 몽골의 고지를 오고타이 가문에 헌납했던 툴루이 가문은 헌납한 초지를 대신할 만한 땅을 받지 못했다. 그렇기 때문에 툴루이 가문 사람들은 중원에 관심이 많았다.

이 임명을 자축하기 위해 그는 사람들을 불러다가 큰 연회를 열고자 했다. 참모 요구가 만류했다.

"뜻을 이뤘다고 자만하다가는 화를 초래하기 십상입니다. 대사를 이루기 위해서는 사람은 속뜻을 함부로 내비쳐서는 안 됩니다."

쿠빌라이는 즉시 연회를 취소했다. 자신들의 주문을 적극 수용하자 요구와 유병충 등은 보좌에 더욱 정성을 기울였다. 유병충이 쿠빌라이에게 몸을 맡긴 지 얼마 지나지 않아 저명한 유학자인 조벽 역시 쿠빌라이의 부름을 받았다. 이때부터 그의 막하에 명사가 끊이지 않았다. 『신원사』는 유병충과 장문겸 등의 훌륭한 관원을 얻어 좋은 정치를 펴도록 진언해 그대

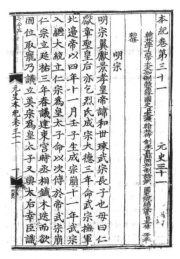

| 『신원사』

로 하자 문득 호수가 몇 배나 늘었다고 기록해놓았다. 이때의 경험은 쿠빌라이가 훗날 원제국을 이끌 때 경영의 기본원칙이 되었다.

조벽

조벽은 금대 진사 출신으로 쿠빌라이 아래에서 활동한 유학자이다. 쿠빌라이는 조벽을 천거해 경략사經略使로 삼아 하남河南으로 보냈다. 조벽은 백성들을 핍박하는 토호세력들을 철저하게 벌하고 사회 질서를 안정시켰다. 여기에서 행정적 자질을 인정받은 조벽은 쿠빌라이 즉위 후에도 군사, 재정 등의 분야에서 활약했다.

무너져가는 중원을 일으켜 칸의 견제를 받다

당시 오랜 전란으로 인해 중원의 경제상황은 말이 아니었다. 몽골은 중원에 들어온 후에도 여전히 초원 생활을 유지했다. 법도와 기강이 무너진 데다 관부는 제대로 부세를 거둘 수 없었다.

쿠빌라이는 막남의 중원을 다스리는 대총독의 자리에 오르자 치소治所를 지금의 하북의 고원현인 금련천으로 옮기고 계속 한족 명사들을 초빙했다. 이들의 도움을 받아 그는 대대적인 개혁을 단행해 지방 각 기구를 설치하고 세금제도를 비롯한 여러 제도를 제정했다. 한조의 법을 근거로 해 관리들의 업무를 정돈하고 탐관오리를 혁파했다. 몽골 귀족이 마음대로 사람을 죽이는 것도 금했다.

이런 일련의 조치 덕분에 중원 북방의 경제가 회복세로 돌아섰다. 한족 지주에게 해를 입히지 않으면서도 중원 지역의 경제를 회복시켰기 때문에 유력한 한족 세력은 쿠빌라이의 통치를 받고자 했다.

몽골이 금나라를 멸하면서 동준董俊, 엄실嚴實, 사천예史天倪, 장유張柔 등 북방의 무장 지주세력의 우두머리는 이미 몽골에 투항했다. 쿠빌라이가 이들에게 커다란 신임을 보이자 이들은 쿠빌라이를 위해 목숨을 바칠 각오를 다졌다. 대표적으로, 장유는 쿠빌라이의 신임에 보답하기 위해 아들 장홍범張弘范과 함께 충성을 다했다. 남송을 멸하고 송나라 황제를 물에 빠져 죽게 한 최후의 일전이 바로 장유의 아들 장홍범의 지휘하에 이뤄졌다.

쿠빌라이가 이들 한족 무장 세력과 힘을 합친 목적은 당연히 자신의 위치를 공고히 하면서 한족을 통치하는 방법을 배우기 위해서였다. 그의 이런 노력은 헛되지 않았다. 수년 동안 애쓴 결과 그는 사막 남쪽 한족 지주의 대표자가 되어 전폭적인 지지를 얻어냈다. 이를 통해 그는 몽골 귀족의 울타리를 벗어나 치도治道를 깊이 이해하는 제왕의 모습을 보여줬다.

문제는 몽골 귀족 내부에 있었다. 그의 개혁조치로 인해 귀족은 오히려 손해를 보게 되었다. 그가 중원 지역에서 명망이 높아지자 몽골의 일부 대신들은 몽케칸의 면전에서 그를 헐뜯었다. 그가 중원 사람의 인심을 얻고 권력을 휘두르는 것이 곱게 보이지 않는다는 참언을 했다. 이들의 참언을 들으면서 몽케칸 역시 쿠빌라이를 의심하기 시작했다.

1257년 몽케칸은 쿠빌라이의 권한을 박탈한다는 명을 내렸다. 동시에 측근을 그의 관할 구역으로 보내 재정 상태를 세밀히 파악하게 했다. 죄명을 뒤집어씌우려는 조치였다.

대단히 위급한 상황이었으나 이번에도 한족 명사들의 도움으로 위기를 벗어났다. 요구와 유병충의 건의를 받아들여 아내와 딸을 몽골의 수도인 카라코룸에 인질로 보내 몽케칸에 대한 충성을 표현한 것이다. 같은 해 11월 그는 친히 카라코룸으로 가 몽케칸을 알현했다.

| 옛 몽골 제국의 수도 카라코룸

　몽케칸의 의심이 풀리고 나서야 근거지인 금련천으로 돌아올 수
있었다. 이후에도 그는 형주, 섬서, 하남 등지에 설치된 기구를 전부
없애고 파견한 관원도 모두 불러들이는 등 다른 뜻이 없음을 다시
한 번 보여주었다. 이에 몽케칸이 완전히 마음을 놓았다. 인내와 양
보로 닥쳐올 화를 모면하며 이후 남송 정벌 전쟁에서 다시 한 번 군
권을 장악할 수 있었다. 이것이 동생 아리부케를 누르고 칸에 오르
는 결정적인 계기가 되었다.

그의 번뜩이는 눈, 저 나부끼는 머리칼!

그 주위에 원을 세 겹으로 두르고

거룩한 두려움에 눈을 감으라.

그분은 감로甘露를 먹고

낙원의 젖을 마셨느니라.

－새뮤얼 테일러 콜리지, 「쿠블라칸」 중에서

카라코룸은 '검은 자갈'이라는 의미로, 13세기에 약 30년간 몽골 제국의 수도였다. 칭기즈칸은 1220년경 이 지역에 머물렀으며 오늘날 울란바토르의 서쪽에 있는 카라코룸을 새로운 제국의 본거지로 삼았다. 그 유적이 몽골의 오보칸가이 주에 남아있으며, 현재는 하르허린이라고 불린다. 유네스코 지정 세계문화유산인 '오르혼 계곡 문화경관'을 이루는 지역의 위쪽을 차지하고 있다.

카라코룸은 고대 초원 제국의 중심지라고 불린다.

그 명성처럼 8세기부터 유목민들이 살았던 것으로 추정된다. 종교와 신분을 막론하고 초원에 온 사람이라면 누구도 거절하지 않고 받았다는 관용의 땅으로도 유명하다. 비록 카라코룸이 몽골제국의 수도였던 시기는 30여 년에 지나지 않지만 같은 시기 종교 탄압의 공포에 떨었던 유럽의 도시와 비교해보면 얼마나 오래되었는지와는 별개로 대단한 관용이었다고 할 수 있다.

그러나 자급자족 능력이 없는 고원으로서 실크로드를 잇는 창고의 역할만 했던 카라코룸은 교류와 무역이 잦은 전쟁기가 끝나자 그 수명을 다했다. 유목민족이었던 몽골이 카라코룸에 정착하자 카라코룸은 순식간에 사치와 향락으로 얼룩졌다. 이로 인해 카라코룸은 빠르게 폐허가 되고 말았다. 온갖 종교와 문화가 넘실댔던 카라코룸에는 이제 에드덴 조 사원만이 남아 자리를 지키고 있다.

과거를 포용하고 미래를 설계하라

"쿠빌라이는 최고사령관에게 사람을 함부로 죽이지 말라고 명했다."

전쟁 중 몽골제국의 왕좌가 비다

한편, 헌종 몽케가 9년 동안의 재위기간에 가장 심혈을 기울인 것은 무력을 통한 대외정벌이었다. 그는 보위에 오른 후 끊임없이 제왕과 대신들의 출정을 독려했다. 그중 가장 중요한 두 정벌이 쿠빌라이의 남송 정벌과 훌라구의 서아시아 원정이다.

헌종 2년(1252) 6월 쿠빌라이는 형인 헌종 몽케를 만나 운남 원정의 명을 받았다. 이윽고 몽케는 어린 동생 아리부케에게 카라코룸을 수비하도록 한 뒤 아람타르阿藍答兒를 보정대신으로 삼고, 친히 대군을 이끌고 서쪽으로 쳐들어갔다. 군대를 나눠 동쪽과 남쪽에서 협공하도록 했다. 쿠빌라이는 동쪽 진공로를 책임진 타차르에게 병권을 인계받아 개평에서 출발해 남송으로 향했다.

　　헌종 7년(1257) 9월, 몽케는 육반산에서 보계를 거쳐 한중漢中으로 들어가 사천으로 향했다가 송나라 군사의 기습을 받아 중상을 입고 이내 세상을 떠났다. 몽케의 급서는 쿠빌라이가 역사무대의 전면에 등장하는 결정적인 계기였다. 당시 쿠빌라이는 베트남에서 북상 중이던 우량하타이의 군사와 함께 남북에서 지금의 호북성에 있었던 악주를 협공할 예정이었다.

쿠빌라이는 악주를 공격하기 직전 형 몽케의 부고를 받았다. 여기서 멈추면 적군이 재기를 꾀하게 되고, 그렇게 되면 그간의 노력이 모두 수포로 돌아가게 된다. 쿠빌라이는 아무 공도 세우지 못한 채로는 돌아가고 싶지 않았다. 그는 급히 악주를 공격했으나 급할수록 악주의 함락은 더욱 어려워졌다.

갑작스러운 변화를 이용해 기선을 제압하라

당시 헌종 몽케의 죽음으로 남송을 침공 중이던 몽골군의 본대가 철수한다는 소식은 이미 악주에 널리 퍼져 있었다. 남송의 재상 가사도賈似道 역시 쿠빌라이가 오랫동안 악주에 머물 수 없다는 것을 알았다.

이때 막내 동생 아리부케가 쿠릴타이를 소집하고 있다는 소식이 쿠빌라이에게 전해졌다. 아리부케는 기선을 제압해 쿠릴타이의 승인을 얻고자 한 것이다. 당시 쿠빌라이는 카라코룸을 중심으로 한 몽골 땅의 장로들로부터 한족과 동화되고 있다는 비난을 받고 있었다. 여러모로 상황은 쿠빌라이에게 불리하게 돌아가고 있었다. 쿠빌라이에게는 별도의 쿠릴타이를 소집하는 것 외에 방도가 없었다.

쿠빌라이는 심복들과 상의했다. 책사 학경郝經이 이같이 말했다.
"대왕이 비록 대군을 장악하고 있으나 일단 조서를 보내고 정식으로 즉위하십시오. 우리는 카라코룸으로 돌아갈 수 없습니다. 대왕은 사직을 중히 여겨 먼저 송나라와 강화한 후 경무장한 군사 몇을 이끌고 연경으로 달려가 그 음모를 밝히십시오."

쿠빌라이도 그의 말에 일리가 있다고 생각했다.
"선생은 혹시 이미 생각한 바가 있소?"
"대왕은 반드시 먼저 군대를 파견해 선대 칸의 영구차를 맞이해 대칸의 옥새를 받아야 합니다. 사자를 파견해 아리부케 등의 여러 왕에게 카라코룸에 모여 장사지내겠다고 알리고, 각로에 관원을 파견해 위로하고 안정시키십시오. 이어 태자 진김眞金에게 연경을 수비하고 기지를 지키라고 하십시오. 동시에 아군의 공세를 이용해 송나라에 강화를 강요하고, 이후 신속히 철군해 연경으로 군대를 돌려 아리부케가 남하하는 것을 막으십시오."

마침 송나라 재상 가사도가 사자를 파견해 강화를 청하면서 강을 경계로 삼고 장차 신하의 예로 조공을 바칠 뜻을 전했다. 쿠빌라이는 즉시 이를 받아들였다. 이후 대군을 강북으로 철군시킨 뒤 친히 호위병을 이끌고 먼저 출발했다.

아리부케는 쿠릴타이를 소집해 후계자로 추대를 받고자 했다. 툴루이가 칭기즈칸의 막내인 까닭에 적류嫡流이고, 자신 또한 툴루이의 막내이니 칭기즈칸의 적통을 잇는다는 명분이었다. 그러나 쿠빌라이가 임기응변으로 급변하는 정세의 물결을 타는 뛰어난 리더십을 보여주면서 급제동이 걸렸다. 아리부케는 부득불 자신을 옹호하는 몽골의 여러 왕을 소집해 쿠빌라이를 제거하고자 했다. 쿠빌라이가 막북으로 와 쿠릴타이에 참가하는 틈을 노린 것이다.

그러나 쿠빌라이는 이미 아리부케의 속셈을 훤히 읽고 있었다. 그는 약속 장소에 가지 않고 심복 염희헌廉希憲에게 명해 먼저 개평으로 가서 일을 보도록 했다. 염희헌은 개평에 도착한 후 즉각 타차르 등 현지의 제왕들에게 쿠빌라이를 옹호해 칸으로 받들자고 설득했다.

> **염희헌**
>
> 염희헌은 위구르족 출신으로 흔도忻都로 널리 알려져 있다. 어릴 때부터 행동거지가 남달랐다. 경서와 사서에 두루 밝아 19세 때 쿠빌라이를 모시면서 『맹자』를 자주 언급했다. 쿠빌라이가 그를 '염맹자廉孟子'로 불렀다. 이때부터 그의 이름이 널리 알려지게 됐다.

원나라 중통 원년(1260) 3월, 쿠빌라이는 개평에 도착하자마자 쿠릴타이를 소집했다. 몽골 제왕이 입을 모아 쿠빌라이에게 보위에 오를 것을 권했다. 그러나 지위가 높은 종실의 제왕들이 아직 오지 않았기에 쿠빌라이가 주저했다. 이때 염희헌 등이 은밀히 말했다.

"속담에 이르기를, '기선을 제압하는 사람만이 적을 누를 수 있다'고 했습니다. 한번 시기를 놓치면 그런 기회는 다시 오지 않습니다."

쿠빌라이가 이를 받아들여 즉위 직후 중통中統 원년으로 삼았다.

능력을 보이고 품격을 세워 경쟁자를 제치다

몽케 사후 쿠빌라이가 급히 악주에서 개평부로 철수해야 했던 것은 여러 이유가 있다. 막내 동생 아리부케의 움직임 자체는 그다지 두려운 게 아니었다. 몽골 고원은 생산성이 지극히 낮았다. 큰 세력을 이룰 수 있었던 이유는 약탈이었다. 아리부케 휘하에 아람타르라는 참모는 몽골 땅에서 병사를 모으고 그의 동지 다리치는 막남의 제주諸州에서 병사를 모았다. 막남의 제주는 쿠빌라이 지배지역이었고 쿠빌라이의 아들은 개평부에 있었다.

쿠빌라이는 연경을 거쳐 개평부로 돌아오자마자 자신을 지지하는 사람들로 구성한 쿠릴타이를 열어 칸의 자리에 올랐다. 객관적으로 볼 때 아리부케는 막남에서 병사와 식량공급을 받지 못하면 쿠빌라이를 이길 수 없었다. 귀족들이 칸을 선발하는 옛 제도를 폐하고 칸의 자리에 오른 것도 이런 맥락에서 이해할 수 있다. 아리부케가 반발할지라도 충분히 승산이 있다고 판단했다.

아리부케는 쿠빌라이가 한발 앞선 것을 보고 뒤따라 카라코룸에서 쿠릴타이를 소집해 다른 종친 제왕의 옹호하에 칸을 선언했다. 두 명의 칸이 등장한 셈이다. 무력으로 해결할 수밖에 없었다. 그해 겨울, 쿠빌라이는 카라코룸을 친히 정벌하기로 했다. 아리부케는 몇 번의 충돌에서 연패했다. 이에 그를 지지했던 제왕들이 점차 쿠빌라이 쪽으로 넘어갔다.

지원 원년(1264) 7월, 아리부케가 최종 투항했다. 4년간의 전쟁으로 그의 세력은 마침내 소멸됐다. 막북과 중원의 몽골 영지가 하나로 통일되었다. 이해에 쿠빌라이는 연호를 지원至元으로 바꾸고 국호를

'대원大元'으로 정했다. 당시의 조서 내용이다.

"국호를 '대원'이라고 한다. 무릇 『역경』에 나오는 건원乾元의 뜻을 취한 것이다."

원

13세기 중반부터 14세기 중반까지 약 1세기 동안 중국 대륙을 중심으로 동아시아 대부분을 지배했던 몽골족의 왕국이다. 13세기 초 칭기즈칸에 의해 기반이 섰고, 이어 4대 쿠빌라이칸에 의해 원이 탄생했다. 유목제국이라는 태생적 한계를 깨고 중국식 중앙집권 관료국가를 확립했다. 그러나 쿠빌라이칸 사후 내정이 해이해지며 끝을 맞았다.

쿠빌라이는 몽골 전체의 칸을 칭했으나 실제로는 동아시아의 주인에 불과했다. 동생인 훌라구가 서아시아에 일칸국을 건설했기 때문이다. 러시아에서 중앙아시아에는 하이두가 활약하고 있어 쿠빌라이의 지배권이 미치지 못했다. 칭기즈칸의 제국은 분열해 이미 세계제국이라고 할 수 없었다.

쿠빌라이가 지원으로 연호를 바꾼 해의 10월에 남송에서 이종이 죽었다. 재위 40년 만이다. 공신 사미원이 초기에 독재를 했고, 후기에는 가사도가 좌지우지하는 등 오락가락했다. 황자도 없었다. 남송에 패망의 징조가 완연했다. 덕분에 쿠빌라이는 더 빠르게 천하통일을 할 수 있었다.

남송을 망친 어리석은 재상 가사도

가사도는 쿠빌라이와 비밀강화를 맺을 당시 남송의 실권자로 군림했다. 원래 그는 누이가 이종의 후궁으로 들어가 총애를 받으면서 출세 가도를 달리기 시작했다. 가희 2년(1238) 17세의 가사도는 누이 덕에 조정으로 들어와 벼슬을 얻었다. 그는 공무에 신경 쓰지 않고 오직 황실의 외척인 점을 내세우며 방탕한 날을 보냈다. 낮에는 하루 종일 가무에 빠져 있다가 저녁이면 서호에 주연을 마련해 다음날 아침까지 먹고 마셨다. 한 번은 이종이 저물녘에 우연히 누대 위에 올랐다가 멀리 서호에 사람 그림자가 비치고 등불이 화려하게 켜진 모습을 보고 좌우에 말했다.

"가사도가 술잔치를 벌이고 있구나!"

| 가사도

102

30세가 되지 않은 젊은 나이에 그는 학사의 직함으로 양회兩淮 일대로 부임해 봉강대리가 되었다. 보우 2년(1254)에 동지추밀원사와 임해군개국공臨海郡開國公의 관작이 더해졌다. 당시 가사도의 권세는 하늘을 찌를 듯했다. 승상 동괴董槐도 그를 함부로 할 수 없었다. 얼마 후 가사도는 다시 참지정사와 지추밀원으로 승진해 군정의 대권까지 장악했다.

당초 몽골은 이종 소정 5년(1232) 사자를 남송에 보내 금나라 협공을 위한 군사동맹을 요구한 바 있다. 동맹을 맺으면 하남 땅을 남송에 귀속시켜 주겠다는 조건을 내걸었다. 남송은 금나라에 대한 복수심에 눈이 뒤집혀 덜컥 동맹을 맺었다. 그러나 사실 몽골은 남송을 칠 속셈이었다. 금나라를 멸한 후 '남송이 동맹을 깼다'는 구실로 죄를 물어 대군을 일으킬 계획을 세웠다.

보우 4년(1256)에 헌종 몽케의 지시로 몽골의 왕들이 모여 남송을 칠 계책을 논의했다. 2년 뒤인 보우 6년(1258) 4월 정식으로 군사를 일으켜 사천을 공격했다. 이듬해인 개경 원년(1259)에 한쪽으로 촉 땅을 치면서 한쪽으로 악주를 공격해 이해 10월 악주를 포위했다.

몽골군은 사납고 날쌨으나 당시 고달高達이 이끄는 남송의 군사 역시 전투력이 상당했다. 부장 조세웅曹世雄과 상사벽向士璧 역시 당대의 용장이었다. 이들은 끝까지 악주를 지키며 결국 몽골 군사를 격퇴시켰다. 이런 상황에서 가사도는 우승상으로 봉해지는 동시에 한양으로 가서 악주를 도우라는 명을 받게 됐다. 그러나 그는 군사적 재능도, 싸울 만한 담력도 없었다. 결국 그는 군사들의 신임을 얻지 못했다. 전장 상황과 맞지 않는 가사도의 명을 거절할 수밖에 없었고, 부장들 역시 사건이 터져도 보고를 하지 않았다. 가사도는 화가 치밀었으나 달리 도리가 없었다. 결국 그는 몽골군의 군중으로 송경宋京을 은밀히 보내 스스로 몽골의 신하를 칭하며 많은 재물을 바치겠다는 말과 함께 강화를 구걸했다.

이때 몽케칸이 문득 사망했다. 전방에서 싸움을 독려하던 쿠빌라이는 대신 아람타르 등이 아리부케를 칸으로 옹립하려 한다는 소식을 듣고 급히 남송과의 전쟁을 끝내고 군사를 돌려 보위를 다투려고 마음먹었다. 가사도는 이 정보를 입수하고 다시 송경을 원운의 군영으로 보내 강화를 구걸했다. 강남의 일부를 베어주고 매년 20만 냥의 은전과 비단 20만 필을 보내는 조건이 더해졌다.

경정 원년(1260) 봄, 쿠빌라이는 오량하타이에게 호남에서 군대를 물려 호북의 장걸張杰과 합친 후 신생기新生磯로 철수해 부교를 설치해 황하를 건너 복귀하라는 명을 내린다. 남송의 입장에서 볼 때 반격을 가할 수 있는 절호의 기회였다. 가사도는 뒤늦게 하귀夏貴에게 수군을 이끌고 가 부교를 끊으라는 명을 내렸다. 피해를 입은 몽골군은 겨우 170여 명에 불과했다.

가사도는 이를 크게 부풀려 조정에 보고하면서도 송경을 보내 굴

욕적인 강화를 했다는 말은 전혀 보고하지 않았다. 이를 그대로 믿은 이종은 가사도를 소사와 위국공에 봉해 조정으로 들어와 정사를 돌보라는 조명을 내렸다. 문무백관들에게 도성 밖으로 나가 그의 개선을 맞이하고 성대한 환영연까지 열게 했다.

가사도는 조정에 돌아온 다음 해에 문객인 요형중廖瑩中과 옹응룡翁應龍을 시켜 『복화편福禍編』을 편찬했다. 악주 전투의 전공을 기리기 위한 것이었다.

이때 쿠빌라이는 내부를 단속하는 데 전력을 기울이는 바람에 남송에 신경 쓸 여력이 없었다. 대신 시독학사侍讀學士로 있던 학경을 남송으로 보내 이전에 가사도가 주기로 약속했던 은과 비단 등을 받아오게 했다. 가사도는 내막이 드러날 것을 우려해 회동제치사에게 밀명을 내려 진주眞州에 학경 일행을 억류하게 했다. 여기에는 쿠빌라이와 아리부케 사이에서 누가 주인이 될지 판단하기 어려웠던 점도 영향을 미쳤다.

남송을 멸하고 왕족을 포용하다

쿠빌라이가 대원의 국호를 세운지 2년 뒤 지원 10년(1273) 정월에 원나라 군사는 마침내 남송의 번성을 함락시켰다. 양양성이 고립되고 긴급사태를 알렸으나 가사도는 지원군을 보내려고 하지 않았다. 수비군 총수 여문환呂文煥은 성 안을 돌 때마다 남쪽을 향해 통곡했다. 이윽고 쿠빌라이의 항복 권유문이 전달되었다.

"그대들이 고성에서 저항하며 버틴 지 어언 5년, 그대들의 군주가 힘을 펼 수 있다면 좋으리라. 그러나 세가 다해 지원군은 끊겼다. 수만의 생령을 어찌할 것인가?"

'항복하면 살려주나 저항하면 몰살이다.' 여문환은 마침내 항복했다. 원나라는 양양에서 부지런히 병선을 만들었다. 한족 장병도 많았다. 남송의 멸망은 양양 함락 3년 뒤의 일이다. 양양을 함락시킨 원나라 군사는 다시 남하해 20년 전에 빼앗지 못한 악주를 점령했다.

| 여문환

이로부터 6백 년 후의 태평천국의 난 때에도 악주가 함락되자 일사천리로 남경의 운명이 정해졌다. 원나라 군사의 악주 점령으로 장강 상류를 차지한 원나라가 절대적으로 유리한 위치에 서게 되었다.

안경부 지사 범문호范文虎가 원나라에 투항했다. 범문호는 가사도의 사위였다. 지원 12년(1275) 2월 가사도는 무호에서 요격했으나 대패했다. 정병 13만 명을 동원하고도 패전해서 남송에 피해가 컸다.

이에 앞서 원나라 군사는 바얀伯顔이 지휘했다. 그의 부친 샤고타이晓古臺는 쿠빌라이의 동생 훌라구의 부장으로 서아시아 공략에 종군한 바 있다. 바얀도 이란 근처에서 생장했다. 이후 쿠빌라이를 섬기면서 재능을 인정받았다. 원나라 남정 군사는 '한인세후'의 일원인 74세 사천택과 39세 바얀, 두 사람이 지휘했다. 1274년 사천택이 사망하자 바얀이 최고사령관으로서 작전을 지휘했다. 쿠빌라이는 바얀에게 사람을 함부로 죽이지 말라고 명했다. 무호에서 패한 가사도는 그곳에서 16년에 걸친 집권에 종지부를 찍었다. 해임되어 복건의 장주에 유배되고 이내 정호신에게 살해당했다. 정호신의 부친은 가사도에 의해 유배당했었다.

남송이 패망할 당시 여문환이나 범문호처럼 투항한 고관도 있었으나 죽음을 택한 사람도 적지 않았다. 바얀은 그 유족을 찾아가 정중히 조의를 표했다. 송나라 황족에 대한 원나라의 예우도 이보다 더하면 더했지 덜하지 않았다.

원나라에 투항한 어린 황제 공제 조현은 원나라로부터 영국공에 봉해졌고 장성한 후에는 원나라 공주인 내친왕을 아내로 맞았다. 그의 모친은 도종의 황후 전씨全氏와 함께 승려가 되었다. 이들 모자의 소유지에 면세의 조치를 내렸다.

따라온 궁녀 가운데에서는 적응하지 못해 자진하는 사람도 생겨났다. 진노한 쿠빌라이가 그녀들의 목을 베어 거리에 효수했다. 쿠빌라이의 황후가 이를 측은히 여겨 전태후를 강남으로 돌려보낼 것을 쿠빌라이에게 권하자 쿠빌라이가 목소리를 높였다.

"그는 일국의 국모이고 따르는 유민이 많소. 남쪽으로 보냈다가 헛소문이라도 퍼지면 생명을 보전하기 어렵소. 이는 진정으로 그를 사랑하는 것이 아니오. 오히려 이따금 위로해주느니만 못하오."

남송이 멸망한 지 59년이 지난 원나라 문종 투그티무르圖帖睦爾 때 전태후의 토지를 사들여 대승천호성사의 유지를 위해 영업전으로 만들고, 영국공의 토지도 대룡상집경사의 영업전으로 만들었다. 이 때 어사대에서는 대금을 지불하지 않아도 된다고 진언했으나 투그티무르는 대금을 치렀다.

원나라 최후의 황제인 순제 토곤티무르妥懽帖睦尔 때 망한 송나라를 부흥한다는 기치로 내건 집단이 많았다. 영국공의 아들 화상 조완보趙完普와 그 친척들을 사주沙州로 옮길 것을 건의해 그대로 채택되었다. 그러나 조완보는 죽임을 당하지 않았다. 전한의 왕망 이래 양위라는 이름 아래 보위를 빼앗고는 전왕조의 군주를 곧장 죽인 사례가 다반사였던 점을 감안할 때 원나라의 남송 황족에 대한 처우는 높이 평가할 만하다.

몽케칸은 중동 방면의 이슬람계 국가들을 상대할 인재로 동생 훌라구를 임명했다. 훌라구는 서역으로 떠날 원정군을 구성하는 데에만 수 년을 소비하고, 1256년 드디어 페르시아의 본진을 떠나 원정을 떠났다.

당시 이슬람계의 나라들은 아이유브 왕조 아래에서 이집트, 레바논-시리아, 이라크 등으로 분열되어 있었다. 아이유브 왕조는 일찍이 강대한 이슬람 국가를 이루었으나 12세기 말, 왕조 자체가 분열되면서 기세가 떨어졌다. 이때 이집트에서 아이유브 왕조의 군대를 구성하고 있던 병사집단, 맘루크가 정권을 잡았다.

훌라구는 압바스 왕조를 정벌하고 바그다드를 돌파해 캅카스 지역을 거쳤다. 당시 훌라구의 진로에 있었던 수많은 나라와 왕조들 중 대부분은 자발적으로 항복했다. 국권을 양도하고 몽골군의 일부로 합류했다. 훌라구의 원정군이 이슬람계 국가들을 차례로 대파하자, 카이로에서 권력을 잡고 있던 맘루크계 술탄 쿠투즈는 몽골에 대한 저항을 천명했다. 훌라구가 보낸 사자를 죽이고 도발했다. 1260년 맘루크와 몽골군이 아인잘루트에서 전투를 벌였다. 지리에 유리했던 맘루크는 몽골군을 유인하여 포위했다. 몽골군은 포위를 돌파하려고 했으나 실패하고 달아났다. 다시 공격하려고 했지만 이미 맘루크가 우세했다. 이는 몽골군이 세계 정복을 시작한 이래 처음으로 패배한 근접전이었다.

03
HARMONY

정복전은 전략적으로 실행하라
"아무리 어려운 난관에 부딪혀도 반드시 방법이 있음을 굳게 믿어라."

고려의 항전을 용납하지 않다

금나라 치세 말기 중국 동북지방은 원래 여진족 출신지였다. 거란족의 예루류가耶律留哥가 그곳에서 반란을 일으켰다. 이를 토벌하기 위해 출동한 금나라 장수 포선만노蒲鮮萬奴는 오히려 이 기회를 이용해 자립한 뒤 스스로 대진국 대왕을 칭했다. 예루류가는 멸망한 거란족 왕조의 재건을 자처하며 국호를 요遼로 정하고 몽골에 원군을 청해 금나라 토벌군과 싸웠다. 그 와중에 요나라 내분이 일어나 예루류가는 추방되었다.

예루류가를 추방한 정권은 통상 '위요偽遼'로 불린다. 이 '위요'는 금나라 군대와의 싸움에서 패주했다. 이윽고 추방된 예루류가는 칭기즈칸의 후원에 힘입어 위요를 공격했다. 위요는 패주해 압록강을 건너 고려의 영내로 쫓겨 와 사방을 약탈했다. 위요는 거란족 집단이므로 '단적丹賊'이라고 했다. 고려는 국내에서 약탈과 살인, 방화를 자행하고 있는 단적을 고려와 몽골에 복속하고 있던 포선만노와 예루류가의 도움을 받아 진압할 수 있었다.

물론 주역은 몽골이었다. 이때부터 고려는 몽골에 매년 공물을 바치기로 약속했다. 몽골이 요구한 공물은 착취나 다름없는 막대한 양이었다. 유목민 몽골은 약탈을 강자의 당연한 권리로 생각했다. 공물을 받더라도 오가는 것이 있는 중원의 풍습을 좇을 생각이 없었다. 고려가 매년 공물을 바치기로 약속한 것은 칭기즈칸 13년(1218)의 일이다. 그해는 군량 1천 석이었다. 이듬해부터 고려의 토산물로 바뀌었다. 약탈에 가까운 공물 착취에, 몽골의 사신 저고여著古與가 압록강에서 피살되었다. 이로 인해 고려와 몽골은 절교되었다.

몽골은 태종 3년(1231)에 저고여 살해의 죄를 물어 고려를 침공했다. 견디다 못한 고려는 결사항전의 결의를 굳히고 강화도로 천도했다. 이에 30년 동안 항전을 전개했다. 몽골의 요구조건은 공물을 다시 바칠 것, 국왕이 강화도에서 나올 것, 국왕 또는 태자의 입조, 3가지였다.

헌종 몽케의 재위 9년(1250)에 태자 왕전王佺의 집정이 실현되었다. 고려 고종 46년의 일이다. 당시 헌종 몽케는 송나라 정벌군을 이끌고 사천에 출정 중이었다. 사천을 향해 여행길을 재촉한 고려 왕자 왕전은 도중에 헌종이 죽었다는 소식을 접했다. 감숙의 육반산까지 갔으나 발길을 돌려야 했다. 이때 쿠빌라이는 악주에서 남송과 강화를 맺고 황급히 북쪽으로 돌아가던 중이었다. 육반산에서 발길을 돌린 고려 태자는 북쪽으로 회군 중이던 쿠빌라이와 양양襄陽에서 만났다. 쿠빌라이가 크게 기뻐했다.

"고려는 1만 리나 떨어진 나라여서 일찍이 당태종이 친정은 했어도 능히 정복하지 못했다. 이제 그 태자가 스스로 나에게 돌아왔으니 이는 하늘의 뜻이다!"

왕전이 중국에 머물 때 고려의 고종이 승하했다. 몽골은 태자 왕전을 고려로 돌려보냈다. 그가 원종元宗이다. 몽골은 고려에 있던 군대를 철수시키고 대행관 다루가치를 두었던 제도도 폐지했다. 당시 원종을 둘러싼 문신파는 친몽골적이었고, 김준 등의 무신파는 반몽골적이었다. 원종은 친몽골책으로 무인권신으로부터 실권을 찾고자 했다. 지원 원년(1264) 아리부케에 의한 반란을 평정하여 이를 축하하기 위한 행사가 열렸다. 이때 고려 원종은 권신 김준의 반대를 무릅쓰고 그 행사에 참석했다. 고려왕 최초의 입조였다.

일본이 몽골을 무시하다

쿠빌라이는 병부시랑 허더赫德와 예부시랑 은홍殷弘 두 사람을 대일본 사절로 선정했다. 이를 1차 일본 초유招諭라고 한다. 이들은 거제도까지 갔다가 돌아갔다. 파도가 거칠었기 때문이었다. 쿠빌라이는 이들을 다시 보냈다. 사신은 구주의 태재부에 이르러 국서를 제출했다. 국서는 일본의 가마쿠라鎌倉 막부로 보내졌다가 천황이 있는 경도로 보내지는 등 법석을 떨었다. 결국 받지 않기로 했다. 이에 체류 6달 만에 빈손으로 돌아왔다.

쿠빌라이가 격노했다. 고려의 실력자인 김준과 재상 이장용李藏用에게 즉시 출두하라는 명이 떨어졌다. 김준은 몽골과의 교류를 끊을 것를 주장한 무신파였기 때문에 결국 이장용 홀로 몽골로 갔다. 쿠빌라이는 1천 척의 배를 건조할 것을 명했다.

마르코 폴로의 『동방견문록』에 나오듯이 당시 일본은 '황금의 나라'로 알려져 있었다. 이는 일본이 무역결제에 사금을 이용했기 때문이었다.

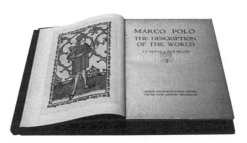

| 마르코 폴로, 『동방견문록』

지원 5년(1268) 9월 3차 일본 초유를 갔다. 이때는 대마도까지 갔다가 되돌아왔다. 일본의 답서는 받지 못했다. 그 대신 몇 명의 일본인을 잡아왔다. 쿠빌라이가 화를 내지 않았다. 이즈음 반몽골파인 고려의 권신 김준이 살해되었기 때문이다. 당시 원종의 사주를 받은 임연이 김준을 살해했다. 원종이 임연을 꺼려 숙청하려고 하자 임연이 선수를 쳐 원종을 폐하고 동생인 안경공 왕창王淐을 옹립했다. 당시 원종의 세자 왕심王諶은 몽골에 있었다. 지원 7년(1270) 왕심이 몽골의 힘을 빌려 임연을 타도하고 원종을 복위시켰다.

같은 해에 다시 사절을 일본으로 보냈다. 4차 일본 초유였다. 그러나 막부의 태도는 달라진 게 없었다. 거절한다는 답서를 작성하기는 했으나 이마저 주지 않고 무시했다. 임연이 원종을 폐위시켰을 때 최탄崔坦이 임연을 주살한다는 명분을 내세워 군사를 일으킨 뒤 서북 60여 성을 함락시키고 몽골에 투항했다. 몽골은 이곳에 동녕부東

寧府를 설치했다. 초대 동녕부 장관은 최탄이었다.

쓸모를 확인한 후에 처분하라

원종은 몽골의 힘을 빌려 무신을 누르려고 했기에 삼별초는 반몽골의 입장에 섰다. 임연이 병사하고 나서 그 아들 임유무林惟茂가 몽골에 저항하려고 했다. 무신파 내부에 분쟁이 일어 임유무가 살해되었다. 이를 계기로 고려의 국왕 원종은 강화도를 버리고 옛 수도인 개경으로 환도하고자 했다. 원종은 몽골과 하나가 되어 고려를 연명해 나가려고 했다. 이에 세자비로 내친왕의 딸을 출가시킬 것을 청했다. 삼별초가 반발했다. 원종의 동생인 승화후 왕온王溫을 옹립해 국왕을 칭했다. 몽골의 대군이 진주하자 삼별초는 강화도에 웅거해 저항했다. 이들은 1천 척의 배를 동원해 전원이 승선하고 전라도 진도로 가 새로운 근거지로 삼았다. 이어 제주도를 점령했다.

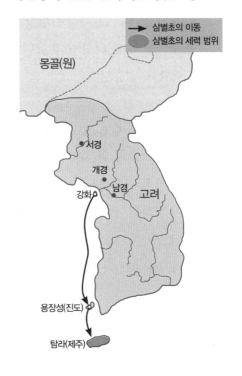

제5, 6차 일본 초유가 행해졌으나 가마쿠라 막부는 여전히 상대하지 않았다. 두 번에 걸친

몽골의 국신사는 조양필趙良弼이었다.

조양필은 여진족 출신으로 부친은 금나라 절도사를 역임했다. 몽골과의 전투에서 태원을 지키다 전사했다. 조양필은 조주趙州에서 교수教授로 있을 때 쿠빌라이의 부름을 받을 만큼 재능을 인정받았다. 일본에 국신사로 간 것은 스스로 자원한 것이다. 당시 54세였다. 제6차 초유 때 그는 1년 남짓 태재부에 머물렀다. 지원 10년(1273) 5월 조양필은 귀국해 일본 공략은 불가하다고 진언했다. 그가 본 일본은 '황금의 섬'도 아니었다.

"신이 일본에 머문 지 1년 남짓 됩니다. 그날 백성의 풍속을 보면 이리와 같이 사납고, 살생을 밥 먹듯이 즐기며, 상하의 예가 있는 것조차 모릅니다. 그 나라 사람을 얻는다 해도 아무 쓸모가 없고, 그 땅을 얻어도 부를 더할 수 없습니다. 더구나 풍랑이 심해 그 피해 또한 측량할 수 없습니다."

6차 초유 때는 이미 국호가 '원'으로 정해진 후였다. 일본이 재차 원을 무시하자 원나라는 고려에서 출병을 준비했다. 다만 삼별초가 고려 남방의 섬들을 점거하고 있었기 때문에 출발이 지연되었다. 탐라가 함락된 것은 조양필이 일본에서 귀국해 알현할 무렵이다. 탐라에 초토사를 두었다. 쿠빌라이는 이곳을 목장으로 만들어 중죄인의 유배지로 삼았다. 탐라를 되돌려 준 것은 이로부터 21년 후인 지원 31년(1294)이다.

1274년 5월 세자 왕심이 원나라 황녀와 결혼하는 것이 허락되었다. 6월에 원종이 죽자 뒤를 이어 왕심이 즉위했다. 그가 충렬왕이다. 일본원정군은 10월에 출발했다. 조선감독관은 홍복원의 아들 홍다구洪茶丘였다. 그의 직함은 고려군민총관이었다.

품위를 무시한 이를 용서하지 말라

지원 11년(1274) 제1차 원정군이 파견됐다. 일본의 분에이文永 11년이다. 일본에서는 이를 '분에이의 역役'이라고 한다. 제1차 원정이 실패한 이듬해에 원나라가 재차 일본에 통호의 사절을 파견했다. 예부시랑 두세충과 병부낭중 하문저何文著가 각각 정사와 부사로 임명되었다. 이들은 가마쿠라로 갔다. 그러나 집권자 호조 도키무네北条 時宗는 이들의 목을 쳤다.

| 호죠 도키무네

남송의 항장 범문호가 주복周福과 난충欒忠을 일본에 사절로 보낸 것은 같은 해 6월이다. 이들 또한 참수되고 말았다. 4년 뒤 두세충 등이 참수되었다는 사실이 판명되었다. 고려에는 전선 9백 척과 병사 수부 등 1만 5천 명의 동원령이 떨어졌다. 간신히 원나라에 요청해 식량을 해결하고 감원을 허락받았다. 충렬왕은 주전론을 전개했다. 쿠빌라이의 속셈을 읽었기 때문이다.

충렬왕은 쿠빌라이에게 고려의 장병을 원나라 장병과 똑같이 대우해줄 것과 고려에 적의를 품고 있는 홍다구의 권한을 제한해줄 것을 호소했다. 쿠빌라이는 대부분 들어주며 부마국왕駙馬國王의 조서를 내렸다. 이에 그는 정동행성의 중서좌승으로서 군대 지휘권을 갖게 되었다. 제2차 일본원정군은 고려에서 출병한 동로군 4만 명이 900여 척의 배에 나누어 탔고, 절강성 경원에 있던 10만 명은 3,500여 척의 배에 타고 출발했다. 이들은 6월 15일에 이키도壹岐島에서 합류하기로 했다.

| 고려와 몽골 연합군의 일본원정

이후 합류장소로 이키도보다 히라도平戶島 쪽이 적당하다는 것을 알고 급작스레 변경했다. 이런 일 등으로 인해 훨씬 나중에 연락이 닿았다. 6월 말에 히라도에 도착해 이키도로부터 오는 동로군과 합류했다. 원나라 군사는 히라도에서 한 달 가까이 군대를 휴식시키며 일본 측을 정찰하다가, 7월 27일에 행동을 개시해 다카시마鷹島를 점령했다.

그러나 7월 30일, 북큐슈는 태풍권에 들어갔다. 윤 7월에 비바람이 더욱 거세졌다. 거기다 철저히 준비한 일본의 저항은 만만치 않았다. 결국 10만 가까운 군사를 잃고 퇴각해야 했다.

지금도 일본 큐슈의 해저에는 그 전선의 잔해가 있다. 일본 코안弘安 4년(1281)에 있었던 이 원정을 일본에서는 이를 '코안의 역'이라 한다.

| 해상 전투 중인 고려와 몽골 군대의 모습

지원 21년(1284)에 문천상의 귀순에 가장 열성적이었던 왕적옹王績翁이 자원해 일본으로 건너가 귀순을 권고하기로 했다. 수행원들은 앞서 간 사절이 모두 참수당한 것을 두려워해 대마도까지 갔을 때 왕적옹을 살해했다. 쿠빌라이는 지원 31년(1294)에 사망할 때까지 일본원정을 포기하지 않았다. 그 전해에도 고려에 전선의 건조를 명했다.

세상은 넓고 사람도 많고 기술은 끝이 없다.

아무리 어려운 난관에 부딪혀도 반드시 방법이 있음을 굳게 믿어라.

아무리 하찮은 적이라도 우리와 다른 기술을 가지고 있을지도

모른다는 점을 한시도 잊지 말라.

내가 최고라고 자만하지 마라.

옆을 보고, 앞을 보고, 뒤를 보며,

산을 넘고, 강을 건너고, 바다를 건너라.

세상을 살되 한 뼘이라도 더 넓게 살고.
사람을 사귀되 한 명이라도 더 사귀며.
기술을 배우되 한 가지라도 더 배워라.

상대가 강하면 너희를 바꾸려 노력해야 할 것이며,
너희가 강하면 상대를 바꾸어라.

- 쿠빌라이칸

13세기 고려는 몽골의 침입을 받았다. 이때는 겨우 최씨 무신 정권이 안정된 무렵이었다. 몽골군의 기세에 고려의 무신 정권은 다급히 몽골에 화해의 손길을 보냈다. 몽골은 일단 화해를 받아들였으나 양쪽 모두 진심은 아니었다. 몽골은 감시관을 두어 고려를 치세에 두기 위한 발판으로 삼으려 했고, 고려는 일단 급한 불을 껐을 뿐이었다.

당시 최씨 무신 정권은 도읍을 강화도로 옮겨 항쟁하고자 했다. 고려 정부가 강화도로 피신하자 몽골은 더욱 거세게 몰아쳤다. 불을 지르고 포차를 동원하는 등 온갖 방법을 동원했으나 고려의 저항 역시 만만치 않게 끈질겼다. 몽골군 장수가 "내 평생 이렇게 거세게 저항하는 군대는 처음이다."라고 했다는 이야기가 있을 정도였다.

그러나 이러한 저항은 모두 민중 주도하에 이루어졌다. 고려의 지배층은 강화도에 피신해 있을 뿐이었다. 심지어 병사들의 호위를 받으며 호화로운 생활을 이어가고 있었다. 이들 대신 전투에 나선 이들은 산적떼, 노비, 일반 민중들이었다. 또한 특수군대였던 삼별초의 활약이 두드러졌다. 사병에 가까웠으나 몽골이 쳐들어오자 선두에서 항쟁했다. 40여 년 동안 이어진 11번의 침입. 역사상 몽골과 이토록 오래 싸운 나라는 없었으며 몽골과 싸워 독립을 유지한 나라는 거의 없었다.

시대를 읽고 미리, 빠르게 대처하라

"말 위에서 천하를 가질 수는 있으나 다스릴 수는 없습니다!"

분열을 끝내고 다시 새 통일 시대를 열다

쿠빌라이가 칸 쟁탈전에서 승리할 수 있었던 이유는 그가 형세에 순응하고 시기를 이용하는 데 탁월했기 때문이다. 몽케는 생전에 칸의 계승자를 지정하지 않았다. 게다가 몽골은 장자나 현명한 자를 칸으로 받든다는 기준이 없었기에 이는 쿠빌라이와 아리부케에게 칸의 자리를 쟁탈하는 좋은 빌미를 제공했다.

쿠빌라이는 비록 카라코룸에서 멀리 떨어져 있고, 오랜 세월 막남의 중원 땅에 있었으나 차비르 황후를 통해 몽골 제왕들과 내통하고 있었다. 경제적으로 쿠빌라이가 관장하던 중원지역은 여러 차례 복구되고 지속적인 성장을 거치면서 경제력에서 아리부케가 있는 막북의 땅을 능가했다. 그럴 수 있었던 더 중요한 이유는 쿠빌라이 수하에 몰린 한족 유생들이 계책을 내주었고 쿠빌라이가 한족 지주들의 지지를 얻은 점이다. 민심마저 쿠빌라이에게 몰렸다. 개인능력에서도 상대가 안 되었다. 당말 이래 혼란하고 분열된 국면을 종결시키고 중국역사의 새 장을 연 것이다.

중원 통치의 요체 – 중앙집권

1259년 몽케칸이 송나라 정벌에 나섰다가 사망하자 쿠빌라이는 다시 북쪽으로 올라와 막내 동생 아리부케에게 대칸의 지위를 빼앗았다. 이로써 강남에 자리하고 있던 남송을 제외한 고비사막 남북과 중원이 쿠빌라이의 손으로 들어오게 되었다.

일찍이 고비사막 북쪽에 머물고 있을 때 유병충은 쿠빌라이에게 이런 말을 한 적이 있다.

"말 위에서 천하를 가질 수는 있으나 다스릴 수는 없습니다!"

전한 초기 육가陸賈가 유방에게 한 말이다. 쿠빌라이는 이 말을 가슴 깊이 새겼다. 이번에도 쿠빌라이는 중원 통치의 당면 과제를 놓고 유병충에게 의견을 구했다.

"천하를 다스리는 비책과 백성들을 돌보는 방법은 어떤 것이오?"

유병충은 역대 왕조의 전장제도를 두루 살핀 후 현재의 실태에 근거한 제도를 조목조목 만들어 제시했다. 이에 연호를 중국 역대 왕조의 전통과 부합한다는 의미의 '중통中統'으로 바꿨다가 5년 뒤 '지원至元'으로 변경했다. 지극한 나라를 만들겠다는 취지에서 나왔다. 지원 8년(1271)에 쿠빌라이는 유병충의 건의를 받아들여 '몽골' 대신 '대원'으로 국호를 삼고 다음 해에는 지금의 북경인 중도中都를 수도로 정한 뒤 명칭을 대도大都로 바꿨다. 이외에도 관료제도, 군사정책, 법률, 지방정책 등의 분야에서도 그는 유병충의 건의를 받아들여 개혁을 단행하면서 중앙집권 체제를 완성했다.

대도건설 – 웅장하고 생기 넘치는 수도를 만들다

원나라 건국 당시 쿠빌라이가 세운 탁월한 공로 중 하나는 바로 대도大都의 건설이었다.

쿠빌라이는 유병충을 천거해 개평부의 설계와 건설을 맡긴 바 있다. 원나라 영토가 남으로 확장되면서 남쪽으로 천도할 필요성이 제기되었다. 유병충의 건의로 쿠빌라이는 중도를 수도로 삼기로 하고 대도로 이름을 바꿨다. 그게 바로 지금의 북경이다. 천도 결정 후 다시 유병충에게 새 수도의 설계와 건설을 맡겼다. 유병충은 많은 전문가들을 불러 고대 도성의 전통 구조를 따라 궁을 중심으로 조정은 전면에, 시장은 후면(전조후시前朝後市)에 설치했고, 궁의 좌측에 종묘,

우측에 사직단(좌조우사左祖右社)을 두었다.

대도의 궁성은 금나라 때의 행궁인 대녕궁大寧宮을 기초로 건설되었다. 지금의 북경 북해와 중해인 태액지太液池 동쪽에는 대명전大明殿을 중심으로 하는 궁전이 지어졌다. 대내大內로 불린 이곳은 황제가 평소 생활하는 공간이자 정무를 처리하는 곳이다. 오늘날 자금성의 전신이 된다. 태액지 서쪽에는 남북으로 마주보는 두 궁전이 지어졌다. 이곳은 각각 황태자와 황태후의 거처가 되었다. 궁성 밖에는 거대한 성벽을 축조해 궁성을 보호했다. 궁성 북쪽에는 중심각中心閣을 지었다.

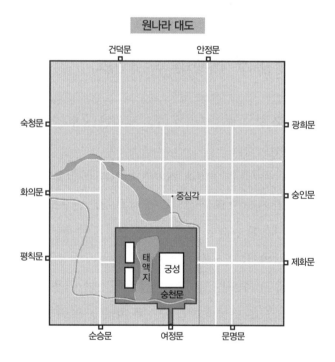

126

중심각을 중앙으로 하여 궁성 남쪽으로 이어지는 선이 도시 전체의 중심선이 되었다. 웅장하면서 반듯한 새 수도의 분위기는 한당 이래의 폐쇄적 도시의 모습을 벗어나 생기가 넘쳤다. 대도의 건설을 마치자 쿠빌라이는 유병충을 위시해 새 수도 건설에 참여한 모든 인원에게 후한 상을 내렸다. 도시 계획을 주도한 유병충이 쿠빌라이로부터 더욱 두터운 신임을 얻었다.

회화와 시문 – 전 왕조의 문화를 막지 않고 부흥시키다

쿠빌라이는 지원 23년(1286) 조맹부趙孟頫를 베이징으로 불러들였다. 애산에서 남송이 멸망한 지도 7년이 지난 뒤이다. 조맹부는 송나라 황실의 일원이었다. 조광윤의 4자인 조덕방趙德芳의 10대손이다. 정2품의 한림학사 승지까지 승진하게 되었다. 그의 출사를 종형인 조맹견趙孟堅 등이 비난했다.

조맹부는 쿠빌라이의 지지를 받으며 문화의 전통을 잇고자 했다. 그의 재능 중 가장 특출한 것은 회화였다. 남송은 항주에 화원畫院을 두고 직업 화가를 우대했다. 조맹부는 남송화풍을 쇠약한 것으로 인식했다. 그는 남송화풍을 완전히 벗어나 북송, 더 올라가 당나라 화풍을 목표로 삼았다. 삼청三靑과 석록石祿만을 써서 그리는 청록산수에서 일명 수묵산수水墨山水 화법이라고 하는 미법米法 산수에 이르기까지 모든 필법을 구사했다.

그의 복고운동은 원대 말기에 이르러 이른바 4대가인 오진吳鎭, 황공망黃公望, 예찬倪瓚, 왕몽王蒙으로 이어져 결실을 맺었다. 왕몽은 조맹부의 외손, 황공망은 조맹부의 지도를 받았다.

| 조맹부, 〈작화추색도〉

복고운동은 시문에서도 이뤄졌다. 송나라의 이념적인 시에서 벗어나 당시唐詩의 정신으로 이어졌다. 원각袁桷과 우집虞集이 대표적이다. 이들은 양유정楊維楨처럼 초야에 묻혀 지내지도 않았고, 조맹부처럼 조정에 출사했다. 선배의 입장에서 조맹부가 이들을 지도했다. 조맹부는 이종의 보우 2년(1254)에 태어나 원나라 영종 지치 2년(1322)에 죽었다.

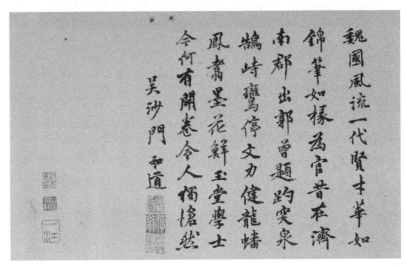

| 조맹부의 '송설체'. 조맹부가 완성한 송설체는 청나라는 물론 조선에까지 영향을 미쳤다.

　황공망과 오진은 원나라 순제 지정 14년(1354)에 죽었다. 명나라 때까지 생존한 나머지 두 사람도 75세 전후까지 장수했다. 네 사람이 살고 있을 무렵 오진은 그림이 팔리지 않아 길거리에서 점쟁이 노릇을 했다. 오진은 지금의 절강성 가선현인 위당진魏塘鎭에 살았다. 이웃집에 사는 성무盛懋가 그림이 잘 팔렸다. 오진의 부인이 성무처럼 되라고 푸념하자 이같이 대꾸했다.

　"20년이 지나면 그때는 거꾸로 될 것이다."

　오진의 그림은 말년에 평가받았다. 졸부들이 그림을 사러 와도 그는 냉정하게 내쫓았다. 집 주위에 매화나무를 심고 이를 벗 삼아 매화도인梅花道人을 자처했다. 자신의 방에는 소속누실笑俗陋室의 이름을 붙였다.

쿠블라칸이 제너두에
웅장한 궁전을 지으라고 명했다.
그곳에서는 거룩한 알프 강이
사람이 알지 못할 깊은 동굴들을 지나
햇살 없는 바다로 흘러들었다.
5마일이나 되는 비옥한 땅을
성벽과 탑이 둘러싸여 있고
정원에는 굽이진 개울들이 빛났다.
그곳은 향나무들로 그득했고
산처럼 오래된 숲이 햇빛에 빛나는 녹색을 자랑했다.

(중략)

그의 번뜩이는 눈, 저 나부끼는 머리칼!
그 주위에 원을 세 겹으로 두르고
거룩한 두려움에 눈을 감으라.
그분은 감로甘露를 먹고
낙원의 젖을 마셨느니라.

In Xanadu did Kubla Khan

A stately pleasure-dome decree:

Where Alph, the sacred river, ran

Through caverns measureless to man

Down to a sunless sea.

So twice five miles of fertile ground

With walls and towers were girdled round:

And there were gardens bright with sinuous rills,

Where blossomed many an incense-bearing tree;

And here were forests ancient as the hills,

Enfolding sunny spots of greenery

(중략)

His flashing eyes, his floating hair!

Weave a circle round him thrice,

And close your eyes with holy dread,

For he on honey-dew hath fed,

And drunk the milk of Paradise.

- 새뮤얼 테일러 콜리지 1772-1834, 「쿠블라칸」 중에서

마르코 폴로는 유럽으로 돌아올 때 거선을 이끌고 페르시아만으로 들어왔으나 다시 중국으로 갈 때는 육로를 택했다. 그러나 당시는 실크로드도 전성기를 지난 때였다. 비단을 대신해 인기상품이 된 도자기는 낙타의 등보다 배로 운반하는 것이 안성맞춤이었다. 최고 인기상품인 도자기도 원나라 때에 이르러 커다란 전환기를 맞았다. 이를 흔히 '도자기의 변'이라고 한다.

원나라 때에 이르러 도자기의 수출량이 비약적으로 많아졌다. 수입하는 곳은 유럽 전역으로까지 퍼졌다. 이들은 도자기의 기면에 장식을 해줄 것을 요구해 왔다. 중앙아시아의 옥사스 강 부근의 바다에서 청색 안료가 산출되었다. 이 안료로 백자에 채식彩飾기법을 쓰면 선명한 청색이 표면에 떠오른다. 이로 인해 청화백자가 등장했다.

명나라 도자기는 오채五彩이다. 이는 송나라 때 도자기의 그윽하고 차분한 풍취를 계승한 것이 아니다. 원나라 때의 채식기법을 이은 것이다. 명나라 때는 이질적인 기호를 수용할 힘과 흐름이 없었다. 그런데도 오채는 중국의 최대 요업단지인 경덕진에서 생산돼 도자기의 주류를 이뤘다. 수출뿐만 아니라 내수용으로도 나왔다. 오채는 간명하고 솔직하고 단순해 이해하기 쉽다.

인재를 위해 문호를 활짝 열어라

"나라가 부족하면 백성이 채워주고,
백성이 부족하면 나라가 채워주어야 합니다."

능력 있고 충심을 가진 인재를 가려 뽑다

쿠빌라이는 몽골제국의 칸에서 중원의 황제가 되어 원나라 내부
의 안정을 위한 탁월한 정치 수완을 발휘했다. 권력을 능숙하게 배
분한 덕분이다. 그는 다양한 인재를 임용해 적당한 권력을 나눠주고
능력을 다하도록 했다.

당시 쿠빌라이의 권력배분은 맹목적으로 이뤄진 것이 아니었다. 그는 권력을 줄 대상을 꼼꼼히 살폈다. 확실한 재능을 갖추고 자신에게 충성을 다할 사람만 등용해 충분한 권한을 넘겨주었다.

정치 - 원나라의 청사진을 구체적으로 제시하다

대표적인 사례로 원나라 개국의 1등 공신 유병충에 대한 신임을 들 수 있다. 그는 쿠빌라이의 책사가 되어 적시적소에 기막힌 책략을 제시했다. 명실상부한 쿠빌라이의 오른팔이었다. 그는 죽기 전까지 쿠빌라이에게 수없이 많은 계책을 바쳤다. 그 주된 내용은 정치적 강령과 관계된 것들이다. 중원의 제위를 잇고 천하를 살릴 수 있는 정치적 청사진을 제공했다. 쿠빌라이는 일찍이 고비사막 남쪽 땅을 총괄하는 형 몽케칸의 명을 받고 유병충 등을 이끌고 남하해 금련천에 관부를 설치했다.

당시 유병충은 쿠빌라이에게 이같이 제안했다.
"조정은 고대의 전적과 의례대로 운용하고 윤리와 법도에 따라 지도 이념을 만들어야 합니다. 나라 안에서는 재상이 백관을 다스려 백성을 감화시키고 나라 밖에서는 장수가 삼군을 다스려 변경을 안정시켜야 합니다. 지금 가장 시급한 문제는 현명한 재상과 용맹한 장수를 뽑아 안팎이 서로 어울리도록 하는 것입니다."

유병충은 몽골의 혼란한 관제에 대해서도 고언을 아끼지 않았다.

"지금의 관제는 정해진 품계가 없어 청렴한 인재가 승진을 못하고 혼탁한 자가 자리를 계속 꿰차고 있습니다. 마땅히 옛 관제를 본받아 백관과 함께 그에 다른 의례를 제정하고 고을의 관리를 신중히 뽑아 민심을 안정시켜야 합니다. 관원이 바르면 민심은 스스로 안정됩니다."

동시에 가혹한 형벌을 없애고 법령에 의하지 않는 사사로운 형 집행을 금할 것을 주장했다. 또한 국고를 채우기 위한 백성의 부담을 줄이기 위해 그는 이같이 건의했다.

"나라가 부족하면 백성이 채워주고, 백성이 부족하면 나라가 채워주어야 합니다. 나라는 국고를 넓혀 필요할 때 백성을 돕고, 백성은 산업을 일으키고 밭을 개간해 나라의 자원을 만들어주어야 합니다."

나라와 백성이 물고기와 물의 관계처럼 상호보완의 관계가 되어야 한다는 주장이다. 이를 위해 부역을 가볍게 하고 부세를 낮추고 쓸데없는 잡세를 없애야 한다고 했다.

유병충은 교육에도 큰 관심을 기울여 명망있는 스승을 부르고 학생을 모집하고 재능 있는 자를 관원으로 삼아야 한다고 말했다. 관부에서 출자를 하여 경제적으로 어려운 명사들에게 재정적 지원을 아끼지 않아야 지식인들의 적극 지지를 얻을 수 있다고 주장했다.

통치 기반의 마련을 위한 유병충의 헌신적인 노력 덕분에 원나라 통치는 역대 왕조와 다를 바 없는 궤도에 오를 수 있었다. 품계별로

관복을 달리하고 조정의 의례를 조정하고, 관제를 정비하고, 그에 다른 봉록을 합리적으로 정하면서 조정의 옛 신료들과 초야에 은거한 자까지 새로이 등용했다. 그의 최대 관심사는 인재 발탁이었다.

어릴 때 같이 공부한 장문렴張文廉이 교육에 관심이 있는 것을 알고 그를 중서성의 좌승左丞으로 천거했다. 이후 장문렴은 국자학의 설치를 건의하고 농사기술의 보급을 주장했다. 원나라 초기 교육과 농업 발달에 크게 기여했다. 장문렴은 어사중승으로 승진하고 대학사의 지위에 추밀부사의 자리까지 맡게 되었다.

그는 인재를 중시했지만 자신보다 더 뛰어나다고 인정받던 동생 유병서劉秉恕는 단 한 번도 조정에 천거하지 않았다. 사사로운 정에 이끌렸다는 혐의를 받고 싶지 않았기 때문이다.

지원 원년(1264) 8월 한림학사 왕악王鶚이 이런 상소를 올렸다.

"유병충은 오래도록 폐하 곁을 지키면서 사직을 일으킬 큰 계책을 세우고 이를 실천하는 과정에서 탁월한 공을 이뤘습니다. 그러나 폐하가 이미 황위에 올라 만물이 새롭게 된 지금까지도 그는 여전히 거친 옷에 승려의 밥을 먹고 있고, 정식 직함이나 작호는 단 하나도 받지 못했습니다. 우리 대신들은 진작부터 이 사실을 안타깝게 생각했습니다. 폐하는 부디 그에게 조복과 관대를 하사해 그 높은 이름을 사방에 드날릴 수 있도록 해주십시오."

쿠빌라이는 그날로 유병충에게 환속을 명하고 광록대부의 관직에 태보의 자리를 수여하고 중서성의 일을 맡도록 했다. 동시에 한림학사 두묵지寶黙之의 딸을 처로 삼도록 해 저택까지 하사했다. 환속 후의 유병충은 그야말로 사실상의 승상이나 다름없었다.

한족 관리들을 비롯한 인사들 가운데 유병충을 시기하고 의심하는 자가 많았으나 쿠빌라이는 한 번도 그를 의심하지 않고 늘 최측근에서 자신을 돕도록 했다. 유병충 역시 자신의 모든 재능을 원나라의 건립과 발전을 위해 아낌없이 쏟아 부었다.

한림학사
'학사'라는 벼슬은 남북조 시대에 처음 설치되었다. 문장, 학문 등에 뛰어난 이들을 황제 곁에 두었다. 학사로 있다가 재상으로 올라가는 이들이 종종 있었다. '한림학사'는 '한림원의 학사'이다. 한림원은 당나라 때 설치되어 황제의 명을 받아 조서의 초고를 쓰는 일을 했다.

경제 - 분야를 막론하고 종횡무진 국고를 채우다

쿠빌라이는 티베트의 라마승 파스파를 국사國師로 삼고 새로운 몽골문자를 만들게 했다. '파스파'는 '성자聖者'라는 뜻이다. 그의 본명은 '로테 기얀첸'이다. 파스파는 티베트문자를 기초로 몽골문자를 만들었으나 쓰기가 어려워 이내 사장됐다.

쿠빌라이의 무슬림 경제 관료들은 서역의 상인조직과 표리일체의 관계였다. 쿠빌라이 치세 때 20년 동안 재정을 장악한 아흐메드阿哈

茂德는 서역의 상인 출신이었다. 그는 재정, 산업, 건설, 농수산, 경제 기획 등 모든 것을 홀로 장악했다. 쿠빌라이 정권이 추진한 거대한 프로젝트와 그것을 지원하는 중앙의 재무행정 기구는 그를 정점으로 하는 실무담당 조직이 맡고 있었다.

아흐메드 본인은 궁정이 대도 방면으로 남하하는 겨울에는 거의 대부분 쿠빌라이의 옆을 따라다녔다. 그러나 황제 쿠빌라이가 궁정과 군단 외에 정부 요원의 절반을 데리고 상도 방면으로 북상하는 여름 동안에는 제국 운영의 중심인 거대 도시 대도에 잔류해 경제, 통상, 세금징수 등에 힘썼다.

그에게는 7명의 아들이 있었다. 아흐메드는 그 7명을 이른바 자기의 '분신'으로 삼았다. 제국의 2대 도시인 대도와 항주의 재무책임자로 상주시키는 등 천주, 광주 등 강남의 거점이 되는 항만도시나 경제 요충지에도 파견해서 활약하게 했다. 즉 아흐메드 가문이 원나라 재정의 핵심 부분을 장악했던 것이다. 아흐메드 가문은 다방면에 뛰어난 재능을 갖고 있고 일하는 사람들의 인종 또한 다양하게 갖춰 그 어떤 지역이나 어떤 문제에 대해서도 확실하게 대응할 수 있도록 했다.

아흐메드가 원나라 재정을 주무르는 20년 동안 세계사에서 유례를 찾기 힘들 정도로 온갖 기구들이 바뀌었다. 그는 자신에게 엄격하게 대했지만 자기 사람들에게는 그렇지 못했다. 또한 그는 사람들의 질시와 원한을 살 만한 일을 태연하게 행했다. 그 결과로 그는 결국 지원 19년(1282) 한족의 손에 암살당하고 말았다.

그가 중앙재정을 장악하고 있을 때 쿠빌라이는 남송을 접수하고 대규모 사업을 차례로 진행시켰다. 보통 정권이라면 대도 건설도 쉽지 않았을 것이다. 그런데 쿠빌라이 정권과 그 중앙정부는 미동도 하지 않았다.

『집사』에 등장한 아흐메드

쿠빌라이 정권을 모범으로 삼아 국가 재편과 행정 개혁을 추진하려고 했던 훌라구의 군주 가잔슝과 그의 재상 라시드 앗 딘의 조합은 쿠빌라이와 아흐메드의 조합과 닮았다.

라시드 앗 딘은 쿠빌라이와 아흐메드를 개혁정치의 최고의 모범으로 삼았고, 아마도 아흐메드의 능력에 대한 애증의 마음을 품고 『집사』 속에서 동시대인이면서 '선인'이기도 했던 아흐메드의 전성기를 기록했다. 그가 쓴 『집사』에는 『쿠빌라이기』 속에 한 절을 할애해 「아흐메드전」을 편제했다. 그만큼 중시한 것이다. 특히 그의 암살 사건에 대한 대목은 매우 상세하다. 『집사』는 전편에 걸쳐 「아흐메드전」을 매우 크게 다뤘다.

지원 3년(1266) 국고를 가득 채우는 그의 수완에 감복한 쿠빌라이가 '제국용사사'라는 특별 부서를 만들어 그를 발탁했다. 얼마 후 '제국용사사'는 상서성으로 승격되었다. 아흐메드는 중서성의 감독을 벗어나 대등한 입장에 섰다. 5년 후 상서성은 중서성을 병합해 독상獨相이 되었다.

그는 전횡했으나 제철업을 일으키고, 소금에 부과하는 세금을 늘리고, 천하의 호적을 조사하고, 약과 차에 이르기까지 국가가 전매하거나 과세해 세입을 늘렸다. 그는 원나라가 송나라 정벌군을 남쪽으로 진격시켰을 때 점령지에서 유통되는 회자會子(어음)를 모두 부도처리하자는 다수 의견을 홀로 반대했다.

그의 정책은 중상주의였다. 서역의 색목인들은 모두 그의 정책으로 인해 커다란 은혜를 입었다. 농민뿐만 아니라 농본주의를 지키고자 한 한인 대신들은 아흐메드를 증오했다. 익도의 천호千戶인 왕저는 고화상과 모의해 아흐메드를 철추로 격살했다. 황태자가 상도에서 대도로 귀환했으니 속히 와 문후를 올리라는 거짓 사자를 보내 동궁으로 불러낸 것이다.

쿠빌라이는 그가 죽은 후 승상 보라孛羅로부터 그의 죄상을 듣고 대로했다. 아흐메드의 묘를 파헤쳐 관을 깨고 시체를 통현문 밖에 내다버려 개가 그 살을 뜯어먹게 했다.

국지학
중국 당의 최고 학부였다. 중앙에 국자감을 두고 감독하에 국자학을 비롯한 6학을 두었다. 원에서는 교육을 관장하는 기관을 셋 두었다. 국자감, 몽고국자감, 회회국자감이었다. 이에 각각 예속되는 학교가 있었는데, 국자학, 몽고국자학, 회회국자학이다. 명에서는 중앙의 최고학부를 국자학이라고 했으나 이후에 국자감이라고 개칭했다.
고려의 국립학교의 명칭 역시 국자감이었는데, 국자감은 유학부와 기술학부, 두 학부로 분류했다. 유학부는 다시 국자학, 대학, 사문학이 있었고 기술학부에는 율학, 산학, 서학이 있었다. 국자학은 이중에서도 관료를 양성하는 데에 주목적이 있었던 기관이었다.

과학 - 기술 발전으로 원에 편리를 선물하다

곽수경은 과학자 집안 출신으로 조부 곽영郭榮은 산수와 수리水利에 밝았다. 어려서 조부의 영향을 받은 그는 장성한 후 천문, 수학 의기의 제작, 수리 공사 등에 두각을 나타냈다. 조부를 따라 자주磁州의 자금산으로 공부를 하러 간 그는 그곳에서 조정의 대신인 유병충, 장문겸張文謙, 왕순王恂 등과 교유했다. 장문겸이 좌승상에 오르자 쿠빌라이는 그에게 농토와 수리 사업의 전문가를 추천하라고 했고, 장문겸이 곽수경을 추천하자 그는 즉시 곽수경을 조정으로 불렀다.

곽수경은 쿠빌라이를 보고 화동華東 평원의 수리 공사를 발전시킬 수 있는 6가지 방안을 제출했다. 각 방안에는 필요한 인원과 재원까지 빈틈없이 계산되어 있었다. 곽수경의 구체적인 방안을 들은 쿠빌라이는 자신이 필요로 하는 인재를 얻었다는 기쁨에 흡족한 표정을 지었다. 곧 좌우 대신에게 말했다.

"곽 선생이야말로 제대로 일을 추진할 참다운 인재요, 모두 곽 선생만큼만 하면 이 나라가 어찌 부강해지지 않을 수 있겠는가!"

쿠빌라이는 그 자리에서 곽수경을 부하거사로 임명해 수리 사업을 총괄하게 했다. 중통 5년(1264)에 곽수경은 장문겸을 따라 서북 지역으로 가서 하투 평원의 운하 공사를 맡았다. 3달여의 험난한 공사 끝에 완성된 운하 덕분에 뱃길은 수월해지고 9만여 경의 농지에 물을 댈 수도 있게 되었다. 그곳의 백성들은 곽수경의 공적을 기념하기 위해 운하 위에 그를 모시는 사당까지 지었다.

서하에서 돌아온 후 장문겸은 쿠빌라이에게 다시 한 번 곽수경을 추천했다.

"치수에서만은 곽수경보다 뛰어난 이가 없습니다. 중원에 가뭄이 들어 나라의 근심이 이만저만이 아닌 지금 하천을 정비하고 대규모 수리 사업을 일으키는 것이 시급합니다. 다시 한 번 곽수경을 중용해야 할 것입니다."

| 곽수경의 동상

쿠빌라이가 곽수경을 다시 불러 수리 사업에 관해 묻자 곽수경은 그 자리에서 11건의 수리 사업을 제출했다. 그중 가장 중요한 것은 나라 전체를 관통해 대도까지 이어지는 대운하를 건설하는 일이었다. 이 대운하는 지원 30년(1293)에 완공되었다. 이 운하가 바로 유명한 통혜하通惠河다.

운하가 완성되어 처음으로 물이 흐르던 날 쿠빌라이는 친히 운하의 제방에 올라 곡식을 실은 크고 작은 배들이 줄지어 운하를 통과하는 광경을 보며 크게 기뻐했다. 이 사업의 공로로 쿠빌라이는 곽수경에게 2,500관의 상금을 내렸고, 다음 해에는 그를 소문관昭文館 대학사와 천문과 역법을 관장하는 부서의 부관인 지태원사의 자리에 앉혔다.

수리 사업 이외에도 곽수경은 1280년 허형許衡, 왕순 등의 학자와 새로운 역법인 수시력授時曆을 완성했다. 1년의 길이가 365.2425일임을 밝혔다. 이것은 역대 중국 역법 중 가장 정밀한 것으로 인정된다. 지구가 태양의 주위를 한 바퀴 도는 실제 주기와 겨우 6초밖에 차이나지 않는다. 수시력은 서양에서 통용되던 그레고리력보다 무려 3백 년이나 앞서는 것이었다.

이밖에 곽수경은 천문관측, 수학, 지리학 방면에서 상당한 성과를 거두었다. 그는 평생을 과학 사업에 바쳤다. 곽수경이 공적을 쌓은 인재임은 분명하다. 그러나 그의 성과 뒤에는 인재를 알아보고 충분한 권한을 부여해준 쿠빌라이의 혜안이 있었다.

쿠빌라이는 몽골 귀족 출신이다. 그러나 귀족들 중 누구보다도 한의 문화를 배우고자 힘쓰고 한족 인사와 가까이 지내면서 치국의 경험을 배우고자 했다. 이는 정치 생애에서 승리를 다진 바탕이 되었다. 특히 성인이 되어 권력을 주도하고 자신의 위치를 굳힐 때 한문화와 한족 인사들이 준 영향이 컸다.

쿠빌라이의 경영 원칙

① 훌륭한 인재는 막론하고 수용했다.
② 충돌도 열린 마음으로 받아들였다.
③ 임기응변을 사용해 정세의 흐름을 탔다.

"쿠빌라이칸은 아담에서 지금 이 순간에 이르기까지,
세상에 나타난 어떤 사람보다도
많은 지역과 재물, 영토를 소유한 사람이다."

– 마르코 폴로

원나라의 정치적 권력을 대표하는 중앙의 정치기구는 성省·원院·대臺로 약칭되었던 3대 관청인 중서성中書省·추밀원樞密院·어사대御史臺였다.

　중서성은 황제의 명령을 법안으로 만들어 기초하는 기관으로 그 아래에 이吏·호戶·예禮·병兵·형刑·공工의 행정 6부를 두고 그 법령의 시행을 맡았다. 중서성의 장관인 중서령中書令은 황태자가 겸하였으며, 그 아래에 우승상右丞相·좌승상·평장정사平章政事 등의 재상宰相과, 참지정사參知政事·우승·좌승 등의 부재상을 두었다.

　추밀원은 군사조직을 통할하는 기관으로, 이것 역시 황태자가 겸하는 장관인 추밀원사樞密院事 아래에 지원知院·원사院使·동지同知·부사副使 등의 여러 관직을 두었는데, 이 밖에 특히 중대한 군사 기밀사항을 심의하기 위해 중서성에서 평장정사 한 사람이 파견되었다.

　마지막으로 어사대는 관료기구의 숙정과 쇄신을 이루기 위한 감찰기관으로, 장관인 어사대부御史大夫, 차관인 중승中丞 아래에 많은 감찰어사를 두어 끊임없이 여러 행정기관들을 순찰해서 부정을 적발하고 또한 민간의 풍기 유지, 교육의 진흥을 맡았다.

이상의 3대 관청 외에 특수관청 제국용사사制國用使司가 있었는데, 이는 비상시 국가재정의 어려움을 타개하려 임시적으로 두었던 것으로 목적이 이루어지면 폐지되었다. 후에 승격해서 상서성尚書省으로 개칭해 재무를 맡게 되었다.

지방행정기구의 성과 대는 중앙에 비해 지위는 낮았으나 모두 황제 직속으로 절대적인 권력을 가지고 있었다. 대관청 아래에는 행정을 맡아보는 선위사宣慰司, 재무청 전운사轉運司, 기방감찰청 숙정염방사肅政廉訪司가 있었다. 이들 아래에는 노路·부府·주州·현懸·사司의 지방행정관청을 두었다. 지방행정관청의 수령은 대개 그 지방 출신의 지식인을 임명하였으나 지방행정을 점검하는 정치감찰관으로 '다루가치'라는 관직을 두어 반드시 몽골인이나 색목인色目人을 임명하였다. 이와 같은 현지 출신 관리에 대한 감시제도는 정복왕조였던 원나라의 특징이었다.

유병충은 당시 자타공인 쿠빌라이의 오른팔이었다. 그는 쿠빌라이의 전폭적인 신망을 얻었으면서도 시종 겸손한 모습을 보인 것으로 유명하다. 그는 이민족 정권의 핵심에 있으면서도 겸손하고 청렴했다. 개인적 명리를 보고도 아무 사심을 느끼지 않았다.

쿠빌라이가 새로 나라를 개창한 후에도 그는 여전히 승복을 입고 고기음식을 가까이 하지 않고 출사한 사람과 똑같은 생활을 했다. 어떤 관직이나 작호도 받지 않았다. 이에 당시 사람들은 그를 절에서 생활할 때의 칭호인 '총서기'로 불렀고, 유병충 역시 이 이름을 가장 듣기 좋아했다고 한다.

『원사』의 기록에 따르면 하루는 쿠빌라이가 백금 1천 냥을 하사했다. 유병충이 정중히 사양하면서 이같이 말했다.

"신은 본래 산에 묻혀 비천하게 살고 있었으나 지금 폐하의 성은을 입고 이토록 과분한 삶을 누리고 있습니다. 지금 제게 금은보화가 무슨 소용이 있겠습니까!"

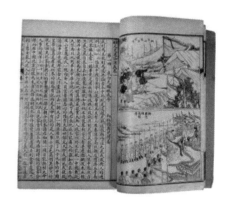

그러나 쿠빌라이 역시 고집을 꺾지 않았다. 결국 강권에 못 이겨 상금을 받기는 했으나 받자마자 친구들과 고향 부로에게 모두 나눠 주었다. 쿠빌라이의 은혜에 보답하기 위해 그는 과거의 공에 안주하지 않고 국가대사의 처리에 자신의 견해를 밝히는 등 조금도 게으른 모습을 보이지 않았다.

지원 11년(1274) 유병충이 임종을 앞두고 있을 때 쿠빌라이는 슬픔을 애써 참으며 대신들 앞에서 이같이 탄식했다.

"유병충은 짐을 섬긴 30여 년 동안 늘 몸가짐을 삼가고 부지런하고 빈틈없이 일을 처리했다. 남들은 피하는 일을 기꺼이 하고, 사사로운 이익을 전혀 탐하지 않았다."

그는 쿠빌라이의 눈에 든 이래 수십 년 동안 그의 곁을 떠나지 않고 전국의 통일과 통일왕조의 운영을 위한 대계를 마련해주었다. 그가 쿠빌라이에게 한나라 법식을 따를 것을 주장해 몽골은 중원의 주인 역할을 해낼 수 있었다.

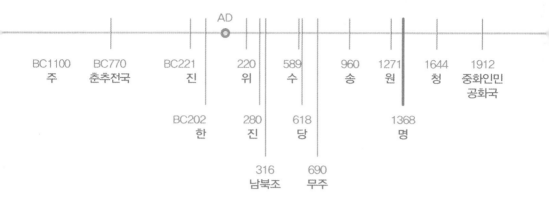

BC1100　주
BC770　춘추전국
BC221　진
BC202　한
AD
220　위
280　진
316　남북조
589　수
618　당
690　무주
960　송
1271　원
1368　명
1644　청
1912　중화인민공화국

자기 앞에 어떠한 운명이 놓여 있는지
생각하지 말고 앞으로 나아가라.
그리고 대담하게 자기의 운명에 도전하라!

비스마르크

리더는 미래를
두려워하지 않는다
: 치열한 개척자 영락제

영락제

본명 주체朱棣

생애 1360~1424

재위기간 1403~1424

명나라의 3대 황제. 영락제 주체는 명 창업주 주원장의 네 번째 아들로 태어나 11세에 연왕으로 봉해진다. 국경에서 전쟁 경험을 쌓으며 세력을 키웠다. 태자 주표가 급서하고 그 아들이 명의 2대 황제가 되자 정난지역을 일으켜 영락제로서 보위에 오른다.

보위에 오르는 과정에서 수많은 피를 뿌렸다는 비난을 받지만, 영락제는 주원장이 다져놓은 탄탄한 기반 위에서 명 사상 최고의 성세를 이룬다. 그의 개혁정책은 중앙집권을 시작으로 여태껏 외면받았던 환관들을 이용해 천하의 구석구석을 감찰했다. 그는 규칙에 얽매이지 않는 개척정신으로 명나라를 통치했다.

또한 그는 다섯 차례에 걸친 북벌을 단행했으며, 만주 여진족과 일본을 정벌 대상으로 간주했다. 게다가 해상으로 눈을 돌려 대선단을 꾸려 바다로 보냈다. 이로 인해 명나라는 새로운 문물을 받아들이면서 발전했고, 명실상부한 세계제국으로 발돋움할 수 있었다.

타고난 품격은 쉽게 사라지지 않는다

"연왕은 무용도 뛰어나고, 천하의 이치도 통달해 있소.
그를 황태자로 삼고자 하오."

창업을 이은 수성의 리더, 영락제

5백여 년에 달하는 춘추전국시대를 마무리 짓고 최초로 중원을 통일한 진秦제국과 3백여 년에 달하는 남북조시대를 끝내고 한漢제국의 뒤를 이어 천하를 통일한 수隋제국 모두 단명에 그쳤다. 이는 창업의 기틀을 이어받을 만한 인물이 뒷받침되지 못했기 때문이다.

그러나 원제국의 몰락 이후 중원에 들어선 명나라는 창업주의 뒤를 이어 뛰어난 인물이 보위에 오르는 행운을 만나 수백 년 동안 유지될 수 있었다. 영락제 주체朱棣가 바로 그 주인공이다.

주체는 원나라 지정 20년(1360) 지금의 남경인 응천부에서 마황후 소생의 4황자로 태어났다. 주원장이 홍무 원년(1368)에 원나라의 수도인 대도를 점령해 장성 이남을 통일했을 때 주체는 겨우 9살에 불과했다.

악역을 자처해 3백 년 명제국의 기반을 다진 주원장

왕조교체의 혼란기를 지나 새로운 왕조가 개창될 때에는 예외 없이 군강신강君强臣强의 모습을 띤다. 창업주는 혼란스런 난세 속에서 건곤일척의 승부수를 띄워 대업을 이룬 만큼 남다른 의지와 결단력을 지니고 있다. 창업공신 또한 새가 나뭇가지를 가려 앉듯이 나름의 판단하에 주군을 선택해 공업을 이룬 만큼 남다른 지용智勇을 지니고 있다. 그렇기에 창업주는 강신强臣을 제압할 수 있다. 그러나 궁정에서 자란 후사가 강신을 제압하는 일은 쉽지 않다. 이러한 상태에서 강신을 방치할 경우 '군약신강君弱臣强'의 상황이 올 수밖에 없다. 개국이 무너져 내릴 위험이 있는 것이다.

이러한 위험을 감지했기 때문에 대부분의 창업주는 살아 있을 때 '토사구팽'을 벌였다. 명태조 주원장도 이보다 더했으면 더했지 결코 덜하지 않았다. 진시황의 진제국이 건립된 이래 중국의 역대 왕조 가운데 가장 오랫동안 유지된 것은 한나라이다. 전한과 후한을 합쳐 4백 년간 이어졌다.

주원장은 명나라를 세울 때부터 한나라를 모델로 삼았다. 그는 한고조 유방을 흉내 내 스스로 '토사구팽'하며 악역을 자처했다. 이로써 그는 개국 초기에 '군강신약'의 기반을 확고히 다져놓았다. 덕분에 명나라는 3백 년이나 유지되었다.

| 홍무제 주원장

주원장은 명을 개창할 때 적당한 곳이 있으면 그곳으로 천도할 생각을 갖고 있었다. 당시 황태자 주표가 부황의 명을 받아 섬서 일대를 면밀히 조사한 것은 바로 이 때문이었다. 당시 장안을 수도로 삼기는 힘들었다. 오랫동안 방치된 땅은 척박해져 있었고, 수당 때 회

하 및 장강과 이어졌던 대운하 역시 토사 등으로 끊어져 강남의 양곡을 운송하는 데 문제가 있었기 때문이다.

주원장은 남경을 명실상부한 제국의 수도로 만들기 위해 심혈을 기울였다. 삼국시대의 손권이 지금의 남경인 건업을 수도로 삼은 이후 남경이 사상 최초로 정치 및 경제의 중심지로 부상한 것은 전적으로 주원장의 공이었다. 풍부한 물산과 수많은 인재들이 배출되는 강남을 배후지로 두고 있었기 때문에 제국의 수도가 될 만했다.

그러나 문제는 북쪽의 변경이 불안정한 데에 있었다. 장성 이북에 몽골의 북원北元이 잔존하고 있었다. 이러한 위협을 받는 한 남경의 앞날이 안정적일 수 없었다.

홍무제 주원장은 고심 끝에 변경에 대군을 배치하되 당제국의 실수를 거울로 삼아 자신의 자식들을 번국의 왕에 봉하는 절충안을 택했다. 당나라는 개국한 지 1백여 년 만에 절도사를 중심으로 한 번진세력이 막강한 무력을 배경으로 중앙을 위협하여 쇠망의 길로 치달았다. 주원장도 이를 잘 알고 있었다. 그렇기 때문에 자식들 가운데서도 무략武略이 뛰어난 9명을 변방에 봉했다. 이들을 통상 새왕塞王이라고 불렀다.

이들 새왕들은 몽골세력과의 전투를 통해 병력을 강화시켜나갔다. 군사문제뿐만 아니라 민정에도 영향을 미친 까닭에 이들은 사실상 독자적인 지방정권으로 발전했다.

주원장이 세상을 떠날 때, 9명의 새왕 중 가장 강력한 무력을 보유한 인물은 서안에 봉해진 2황자 진왕 주상朱樉과 태원에 봉해진 3황자 진왕 주강朱棡, 북평에 봉해진 4황자 연왕 주체였다.

패도를 걷는 황제와 왕도를 따르는 태자의 충돌

연왕 주체는 홍무 3년(1370)에 11살의 나이로 연왕에 봉해졌다. 이때는 황태자 주표가 엄연히 살아있었고, 연왕 주체도 나이가 어려 감히 황태자의 자리를 넘볼 상황이 아니었다.

마황후 소생의 적장자 주표는 명의 건립과 더불어 14세 때 태자에 책봉되었다. 그는 태자교육에 각별한 관심을 기울인 주원장의 배려로 이미 6세 때부터 명유名儒 송렴宋濂을 스승으로 모시고 제왕학을 연마했다. 송렴은 원제국 때 한림원 편수를 제의받았으나 노부모를 모셔야 한다는 이유로 관직에 나서지 않고 산에 은거하며 학문에 몰두한 당대의 명유였다. 그는 천하의 현자를 초빙한다는 주원장의 부름을 받고 상경했다. 송렴을 '강남유학제거'에 임명해 주표를 가르치도록 했다.

송렴

명나라 초기의 정치가, 문학가. 자는 경렴景濂, 호는 잠계潛溪이다. 어릴 때부터 총명했으나 원나라 말기 전쟁을 피해 용문산에 은거하여 저작에 몰두했다. 후에 주원장이 명을 세우는 데에 공을 세워 명나라의 개국공신이 된다. 이어 태자를 가르치는 지위에 오른다. 관직에서 물러난 후에 후손의 죄에 연좌되어 떠돌다가 객사한다. 고계高啟, 유기劉基와 함께 '명초시문삼대가明初詩文三大家'로 일컬어진다. 또한 장일葺溢, 유기劉基, 엽침棄琛 등과 더불어 '절서사선생浙西四先生'으로 불리기도 한다.

주원장은 수시로 문화당에 들러 주표에게 이같이 경계했다.

"개국하는 군주는 늘 여러 어려움을 겪기 마련이다. 어려움은 사람을 생각하게 만들고, 생각은 지혜를 낳는다. 그러나 뒤를 잇는 군주는 안정된 상황에서 태어난다. 안정은 생각을 막고, 생각이 막히면 무너지게 된다. 현명해야 유혹당하지 않고, 근면해야 안일하지 않고, 과감해야 끌려 다니지 않는다."

이는 중장통이 『창언』에서 언급한 흥망의 이치로, 아직 난세가 끝나지 않았음을 경계한 것이기도 했다. 그러나 송렴의 생각은 달랐다. 이미 새 제국이 출범해 치세가 시작된 만큼 패도覇道가 아닌 왕도王道로 천하를 다스려야 한다는 게 그의 판단이었다. 그러한 스승의 가르침을 받은 주표는 인의에 입각한 왕도에 확신이 있었다.

송렴은 나이가 들자 은퇴한 후 고향에 머물렀다. 이때 그는 자신의 손자가 호유용胡惟庸의 일파로 지목되는 바람에 '호옥胡嶽'에 연좌되고 말았다. 주원장이 대로해 송렴을 남경으로 압송해 처형할 것을 명하자 주표가 무릎을 꿇고 사면해줄 것을 간청했다. 마황후도 적극 간하고 나섰다.

"일반 백성도 자제의 스승을 초빙할 때는 시종 예를 갖춥니다. 천자는 더 말할 것도 없습니다. 송렴은 자리에서 물러나 줄곧 고향에 있었으니 손자와 관련된 일

호유용과 호옥
효유요은 명나라 초기의 정치가로, 좌승상까지 오르며 황제의 신임을 얻었다. 그러나 일본인과 몽골인의 지지를 발판삼아 반란을 일으키려다 덜미를 잡혀 처형되었다. 당시 이 사건에 연루되어 처형된 사람이 3만 명에 이르렀다고 전해지며, 이를 '호옥'이라고 부른다. 이후 승상의 권력이 축소되고 황제의 독재체재가 굳어졌다.

을 제대로 알 리 없습니다.”

그러나 주원장은 들으려고 하지 않았다. 그는 바닥에 꿇어앉은 주표를 보고 이같이 일갈했다.

“네가 황제가 되면 그를 용서할 수 있을 것이다.”

이에 충격을 받은 주표는 말없이 황궁을 나와 말없이 강가로 갔다. 곧바로 물속으로 들어가자 뒤를 좇던 환관들이 황급히 물속으로 뛰어 들어가 간신히 구해냈다. 주원장은 이 소식을 듣고 크게 놀라 송렴의 죄를 한 등급 낮춰 유배형에 처했다. 그러나 송렴은 유배를 가던 중 세상을 떠나고 말았다.

천신만고 끝에 제국을 개창한 주원장은 너무 유순한 태자에게 크게 실망했다. 그는 화를 참지 못해 주표에게 물건을 내던지며 매질을 가하기도 했다. 홍무 24년(1391)에 들어와 주표가 부황의 명을 좇아 이부상서 첨휘詹徽와 함께 국사범國事犯에 대한 사안을 논의하던 중 드디어 부자간의 갈등이 극으로 치달았다.

첨휘가 가차 없이 엄단할 것을 주장하자 주원장이 고개를 끄덕였다. 주표가 강력 반대하고 나섰다.

“신이 듣건대 ‘나라를 다스리는 이치는 인후仁厚에 있다’고 했습니다. 먼저 인후하게 대한 뒤 형벌을 가해야 옳지 형벌부터 가한 뒤 인후함을 보이는 것은 잘못입니다.”

주원장이 참지 못하고 버럭 소리를 질렀다.

"어린놈이 감히 누구를 훈계하는 것인가!"

37세의 황태자에게 '어린놈' 운운은 충격이었다. 이후 주표는 자리에 누운 뒤 시름시름 앓다가 이듬해인 홍무 25년(1392) 4월에 이내 세상을 떠나고 말았다. 건국한 지 얼마 안 된 국가의 황제는 늙었고, 황태자는 급서했다. 국가 전체에 치명적인 사건이었다.

연왕 주체, 왕에서 황제를 꿈꾸다

주표가 죽었을 때 주원장의 나이는 이미 65세에 달해 있었다. 주원장은 주표의 죽음에 자신도 책임이 있었던 까닭에 대성통곡을 했으나 마냥 울고만 있을 수도 없었다.

홍무제 주원장에게 26명의 황자가 있었다. 그중 정실황후 마씨 소생의 황자는 5명이었다. 장남 주표가 황태자에 책봉됐으나 홍무 25년(1392)에 요절했다. 마씨 소생의 황자들 모두 주원장의 총애를 받았다. 특히 주체는 특별했다.

주표가 사망할 당시 연왕 주체의 나이는 33세였다. 그는 동복형인 주표와 달리 결단력도 있는 데다가 무략도 뛰어났다. 그는 홍무 15년(1382) 8월에 생모인 마황후가 세상을 떠날 당시 복상차 급히 남경으로 갔다가 우연한 기회에 천하의 재사를 얻게 되었다. 그가 바로 승려 도연道衍이다. 속명이 요광효姚廣孝인 도연은 지금의 강소성 소주인 장주長州 출신으로 14세 때 출가했다. 그는 승려임에도 당대의 도사道士인 석응진席應眞으로부터 음양술수陰陽術數 등을 배웠다. 사람을 보는 관상술도 익혔다. 그는 연왕 주체가 황제의 재목이라는 사실을 간파했다. 곧 남경으로 내려와 연왕 주체를 찾아갔다.

"만일 전하가 신을 지목하면 신은 전하에게 흰 모자를 씌워 드리겠습니다."

| 승려 도연

이는 왕王의 글자 위에 흰 백白의 글자를 올려 쓴 황皇을 의미한 것이다. 주체는 곧 부황인 주원장에게 연왕부로 돌아가 어머니의 명복을 비는 축원행사를 계속할 뜻을 밝히면서 승록사에 소속된 도연을 보내줄 것을 청했다. 주원장이 이를 받아들여 도연을 딸려 보냈다. 도연은 북평부의 경수사에 머물며 수시로 연왕 주체에게 대업을 이

룰 계책을 일러주었다. 친위군을 양성하고, 병마를 조련해 유사시를 대비하고, 산업을 일으켜 물자를 확보하라는 것이었다.

황제의 아들이 아닌 태자의 아들을 추대하다

주원장은 4황자인 연왕 주체와 주표의 아들인 황태손 주윤문朱允炆을 놓고 크게 고민했다. 원래 주윤문은 주표의 서장자로 후궁 여씨呂氏의 소생이다. 황태자비 상씨常氏 소생이 어린 나이에 죽자 주윤문이 상씨의 양자로 들어가 주원장의 적장손이 되었다.

아직 10대의 어린 소년에 불과한 주윤문에게는 건재한 숙부가 24명이나 있었다. 주원장은 자신이 무너뜨린 원제국 역시 황위계승을 둘러싼 내분으로 무너졌다는 사실을 잘 알고 있었다.

주원장은 당시의 상황을 난세라고 생각했다. 위험시되는 자들을 제거하기는 했으나 아직도 여러 문제가 남아 있었다. 가장 큰 것은 몽골의 북원세력이었다. 내부적으로는 24명에 달하는 황자들의 은밀한 각축이 벌어졌다. 주원장은 연왕 주체를 황태자로 삼기로 결심한 뒤 동각문으로 나아가 자신의 의중을 밝혔다.
"연왕은 무용도 뛰어나고, 천하의 이치도 통달해 있소. 그를 새 국본國本, 황태자로 삼고자 하오."

대신들은 이미 주원장의 의도를 알고 있는 까닭에 누구도 감히 나서 반대의사를 표시하지 못했다. 이때 한림의 독학사인 유삼오劉三五가 반대하고 나섰다.

"황손은 이미 성년인데다가 황태자의 적통을 계승하고 있습니다. 적장자가 없으면 적장손이 가업을 계승하는 게 고금의 도리입니다. 만일 연왕을 내세우면 수많은 황자들이 이를 인정하지 않을 것입니다. 특히 손위인 진왕秦王과 진왕晉王이 어찌 쉽게 승복할 리 있겠습니까? 아우가 형을 앞서는 일은 불가합니다."

실제로 『예기』에 따르면 유삼오의 주장대로 적장손이 적통을 잇는 것이 예에 부합했다. 이에 주원장은 결정을 내리지 못했다. 주윤문을 '황태손皇太孫'에 책봉하면 여러 황자들이 승복할지 의문이었기 때문이다. 유삼오가 며칠 후 재차 주청했다.

"황손이 영민하고 덕이 있어 능히 황위를 계승할 만합니다. 주상이 황태손 책봉을 포고하면서 차질 없이 계승 준비를 도와주기만 하면 아무 문제가 없습니다."

이해 9월 주윤문이 황태손에 책봉되었다. 주원장은 황태손의 앞날을 위해 또다시 피비린내 나는 사건을 벌였다. 그것이 바로 홍무 26년(1393) '남옥藍玉의 옥獄', 즉 '남옥藍獄'사건이다.

이로 인해 개국공신 양국공 남옥을 비롯해 2만여 명의 연루자가 모반죄의 혐의를 뒤집어쓰고 처형되거나 유배당했다.

| 주윤문

주원장이 볼 때 건국 초기에 위험시되던 공신들은 거의 소탕된 것이나 다름없었다. 이러고도 안심하지 못한 주원장은 임종 때 변경을 지키는 제후왕 모두 문상을 오지 못하도록 했다. 새왕들이 문상을 구실로 무력을 통해 황태손 주윤문의 보위를 빼앗을까 우려한 것이다.

홍무 31년(1398) 5월 주원장이 숨을 거뒀다. 곧바로 황태손 주윤문이 보위에 올랐다. 그가 바로 명나라 혜제惠帝인 건문제建文帝이다. 황태손으로 책봉된 지 7년 만의 일이다. 당시 그의 나이를 두고 22세설과 16세설이 대립하고 있다. 후자가 다수이기는 하나 당시의 정황에 비춰 전자일 가능성이 크다.

'건문'이라는 연호는 제국이 개창된 지 이미 30년이 지난 만큼 이제 무인武人의 시대가 지나고, 문인文人의 시대가 왔다는 취지에서 나온 것으로 건문제 주변의 학자 출신 관료들의 건의를 수용한 것이었다.

영락제는 형의 아들, 즉 조카였던 건문제를 황위에서 끌어내리고 황위에 앉았다. 영락제와 닮은 인물이 조선에도 있다. 조카 단종을 끌어내리고 왕좌에 앉은 조선의 7대 임금, 세조다. 세조는 영락제와 마찬가지로 국가 창업 초기의 기틀을 탄탄히 잡은 지도자로 평가되고 있다.

조선의 6대 임금이었던 단종은 성군 세종의 적장손으로, 그야말로 적통을 이은 왕세손이었다. 그는 어렸을 때부터 총명하여 많은 기대를 받고 자랐다. 그러나 세종대왕은 늙어 병에 들어있었고, 후에 문종이 되는 세자 역시 몸이 약했다. 세종대왕은 총명하지만 어린 단종의 안위가 걱정되어 죽는 날에도 충신들에게 단종을 지켜달라 부탁했다.

그의 걱정은 현실이 되었다. 문종은 즉위 후 2년 만에 요절하고 이 뒤를 이어 단종이 왕위에 올랐다. 겨우 11세였다. 주변에는 수양대군, 안평대군 등 세력이 탄탄하고 야심만만한 숙부들이 있었다. 결국 단종이 즉위한 지 1년 반, 1453년 10월 계유정난이 일어난다.

주요 대신들이 안평대군을 추대하려는 움직임을 보이자 수양대군의 무리가 '안평대군이 역모를 꾀하고 있다.'라는 구실로 난을 일으켰다. 안평대군의 세력은 이 일로 거의 숙청되었으며 이어서 수양대

군을 제외한 굵직한 세력들이 모두 제거되었다. 이때부터 실질적인
국가의 수장은 수양대군이었다.

　1455년 결국 수양대군은 '단종의 선위'를 받아들여 조선의 7대 임
금으로 즉위했다. 이로써 단종은 숙부의 상왕이 되어 물러나게 되었
다. 그러나 머지않아 강원도로 유배되었으며, 그곳에서 사약을 받고
죽음을 맞이했다.

| 단종

집요하게 견제하고 기선제압하라

"조정에 올바른 신하가 없고 국내에 간악함이 넘치면
반드시 토벌하여 군주의 곁을 깨끗하게 하라."

황제가 된 조카가 야심에 찬 숙부들을 견제하다

원래 건문제는 부친 주표와 마찬가지로 유가의 왕도사상에 크게
심취해 있었다. 이에 병부시랑 제태齊泰가 병부상서, 한림원 수찬 황
자징黃子澄이 태상경 겸 한림학사, 한중부 교수 방효유方孝孺가 한림
시강 겸 한림문학박사로 승진해 건문제의 최측근이 되었다. 강남출
신인 이들은 신하라기보다는 건문제의 학문적 동료에 가까웠다.

그러나 이들의 보필이 결코 현실과 동떨어진 것은 아니었다. 엄형이 줄고, 세금이 줄고, 각 군영의 장병 중 독자는 귀가조치 되는 등의 관대한 정치가 널리 행해졌다. 오랫동안 전란에 시달려 온 백성들은 새로운 시대가 왔다며 크게 반겼다. 이는 학자관료들의 자부심을 한껏 드높였다. 그러나 이들은 끝내 자신들의 역량을 과신하는 우를 범해 이후 멸문지화滅門之禍를 당하고 말았다.

당시 방효유는 사실상 제사帝師가 돼 건문제에게 『주례』 등을 강설하며 왕도사상을 주입했다. 훗날 방효유는 연왕 주체에 의해 책형을 당했다. 기둥에 묶인 채 창에 찔린 것이다. 건문제가 즉위할 당시 연왕을 비롯한 새왕들은 수천에서 수만 명의 병력을 지니고

> **『주례』**
> 유교 경전 중의 하나이다. 주周나라 왕실의 관제와 전국 시대 각 나라의 제도가 기술된 책으로, 후대 중국과 우리 나라에서 관직 제도의 기준이 되었다. 『예기禮記』·『의례儀禮』와 함께 삼례三禮의 하나이다. 당대唐代 이후 13경十三經의 하나에 포함된다.

있었다. 이들을 제압하려면 치밀한 계략이 필요했다. 그럼에도 이들은 어설픈 계책으로 급히 서두르는 바람에 대세를 그르치고 말았다.

이들 학자관료들도 현황 분석만큼은 정확히 했다. 새왕들을 방치할 경우 전한제국 초기의 한경제漢景帝 때 빚어진 '오초7국지란吳楚七國之亂'이나 서진제국 초기의 진무제晉武帝 때 일어난 '8왕지란八王之亂'이 재연될 가능성이 크다고 보았다. '오초7국지란'과 '8왕지란' 모두 창업주의 황자가 막강했기 때문에 벌어진 일이었다. 당시 그들은 어떤 식으로든 새왕들을 제압해야 했다.

건문 원년(1399) 주체는 '삭번削藩', '폐번廢藩'으로 번진을 무장해제
시켰다. '삭번'은 봉지를 깎는 것을 말하고, '폐번'은 아예 없애는 것
을 뜻한다. 주원장이 사망했을 때 건문제는 유훈을 좇아 숙부들의
문상을 금했다. 주원장의 장례가 끝나자 건문제는 병부상서 제태와
한림원 수찬 황자징을 불러 호부시랑 탁경卓敬이 올린 비밀상서 문
제를 논의했다. 탁경은 이같이 상서했다.

"연왕부는 병사들 모두 정예하고, 많은 장수들이 있습니다. 미리
대비하지 않으면 무슨 일이 일어날지 모릅니다. 이 기회에 봉지를
남창으로 옮기는 게 좋을 것 같습니다."

제태는 탁경의 건의에 적극 동조하면서 먼저 연왕을 제거한 뒤 여
타 번왕들을 차례로 삭번할 것을 주장했다.

황좌를 노리는 연왕 주체가 마지막 표적이 되다

그러나 황자징은 여타 번왕을 제거한 뒤 마지막으로 연왕을 치자
고 주장했다. 제태가 그럴 경우 연왕이 경계심을 갖고 미리 대비책
을 세울 것을 우려하자 황자징이 웃으며 말했다.
"여타 번왕들을 제압하면서 꼼짝 못할 죄목을 들이대면 연왕도 어
찌할 수 없을 것이오. 그 사이 연왕부에 여러 관원과 장군들을 파견
해 감시하면서 결정적인 시기에 잡아들이면 아무 걱정이 없소."

이에 주원장이 죽은 지 3달 만에 마황후 소생의 5명의 황자 중 막내인 주왕 주숙朱橚이 첫 번째로 도마 위에 올랐다. 개국공신인 조국공 이경륭李景隆이 변경 경비를 구실로 군사를 이끌고 개봉부를 지나다가 왕궁을 포위한 뒤 순식간에 주숙을 체포했다. 건문제는 동복 동생인 주숙을 풀어주고자 했으나 제태 등이 반대했다. 결국 주숙은 서인이 돼 운남으로 유배되었다. 주숙은 주원장의 생존 때 크고 작은 불법행위를 많이 저질렀기 때문에 제거하는 데 큰 힘이 들지는 않았다.

| 개봉부 전경

이듬해인 건문 원년(1399)에 들어와 상황은 숨 돌릴 사이도 없이 긴급하게 진행되었다. 이해 4월에 예법을 어긴 죄명으로 제왕 주부朱榑가 서인이 돼 남경의 감옥에 하옥되고, 탐욕이 많고 백성을 포악하

게 다스렸다는 죄목으로 대왕 주계朱桂가 압송당해 사천으로 유배를 떠났다. 상왕 주백朱栢은 사사롭게 동전을 주조하고 법률에 의하지 아니한 채 사형을 집행한 죄목으로 소환을 당하자 일족과 함께 분신자살을 택했다. 이해 6월에 조정의 법률과 기강을 어겼다는 이유로 민왕 주편朱楩이 비리혐의를 받고 유배되었다.

위기를 대비하며 반격을 준비하라

연왕 주체는 누가 봐도 여러 번왕 중 가장 큰 세력을 형성하고 있었다. 최종 표적은 연왕 주체였다. 그 자신이 이를 모를 리 없었다. 건곤일척의 승부수를 던져야만 했다. 당시 그는 측근들의 건의를 좇아 연왕부의 지하에 무기고를 만든 뒤 지상에는 오리를 길렀다. 지하에 있는 무기고의 소리를 감추려는 것이었다. 몽골군의 침공에 대비한다는 구실로 수시로 군사훈련을 하면서 전쟁마를 사들여 북평 인근의 들에서 조련시켰다. 그러나 사람들이 이를 모를 리 없었다.

연왕 주체가 장차 천하를 도모하려 한다는 소문이 나돌자 이 소문을 접한 건문제가 제태와 황자징을 불러 대책을 논의했다.
"지금 손을 쓰지 않으면 뒷일을 감당하기 어렵습니다."
황자징이 말하자 제태가 계책을 내놓았다.
"조정의 군사를 보내도 연왕부를 제압하기 쉽지 않습니다. 북방의 몽골군을 활용하는 것도 한 가지 방안입니다."
건문제가 난색을 표하자 제태가 이같이 말했다.

"연왕에게 북정을 명해 군사를 이끌고 장성을 넘게 한 뒤 텅 빈 연왕부를 점거하면 됩니다. 연왕이 출정을 거부하면 연왕부를 공격하는 구실이 됩니다."

건문제가 이를 받아들였다. 이에 위국공 서휘조徐輝祖를 태자태부로 삼아 유사시 이경륭과 함께 전군을 지휘해 연왕부를 토벌하도록 명령했다. 이에 앞서 공부시랑 장병張昺을 북평부 좌포정사, 도지휘사 사귀謝貴와 장신張信을 북평도사사로 파견해 연왕을 감시했다. 또 도독 송충宋忠 등을 파견해 연왕부의 병력을 차출해 변경에서 둔전을 가꾸고 산해관에서 연왕부의 병사와 함께 군사훈련을 실시하도록 했다. 연왕부의 병력을 줄이려는 속셈이었다.

| 서휘조

어리석은 척 발톱을 숨기고 때를 기다려라

얼마 후 연왕부의 장교 우경于諒과 주탁周鐸 등이 군사훈련에 성실히 임하지 않는다는 죄목으로 체포돼 남경으로 압송되었다. 연왕 주체가 대노해 당장 거병하려고 하자 도연이 만류했다.

"아직 준비가 되지 않았습니다. 가치부전假痴不癲의 계책으로 저들의 눈을 속이며 시간을 벌어야 합니다."

'가치부전'은 『삼십육계』에 나오는 제27계로 어리석은 척하되 완전히 미친 척하지는 말라는 뜻이다. 연왕 주체는 짐짓 대낮에 저자거리에서 대취하여 노래를 부르고 길거리에 누워 잠을 자는 모습을 보였다.

북평부의 백성들은 연왕이 남경 조정의 압박을 견디지 못해 실성한 것으로 믿었다. 연왕부를 감시하는 대다수 관원들도 그대로 보고했다. 오직 장사 갈성葛誠만이 연왕이 '가치부전'의 계책을 구사하고 있다며 경계를 늦추지 말아야 한다는 내용의 밀서를 보냈다.

가치부전
假癡不癲. 寧僞作不知不爲, 不僞作假知妄爲, 靜不露機, 雲雷屯也.
어리석은 척하되 미치지 마라. 모르는 척하면서 움직이지 말아야 하며, 괜히 아는 척하면서 경거망동해서는 안된다. 은밀히 계책을 세워 겉으로 드러나지 않게 하는 것이 겨울날 천둥과 번개를 기다리는 것과 같아야 한다.
가치부전 계책은 상대방을 속이는 위장술이다. 상대의 경계심을 늦추기 위한 수법이다. 조용히 때가 오기를 기다렸다가 상대가 빈틈을 보일 때 빠르게 움직여 상황을 뒤집는다.

얼마 후 연왕이 남경 조정으로 보낸 사자 등용鄧庸이 남경에서 체포돼 건문제의 친국親鞫을 받고는 이를 실토하면서 갈성의 밀서가 사실로 드러났다. 심증을 굳힌 남경 조정은 곧 북평의 좌포정사 장병과 북평도사사 사귀에게 밀서를 보내 갈성 등과 합세하여 때를 보아 연왕을 체포할 것을 지시했다.

상대가 공격하기 직전이 반격하기 가장 좋을 때다

이제 누가 먼저 손을 쓰는가 하는 문제만 남게 되었다. 연왕은 선수를 쳤다. 당시 남경 조정은 북평도사사 장신에게도 따로 밀서를 보내 은밀히 내응하라고 지시했다. 원래 장신은 연왕 주체의 부하였다. 그는 비록 남경 조정에 충성을 맹세하고 파견되기는 했으나 전에 연왕 주체로부터 총애를 받았기 때문에 고민에 빠졌다. 모친에게 이를 털어놓자 모친이 훈계했다.

"내가 듣기에 연왕은 천하의 주인이 되기에 손색이 없다고 한다. 은혜를 저버리는 일을 해서는 안 된다."

장신이 밀서의 내용을 연왕부에 알리자 주체는 곧 도연과 원기 등의 측근을 비롯해 대장군 장옥張玉과 주능朱能을 불러들여 대책을 논의했다. 시간을 지체할 여유가 없었다.

다음날인 건문 원년(1399) 7월 4일에 연왕 주체의 병이 말끔히 치유되었다는 구실을 내세워 축하잔치를 벌였다. 북평좌포정사 장병과 북평도사사 사귀, 연왕부 장사 갈성, 도지휘사 노진盧振 등은 별다른 의심 없이 연회에 참석했다가 곧바로 현장에서 목이 잘렸다. 주체는 파견관원들을 효시한 뒤 휘하 장병들을 모아놓고 선언했다.

"과인은 지금까지 국법을 준수하며 외적을 막아냈다. 지금 어린 황제가 등극하자 간신들이 황제의 눈과 귀를 가리고 있다. 선황의 유훈에 이르기를, '조정에 올바른 신하가 없고 국내에 간악함이 넘

치면 반드시 병사를 일으켜 토벌하고, 군주의 곁을 깨끗하게 하라'
고 했다. 이제 하늘의 뜻을 받들어 종묘사직을 편안히 하고 백성을
어루만질 것이다."

이어 상소문 형식의 격문을 사방으로 보내 '간신토벌'이 기의의
목적이라는 점을 분명히 했다. 이는 도연의 제안에 따른 것이었다.
당시 번왕들도 연왕의 속셈을 알았다. 그러나 이미 여타 번왕들이
무차별적으로 제거되는 것을 본 이들이 조정을 받들기는 어려웠다.
이들은 중립을 취했다. 이로써 번왕들이 남경 조정에 호응해 연합전
선을 형성하는 상황은 걱정하지 않아도 되었다.

하늘을 받들어 나라를 바로 세우다

연왕은 '하늘을 받들어 나라의 어지러움을 바로 세운다'는 뜻의
'봉천정난奉天靖難'을 구호로 내걸고 휘하의 반군을 '정난군'으로 칭
했다. 이어 건문 원년의 연호를 버리고 태조의 연호인 홍무 32년
(1399)을 택했다. 이에 대응해 건문제는 태묘太廟로 나아가 제사를 올
리고 연왕을 폐하여 서인으로 삼은 사실을 천하에 널리 알렸다.

당초 정난군은 2만 명 정도밖에 되지 않았다. 그러나 이를 제압하
기 위해 남경 조정에서는 수차례에 걸쳐 수십만 명의 토벌군을 동원
했다. 아무리 탁월한 장수가 지휘해도 병사 수의 차이로부터 나오는
한계는 뛰어넘을 수 없는 법이다. 건문제도 연왕을 과소평가한 나머

지 연왕이 사방에 격분을 보내고 있을 때 한가하게 방효유와 함께 고대 성왕의 치세를 논한『주례』등에 관해 토론을 벌였다. 그는 연왕이 반기를 든 지 한 달이 지나서야 비로소 매부인 장흥후 경병문耿炳文을 정연대장군, 부마도위 이견李堅과 도위 영충寧忠을 부장군으로 삼아 30만 대군을 이끌고 가 연왕을 토벌하게 했다. 당시 경병문은 65세였다. 건문제는 사태를 너무 안이하게 생각한 것이다.

奉天靖難
하늘의 뜻을 받들어 나라의 어지러움을 바로 세우다.
- 영락제가 내린 철권鐵券(공신에게 내리는 패) 중에서

오초7국지란

한나라는 건국공신과 지방 세력이 반란을 일으킬 가능성을 생각하여 그들의 권한을 인정해주었다. 그러나 왕조가 안정된 후에는 제후국에 대한 압박을 시작했다. 영지를 삭감하는 등 대대적으로 제후국들을 축소했다. 이에 기원전 154년 오吳, 초楚 등 7개 제후국들이 난을 일으켰다.

오왕 유비는 원래 황실의 원로 격이었던 이였다. 그러나 그는 이미 오랜 기간 오나라를 다스리고 있었다. 이때 황실의 제후국 압박 정책이 시행되기 시작했다. 오나라의 경제를 지탱하고 있던 소금과 구리의 산지를 황실에 헌납하라는 것이었다. 이에 그는 난을 일으켰다.

이에 초, 조 등 6국이 가세했다. 이들은 흉노와 같은 외세와의 동맹까지 생각하고 있었다. 간신 조조를 토벌한다는 명목이었다. 초반 전세가 기우는 것에 당황한 황실이 그들을 달래기 위해 조조를 참수했으나 가라앉지 않았다. 황실은 그들의 보급로를 차단해버렸다. 결국 반란은 3개월 만에 평정되었다.

8왕지란

서진은 봉건제를 따르고 있었다. 무제는 황족 27명을 왕으로 봉했다. 이후 왕의 숫자는 더욱 늘어났고 왕 이외에 성이 다른 공후국까지 500여 개에 이르게 되었다. 무제 다음으로 어린 혜제惠帝가 즉위하면서 서진은 본격적으로 해체되기 시작했다. 가황후賈皇后가 정권을 빼앗기 위해 태자를 폐했다. 이후 이어진 가황후의 전횡은 여러 왕의 불만을 가져왔고 모두가 가후의 통치권을 빼앗으려고 하였다. 이렇게 8왕의 난이 시작되었다.

조왕 윤倫이 기병하여 가황후를 죽였다. 혜제를 태상황으로 올리고 자신이 스스로 황제가 되었다. 이때 여러 왕이 불복하여 제왕 경冏, 성도왕 영穎, 하간왕 우顒, 장사왕 예乂가 군대를 일으켜 조왕을 반대하였다. 결국 조왕은 제왕에게 살해되고, 다시 성도왕과 장사왕이 제왕을 죽이고, 성도왕과 하간왕이 합하여 장사왕을 죽이더니, 마지막으로 동해왕 월越이 성도왕과 하간왕을 평정하여 정권을 장악하였다. 그는 혜제를 독살하고 혜제의 동생을 회제懷帝로 세웠다. 이로써 16년(291~306) 동안 계속된 8왕의 난이 끝났다.

03

PIONEER

무엇을 위함인지 명확히 하고 칼을 뽑아라

"이제 때가 왔습니다. 승리할 수 있습니다."

사사로운 정에 이끌려 결단을 미루지 마라

정난군은 거병하자마자 거용관을 손에 넣은 뒤 1달도 안 돼 회래와 밀운 등지를 차례로 함락시켰다. 이어 막주에 주둔한 반충潘忠과 웅현에 주둔한 양송楊松에 기습을 가해 대파하자 진정에 군영을 둔 대장군 경병문이 급히 지원군을 보냈다. 그러나 이들 역시 도중에 기습공격을 받고 황급히 패주하자 경병문은 성문을 굳게 닫고 농성에 들어갔다. 30만 대군이 패했다는 소식을 접한 건문제는 대로한 나머지 주변의 반대에도 불구하고 경병문을 파직한 뒤 조국공 이경륭李景隆을 대장군에 임명해 진정부로 보냈다.

그러나 연왕이 거병한 지 10달이 지나도록 정난군은 건재했다. 건문 2년(1400) 4월 이경륭은 60만 대군을 이끌고 백구하에 진을 치고 일전을 준비했으나 이내 정난군의 기습공격을 받고 패주했다. 그는 산동참정 철현鐵鉉의 구원으로 간신히 목숨을 구해 겨우 10만의 군대를 이끌고 제남 쪽으로 도주했다.

참패소식을 접한 황자징 등이 이경륭을 주살에 처해야 한다고 강력하게 주장했으나 건문제는 이를 불허했다. 이경륭은 건문제의 재종형제였다. 사정私情에 얽매여 군령을 무너뜨린 것이다. 이경륭이 사면을 받았다는 소식을 듣고 황자징이 가슴을 치며 '대사는 끝났다'고 통탄한 것도 무리는 아니었다.

상대가 머뭇대는 틈을 타 밀어붙여라

이후 남군과 북군으로 갈린 토벌군과 정난군은 1년여에 걸쳐 제남에서 대치하며 일진일퇴의 공방전을 전개했다. 이런 공방전은 무려 4년 가까이 계속되었다. 당시 도연은 건문제 및 조정 대신들의 박대로 내심 원한을 품고 있던 환관들을 움직여 남경 조정의 움직임을 속속 전달받는 첩보망 구축에 성공했다.

환관들은 마침내 건문 3년
(1401) 말에 남경성이 거의 비
어 있고, 각지의 지원군이 오
려면 최소한 6달이 걸리며, 도
성으로 진군하면 즉시 내응하
겠다는 취지의 밀서를 보냈다.
이를 받아 본 도연이 이해 12
월 연왕 주체에게 진언했다.

"이제 때가 왔습니다. 일부
군사로 저들의 주력군을 묶어
둔 뒤 우리의 주력군을 이끌고
우회하여 남경을 직공하면 승
리할 수 있습니다."

연왕 주체가 이를 좇았다. 정난군은 하북과 산동, 강소 지역을 차
례로 점령했다.

승세가 이어지던 도중 문득 건문 4년(1402) 4월 도독 하복何福이 이
끄는 토벌군이 지금의 안휘성 영벽현인 소하에 진을 친 정난군을 격
파하고 장수 진문陳文의 목을 베면서 전세가 역전되었다. 당시 남쪽
은 한창 더울 때였다. 북방인으로 구성된 연왕의 주력군은 남방의
습기를 견디기 어려워했다. 연왕은 황군에게 포획되기 일보 직전에

몽골군단의 도움으로 간신히 위기에서 벗어날 수 있었다. 제장들이 일단 북쪽으로 물러나 전력을 재정비할 것을 건의했으나 주체가 이를 물리쳤다.

명분은 반드시 지키고 적과는 합의하지 마라

그는 왜 제장들의 건의를 물리친 것일까? 당시 남경 조정은 정난 군이 북쪽으로 철군한 것으로 잘못 알고 있었다. 이는 환관들의 활약으로 연왕 측의 움직임이 왜곡돼 전달되었기 때문이다. 이런 상황에서 연왕은 결정적인 순간에 탁월한 궤계詭計를 구사한 셈이다.

실제로 건문제는 이런 거짓정보를 믿고 총사령관인 위국공 서휘조徐輝祖에게 철군을 명했다. 서휘조가 남경으로 철군한 덕분에 한숨을 돌린 정난군은 이해 5월에 마침내 회하를 건너 장강의 북안에 있는 양주를 함몰시켰다. 이에 놀란 건문제는 곧 각지에 사자를 보내 근황군의 모집을 독려하면서 스스로를 질책하는 조칙을 발표했다.

이때 방효유가 연왕에게 장강 이북의 땅을 떼어 주어 시간을 번 뒤 근황군이 모이기를 기다렸다가 장강을 무대로 결전하는 방안을 건의했다. 이때 할지割地를 논의하기 위한 사자로 선발된 인물은 연왕의 사촌누이인 경성군주慶成郡主였다. 연왕은 경성군주를 만난 자리에서 할지 방안을 거절했다.

"내가 기병한 것은 간신배를 몰아내고, 부황의 능묘를 배알하고,

번왕들의 죄목을 취소 받으려는 것이오. 이 일이 성사되면 나는 북평으로 돌아갈 것이오."

만약 그가 할지론을 수용했다면 그가 내세운 명분은 일순 무너지고, 숨을 돌린 남경 조정이 각지에서 올라온 근황군을 동원해 포위작전을 펼쳤을지도 모른다. 그의 결단이 빛을 발하는 대목이다. 후방에 있던 연왕의 둘째아들 주고후가 구원병을 이끌고 적진으로 달려가 단숨에 성용의 군사를 격파하자 도독첨사 진선陳瑄이 이내 휘하의 수군을 이끌고 투항했다. 이에 고무된 정난군이 추격전을 벌이며 마침내 장강을 건너자 장강 남안에 있는 진강의 수장 동준童俊도 이내 투항했다.

정난군이 파죽지세로 남경 도성의 금천문 앞까지 밀어닥치자 남경의 조정은 투항파와 결전파로 나뉘어 다투었다. 백성들은 짐을 싸 성을 빠져 나오기 시작했다.

당시 수도방위 사령관에 해당하는 좌도독 서증수徐增壽는 투항파였다. 그는 정난군과 내통하던 중 내통사실이 발각돼 이내 주살되었다. 같은 투항파인 곡왕 주혜朱橞와 조국공 이경륭은 일을 서두르지 않으면 화가 닥칠까 정난군에게 성문을 열어주었다. 이해 6월 10일에 정난군은 아무런 저항도 받지 않고 입성했다.『명사』는 당시의 상황을 이같이 기록해놓았다.

"궁중에 불이 났다. 황제의 종적을 알지 못했다."

건문제가 불을 지른 것이 확실하다. 잿더미 속에서 황후의 시신은 나왔으나 끝내 건문제의 시신은 찾지 못했다. 항간에는 도성이 함몰되기 직전에 건문제가 승려로 가장해 탈출했다는 이야기가 나돌았다. 건문제는 동반자살을 시도하다가 마지막 순간에 황후를 불속에 밀어 넣고 구차하게 목숨을 구했다는 비난을 받는다.

빛을 보지 못하던 환관을 이용해 승리하다

건문제가 패하고 주체가 승리를 거둔 것에는 여러 가지 요인이 있다. 우선 여기에는 주원장의 책임도 컸다. 당초 주원장은 자신의 후사를 위해 왕조에 위협이 될 만한 인물들은 거의 예외 없이 모두 숙청한 바 있다. 이는 나름대로 후사를 위한 조치였다. 문제는 변란이 일어났을 때 황제를 곁에서 보위할 만한 유능한 장수조차 남기지 않은 것이다.

당시 모진 숙청과정에서 살아남은 몇 안 되는 장군은 무략이 한참 떨어지는 인물이었다. 동창에서 승리를 거둔 성용의 경우도 별반 다를 게 없다. 아무리 조명이 있을지라도 '일선의 장수는 군명을 따르지 않는다.'는 병가의 상식을 좇아 '정난군'을 궤멸시킬 수도 있었다. 그런데도 그는 조명을 좇아 어중간한 태도를 취하다가 끝내 패배를 자초하고 말았다.

문신도 유능한 자는 이미 모두 숙청된 까닭에 난세의 상황을 타개할 만한 유능한 자들이 없었다. 제태와 황자징 등도 일개 서생에 지

| 구영, 〈한궁춘효〉 궁중 비빈의 모습을 담은 작품. 궁궐의 내정은 환관 외에는 출입이 불가한 곳이었다.

나지 않았다. 이들은 간신이라기보다는 우신愚臣에 가까웠다. 후사를 위한 창업주 주원장의 지나친 배려가 오히려 독이 된 셈이다.

남경 황궁 안의 환관들 역시 연왕 주체의 밀정 역할을 했다. 주원장은 후한제국과 당제국의 멸망을 거울로 삼아 환관의 발호를 미연에 방지하고자 했다. 그는 환관의 수를 엄격히 제한하는 한편 궁문에 철패鐵牌를 내걸어 환관의 정치관여를 엄금했다. 철패에는 금령을 어기는 자는 즉각 참수한다는 내용이 담겨 있었다. 주원장이 '철패'를 만든 것은 높이 평가할 만하다.

문제는 건문제가 환관을 대하는 태도였다. 유가의 가르침에 따르면 부모로부터 받은 신체를 손상해 자손을 남길 수 없는 환관은 혐오의 대상이었다. 성리학에 함몰된 건문제는 환관의 존재를 왕도 구현의 걸림돌로 생각해 아예 인간으로 취급하지 않고 혹독하게 대했다. 강남출신 문관들도 크게 다르지 않았다. 이들은 환관의 발호로 인한 폐해만을 생각했을 뿐 긍정적인 측면의 활용방안에 대해서는 아예 눈을 감은 것이다.

이로 인해 남경 조정의 관원도 모르는 무수한 기밀이 환관들을 통해 누설되었다. 건문제는 '필요악'으로 마지못해 인정했을지라도 환관의 존재를 인정한 이상 이들을 인간적으로 대했어야만 했다. 그러나 그는 이런 간단한 이치를 무시해 스스로 화를 자초한 것이다.

연왕 주체는 건문제와는 정반대로 환관들을 인간적으로 대했을 뿐만 아니라 돈독한 신뢰를 보냈다. 연왕 주체의 뛰어난 면모가 드러나는 대목이다. 연왕이 명에 귀부한 변경 일대의 몽골족을 적극 수용해 기동성이 높은 기마군단을 만든 것도 높이 평가할 만했다. 정난군의 주력 역시 북벌 당시 몽골군과의 싸움에서 많은 경험을 쌓은 화북출신의 정예병들이었다. 이들은 홍무제 재위 말기에 실시된 둔전책이 화북의 백성에게 불리하게 작용한 것에 커다란 불만을 품고 연왕에게 충성을 다했다.

영락제가 건문제를 끌어내리고 황제가 될 수 있었던 이유

① 적에게 반감을 가진 사람들(환관, 몽골족)을 자신의 사람으로 만들었다.
② 적의 내부 정보를 아군의 정보만큼 치밀하게 파악했다.
③ 조용히 세력을 키우고 명분을 내세워 기선제압했다.

'필요악'을 감수하고 악역을 자처하라

"영락제가 무단통치를 실시한 것은
명을 세계제국으로 만들기 위해서였다."

기존 세력의 잔재를 제거하라

연왕은 이해 6월 10일에 무혈 입성하자마자 곧바로 제태와 황자
징, 방효유 등 건문제의 핵심측근 29명을 체포했다. 이튿날에는 적
대적인 입장에 섰던 나머지 50여 명의 대신들을 체포했다. 대소 관
원들 모두 대세가 결정지어진 것을 알고 일제히 투항했다. 6월 13일
에 투항한 대소신료들이 연왕 주체에게 보위에 오를 것을 청했다.

연왕은 형식상 3차례 거절하다가 보위에 오른 뒤 명년부터 연호를 영락永樂으로 할 것을 선포했다.

이는 건문제의 재위 기간을 공위空位의 기간으로 선포한 것이나 다름없었다. 그러나 이로 인해 명실상부한 황제로 4년 동안 재위했던 건문제는 졸지에 '위제僞帝'가 돼버렸다. 명은 물론 청에 이르기까지 주체의 정통성을 과연 인정할 것인지 여부를 놓고 논란이 끊이지 않은 것은 바로 이 때문이다.

잊혀졌던 건문제의 시대
건문제는 '정난지역'이 일어난 지 2백 년 가까이 되는 만력 23년(1595)에 겨우 재위 사실을 인정받았다. 그러나 이때도 '건문'이라는 연호만 회복되었을 뿐 건문제의 보위계승의 정당성을 인정받은 것은 아니었다. 이는 명이 망하고 다시 근 1백년이 지난 뒤인 청대의 건륭 원년(1736)에 비로소 인정받았다. 건문제는 이때 '공민혜恭閔惠'로 추시追諡되었다. 실재했던 황제의 재위 사실이 무려 3백여 년 만에 처음으로 승인된 셈이다.

반역의 기미를 보이는 자를 주시하라

당시 주체는 즉위식을 전후로 제태와 황자징을 비롯해 제남에서 수년 동안 정난군에 대항한 철현 등을 가차 없이 처형했다. 모두 8백여 명에 달했다. 이들의 가족까지 포함하면 3천여 명이 넘었다. 주체는 이후에도 지속적으로 반대파를 숙청했다. 모두 1만4천여 명이 제거되었다.

그러나 당대의 명유로 칭송받은 방효유만큼은 사면대상이 되었다. 당시 승려 도연이 세간의 신망을 받고 있는 그를 죽여서는 안 된다고 조언했기 때문이다. 사서는 연왕 주체 역시 후에 방효유를 등용할 생각으로 먼저 그에게 자신의 즉위에 관한 조서를 쓰도록 명했다고 기록해놓았다.

| 방효유

그러나 이를 그대로 믿을 수는 없다. 만일 주체가 방효유를 살려줄 생각이 있었다면 즉위조서를 작성하라는 수모를 안겨줄 리 없었다.

원래 방효유는 일찍이 대학자 송렴의 문하에 들어가 뛰어난 재주로 이름을 떨친 바 있다. 그 또한 송렴과 마찬가지로 왕도에 대한 확신을 갖고 있었다. 그가 볼 때 연왕 주체의 즉위는 찬위에 불과했다. 당시 방효유는 즉위조서를 쓰라는 주체의 명을 받고 이같이 썼다.

"연 땅의 도적이 제위를 찬탈함."

대로한 주체는 그를 취보문 앞에서 책형에 처하는 한편 그의 10족까지 몰살했다. 그 수가 8백여 명에 달했다. 역사상 10족이 몰살된 경우는 방효유가 유일하다. 10족은 9족에 스승 및 친구, 문하생 등을 포함한 것을 말한다.

주체는 왜 당대의 명유인 방효유에게 이런 혹형을 가한 것일까? 여러 해석이 있으나 자신의 즉위를 찬역으로 모는 것을 미연에 방지하기 위한 고육지책으로 풀이하는 견해가 가장 그럴듯하다.

패도를 추구한 주체가 볼 때 성리학의 왕도사상에 매몰된 방효유는 일개 유생에 불과할 뿐이다. 그는 당태종과 달리 애초부터 방효유를 살려줄 생각이 없어 즉위조서를 작성하도록 하는 등의 수모를 안겨 준 것으로 보인다.

주체가 이경륭과 서휘조이를 살려준 것도 같은 맥락에서 이해할 수 있다. 비록 이경륭은 마지막 단계에서 정난군에게 남경 도성의 성문을 열어주고 투항하기는 했으나 세간의 평이 좋지 않았다. 그는 결국 주체의 비호에도 불구하고 잇달아 탄핵을 받아 말년에는 자택에 유폐돼 지냈다.

개국공신 서달의 아들인 서휘조는 주체의 아내인 서씨徐氏의 동생이기도 하다. 그는 주체의 처남인 까닭에 화를 피할 수 있었다. 그러나 그는 끝까지 협력을 거부했다. 매부인 주체가 그의 집을 몸소 방문했는데도 입조차 떼지 않았다. 화가 난 주체는 그를 투옥했으나 그의 의지가 굳은 것을 알고는 이내 방면했다.

정난지역은 '황위 찬탈'일 뿐인가?

사가들은 방효유 등이 처형된 피의 숙청을 두고 '임오순난壬午殉難'으로 칭했다. 사대부들이 임오년에 환난을 만나 순사殉死를 당했다는 뜻이다. 주체를 비난하는 의미를 담고 있다. 과연 이런 용어가 타당한 것일까. 연왕 주체가 반기를 든 후 보위에 오르기까지의 과정을 두고 '정난지변靖難之變'으로 칭하는 것도 같은 맥락에서 나온 것이다. 중립적인 뜻을 지닌 '정난지역靖難之役'으로 부르는 것이 타당하다.

'정난지역'은 외견상 숙부가 조카의 보위를 찬탈하기 위해 벌인 싸움의 모습을 띠고 있으나 사실 그 이면을 들여다보면 그리 간단하지 않다. 원래 화북 일대는 10세기 초 요나라의 판도에 들어간 뒤 금나라와 원나라 등 3대 왕조에 걸쳐 4세기 동안 북방 기마민족이 활약하는 무대였다.

| 말을 타고 있는 원나라 쿠빌라이 일행

특히 원나라는 티베트불교를 숭배하고 전국적으로 도교와 불교도 장려했다. 이에 반해 회하 이남과 장강 주변의 화남 지역은 송나라가 오대십국의 혼란기를 마무리 짓고 천하를 통일한 이래 시종 한족의 무대였다.

원제국도 남쪽 화남 일대는 한족 관원을 두어 다스리는 식으로 간접통치했다. 이로 인해 남방지역은 수백 년 동안 강남의 재부를 바탕으로 성리학을 추종하는 문인들의 세상이 되었다. 북송 이래의 남북대치는 남방과 북방을 경제적, 문화적으로 벌어지게 만들었다.

일찍이 주원장은 강남출신 문신들에 대해 비판적이었다. 그는 몽골족의 남침을 막기 위해 자식들을 북변의 번왕에 책봉한 뒤 남방의 지주들에게 북변방위의 세금을 부담하도록 했다. 강남출신 문신들의 등용도 크게 억제되었다.

단순한 반역이 아닌 남북전쟁이었던 정난지역

그러나 뒤이어 보위에 오른 건문제는 연왕 주체를 비롯한 여러 번왕세력을 견제할 생각으로 강남출신 문신들을 중용했다. 남경을 배경으로 새로운 권력기반을 다지고자 한 것이다. 강남출신 문신들이 중용되면서 강남 일대에서 부담하는 세금이 크게 경감되었다. 나아가 강남출신 문인들의 전폭적인 지지를 이끌어내기 위해 불교와 도교를 억압하면서 유교의 기풍을 크게 진작시켰다.

당시 북방의 무인출신 관원과 지주들은 불교와 도교를 믿는 사람들이 많았다. 이들은 건문제의 정책에 크게 반발했다. 연왕 주체는 이런 분위기를 적극 활용해 번왕들과 북방 지주세력의 암묵적인 지지를 이끌어냈다. 이 때문에 '정난지역'은 기본적으로 남북전쟁의 성격을 띨 수밖에 없었다. '정난지역'은 남방 대 북방, 문신 대 무신, 왕도 대 패도, 민족국가 대 세계국가의 대립 등 복합적인 성격을 지닌 일종의 전쟁으로 파악하는 게 타당하다. 이를 두고 '정난지역'이 아닌 '정난지변'으로 규정하는 것은 역사적 사실의 기본성격을 왜곡한 것이다.

환관을 이용한 주체의 무단통치

실제로 '정난지변'이 아닌 '정난지역'의 관점에서 바라보아야 주체가 행한 무단통치武斷統治의 의미를 제대로 파악할 수 있다. 주체의 무단통치는 여러 특무기관을 통해 이뤄졌다. 대표적인 것이 홍무제 때 만들어진 금의위錦衣衛이다. 금의위는 황제의 친위대인 상십이위上十二衛에 속해 있었다.

| 금의위의 모습

여기에는 황제가 신임하는 자들만이 배치되었다. 대장은 지휘사, 대원은 제기라고 했다. '제기'는 검붉은 제복을 입은 기마병을 의미한다. 홍무제 당시의 '제기'는 5백 명이었으나 주체 때부터 급격히 늘어나 1만 명을 헤아렸다. 앞잡이로 일하던 자까지 합산할 경우 수만 명에 달했다. 금의위는 반체제 인사의 적발을 기본임무로 삼았다. 주체는 잠재적인 위험인물까지 걸러내도록 했다.

영락 18년(1420), 주체는 황권 강화를 위해 금의위와 경쟁적으로 사찰을 벌이는 동집사창東緝事廠이 설치되었다. '동창'으로 불렸다. 북경의 도성 동안문 북쪽에 본부를 두었기 때문에 이런 이름이 붙었다. 동창은 명이 패망하는 숭정제 때까지 2백여 년 동안 지속되었다.

동집사창

동집사창은 영락 18년 북결 동안문 북쪽에 설치한 비밀경찰기관이다. 세계 역사상 최초로 설립된 국가특무 정보기관이었다. 그 지부가 당시 조선까지 설치되어 있었다고 한다. 일명 '동창'의 권력은 금의위보다 위에 있었다. 다른 기관의 간섭 없이 자체적으로 백성들뿐 아니라 관리들까지 감시, 감독했다.

이들 비밀사찰기관은 모두 환관이 주역이었다. 이를 두고 '정난지역' 때 활약한 환관들의 노고에 대한 보답이라고 해석하는 견해가 있다. 그러나 그보다는 환관을 적극 활용해 황권을 강화하고자 하는 목적이 컸다.

주체 사후 환관들의 발호로 명은 급속히 쇠망했다. 이를 두고 후대의 사람들은 주체에게 엄중한 책임을 물었으나 이는 지나치다. 일찍이 명대 말기의 명유 황종희黃宗羲는 『명이대방록明夷待訪錄』에서 환관의 폐해를 제거할 수 있는 비책을 이같이 제시했다.

"환관은 황제의 전제에 기생해 권력을 휘두르는 자이다. 재상제도를 부활해 황제 비답의 초안 작성을 환관에게 맡기지 말고 재상이나 6부가 담당해야 한다. 환관이 장악하고 있는 동창의 경찰권도 제한해야 한다. 10만 명까지 늘어난 환관의 수도 줄여 황제의 신변을 돌보는 데 필요한 수십 명으로 제한해야 했다."

여기서 주목할 점은 황종희도 환관의 철폐를 주장하지는 않았다는 점이다. 제왕정에서 환관은 통치체제하에 편입된 '필요악'이었다.

『삼국지』「무제기」에 인용된 『위서』에 따르면 환관집안 출신 조조는 원소가 군사력을 동원해 환관을 모두 없애려 한다는 얘기를 전해 듣고 크게 웃으며 말했다고 전해진다.
"환관은 예나 지금이나 늘 있었다. 군주가 부당하게 권력과 총애를 빌려주면 환관의 폐해가 생기는 것이다. 환관들이 저지른 죄를 묻고자 하면 그 원흉만 죽이면 된다. 이는 일개 옥리獄吏로 충분하다. 어찌 시끄럽게 외부 군사를 부를 필요가 있겠는가."

환관은 아무리 큰 권력을 장악했을지라도 황제가 '권총'을 빌려주지만 않으면 아무런 힘도 쓸 수 없는 존재이다. 전횡을 일삼는 환관만 주살하면 모든 문제를 쉽게 해결할 수 있다. 그런 점에서 환관의 폐해는 외척을 포함한 권신의 발호 등에 비교하면 매우 한정적이다. 환관 폐해의 책임은 기본적으로 '권총'을 빌려준 암군暗君에게 묻는 것이 타당하다.

주체가 특무기관 등을 통해 무단통치를 실시한 것은 명을 명실상 부한 세계제국으로 만들기 위한 것이었다. 황권 강화는 세계제국 건설의 전제조건이기도 했다. 그가 이른바 '임오순난'을 통해 남경 조정의 관원들을 대거 숙청한 뒤 번왕세력의 무력기반을 없애기 위하여 삭번 조치를 단행한 것은 바로 이 때문이었다.

3백 년 명나라 최대의 성세를 이끈 영락제

명의 성세는 주체 때 절정에 달했다. 대표적인 예로 최고의 업적 가운데 하나로 손꼽히는 『영락대전』의 편찬을 들 수 있다. 이는 승려 도연이 주관했다.

주체는 정난지역 당시 최고의 공신을 도연이라고 생각해 속히 환속할 것을 청하며 큰 저택과 여인을 하사했다. 도연은 너무 공이 크면 군주를 위협해 목숨이 위험하다는 사실을 잘 알고 있었다. 그는 환속을 거부한 채 줄곧 절에서 기거했다. 주체는 이내 그를 환속시키려는 생각을 거두고 곧 전국의 사찰을 관장하도록 하면서 자주 조정에 들어와 국정자문에 응해줄 것을 청했다.

 당시 주체는 자신의 찬위를 두고 후대인이 비판할까 크게 두려워
했다. 영락 7년(1409) 도연에게 『태조실록』과 『건문제일기』를 정리하
도록 청한 배경이다. 당시 75세의 고령이었던 도연은 이 일을 떠맡
아 7년 동안 추진했다. 이 와중에 중국 역사상 최초이자 최대의 백과
전서인 『영락대전』을 편찬하게 됐다. 영락 16년(1418년) 도연이 병사
했다. 당시 84세였다. 주체는 이틀 동안 조회를 보지 않았다. 생전 도
연의 바람대로 승려의 예로 장례를 지냈다.

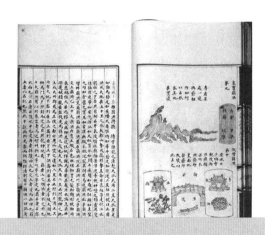

『영락대전』
영락제의 명령으로 만들어진 중국 최대의 백과사전. 본문 2만 2877권, 목록만 60권이다. 경經ㆍ
사史ㆍ자子ㆍ집集 등의 백가서百家書로부터 천문ㆍ지지ㆍ음양ㆍ의복ㆍ승도ㆍ기예 등을 편집했
다. 『영락대전』의 편찬을 위해 동원된 인원은 2,000명에 이르렀던 것으로 알려졌다. 지금 원본이
남아 있지 않은 기록들을 수록한 것이 많아 가치를 인정받고 있으나 1년 만에 완성되어 다소 조
잡한 면이 있다. 그러나 이마저도 명말청초의 혼란 속에서 상당부분 소실되었다. 현재 영국이나
프랑스 등에 유출된 것들을 모아도 800권이 채 되지 않는다고 한다.

이런 점 등을 두루 감안할 때 주체가 동창東廠 등의 특무기관을 설치해 관원들의 숨통을 조이고, 환관의 정치개입의 단초를 제공했다는 기존의 획일적인 평가는 재고를 요한다. 많은 사람들이 특무기관을 장악한 환관세력이 내각을 장악한 학자관료 세력과 대립각을 이루며 황권의 버팀목 역할을 수행한 측면을 간과하고 있다.

중국의 역대 왕조 중 환관의 폐해가 가장 컸던 것은 한나라와 당나라, 명나라였다. 그러나 명나라는 이전과 달리 사대부들이 남송 때 등장한 성리학의 세례를 받아 황권에 대한 신권의 우위를 당연시한 사실에 주목할 필요가 있다.

당시 비록 원나라 치하에서 탄압을 받기는 했으나 자부심이 강했던 강남의 사대부들은 가문의 배경조차 알 길이 없는 주원장의 건국을 내심 가소롭게 여겼다. 피바람을 일으킨 '문자지옥文字之獄'은 바로 이런 배경에서 빚어진 것이었다.

이를 두고 주원장 개인의 열등의식에 비롯된 것으로 파악하는 견해는 한쪽 면만을 지나치게 주목한 것이다. 북원이 막강한 무력을 배경으로 남아있는 상황에서 강남출신 토호열신土豪劣紳들이 신권우위를 주장하며 황권을 무시한 것은 제국의 앞날에 적신호를 켠 것이나 다름없었다.

제국이 패망할 때는 하나같이 '군약신강'의 상황이 결정적인 전기로 작용했다. 황제가 하사하는 상여금까지 반납할 정도로 높은 봉록을 받은 남송의 사대부들이 외적의 침공이 지속되고 있는 와중에 한가로이 이념논쟁을 벌이다가 패망을 자초한 것이 그 증거이다. 주체는 부황 주원장이 다져놓은 '군강신약'의 기조를 확고한 통치체제의 틀로 정착시킴으로 명의 수명을 3백 년까지 연장시킨 대공을 세웠다고 해도 과언이 아니다. 그의 치세 때 명나라는 최고의 성세를 누렸다.

명나라 최고의 성세를 불러온 영락제의 원칙

① 가지고 있는 힘을 더 크게 키우라.
② 현재에 안주하지 말고 더 넓은 곳으로 발전하라.
③ 다른 문화, 낯선 이들도 포용하고 받아들여라.

중국 황실의 비선실세, 환관

환관은 궁에서 일하는 직책으로 거세된 남자만이 맡을 수 있었다. 황궁 안팎에서의 전갈, 후궁, 요리, 세탁, 청소, 경비 등 궁중 안의 모든 일들이 환관에 의해 처리되었다.

종이를 발명한 후한後漢의 채륜蔡倫도 환관이었다. 황제의 지원을 받으며 해상으로 나가는 중임을 맡았던 정화鄭和 역시 환관이었다. 진시황이 세운 통일 제국을 몇 년 만에 무너뜨린 장본인으로 해석되는 조고 역시 환관이라는 기록이 있다.

진나라와 한나라 때에는 궁형에 처한 죄인을 환관으로 사는 것이 보통이었다. 한나라 무제 때 이름난 명사 중에서도 궁형宮刑에 처해지는 이가 많았다. 『사기』의 사마천도 궁형을 당했다. 이후 환관 중에서 정치에 참여하는 사람이 많이 나타났다.

당나라 현종 때부터 환관은 본격적으로 권세를 누리게 되었다. 당시에는 환관을 정책국로定策國老, 황제는 문생천자門生天子라고 부르기까지 했다. 즉 환관은 '나라의 원로로서의 시험자', 황제는 '시험에 따라 판정되는 수험생'이라는 뜻이다. 송과 원나라 때에는 환관의 전횡이 줄었으나 그래도 국정을 좌우하는 환관이 등장했다. 환관의 폐해가 가장 극심했던 때는 후한, 당, 명의 시대이다. 수나라 때는 궁형이 폐지되어 환관 지원자를 받았다. 명태조는 환관의 정치개입을 엄금하는 정책을 폈으나 영락제 이후 다시 효력을 잃었다.

중국 황실에서 환관의 수가 많을 때는 1만여 명이 넘기도 했다. 어떤 기록에서는 10만 명이 넘었다고 한다. 환관은 어느 시점부터 신분이 낮은 자라도 부와 권세를 잡을 수 있는 신분 상승의 기회로 여겨져 인기가 있었다. 아버지가 자식을 직접 거세하거나 중년의 나이에 스스로 거세하여 환관이 되려는 사람들도 적지 않았다. 환관 가운데 스스로 환관이 되는 경우를 자궁自宮, 또는 사백私白이라고 했다. 1621년 환관 3천 명을 모집했을 때 응모자가 그 7배인 2만 명이 모였다는 기록이 있다.

| 청나라 황실 마지막 환관의 모습

05

PIONEER

현재에 안주하지 말고 항상 새로 하라

"영락제는 과거의 유산을 물려받겠다는 생각이 전혀 없었다.
자존심이 허락하지 않았다."

장성 안팎을 아우르는 21세기 중국의 중심을 세우다

현대 중국의 국장國章은 천안문天安門을 도안한 것이다. 천안문은 황성의 정문이다. 황성에는 제사를 올리는 종묘와 사직단, 그리고 주요관청과 천자가 기거하는 자금성이 있다. 황성의 정문이 천안문이고, 자금성의 정문이 오문이다. 이 모든 것이 북경성 안에 있다. 지금과 같은 북경의 구도가 갖춰진 것은 명 성조 주체 때이다. 명나라가 남경에서 북경으로 천도한 것은 영락 19년(1421)이다.

| 자금성을 묘사한 그림

　요나라와 금나라도 지금의 북경을 수도로 삼았다. 그러나 두 나라는 장성 안팎을 모두 지배한 왕조는 아니었다. 북경이 장성 안팎을 아울러 지배하는 명실상부한 천하의 중심이 된 것은 원세조 쿠빌라이 때였다.

　쿠빌라이는 중국의 총독이 되면서 금나라 때의 수도인 중도를 거점으로 삼았다. 국호를 원元으로 정하고 보위에 오른 뒤에는 북방정권에 불과했던 금나라의 도읍지를 물려받는 정도로는 만족할 수 없었다. 그는 중도의 동북쪽에 거대한 성을 쌓기 시작했다. 지원 4년 (1267)에 도읍이 완성되자 천도하여 '대도'라고 불렀다. 그리고 중도에 있던 부호와 유력자들을 빠짐없이 대도로 이주시켰다.

그러나 이후 몽골을 장성 밖으로 쫓아낸 명태조 주원장은 수도를 남경으로 정하고 대도의 이름을 북평부北平府로 격하시켰다. 대도의 규모도 대폭 축소시켰다. 대도성 북쪽의 약 3킬로미터 가량을 깎았다. 원나라 때는 성이 토성으로 축조되었기 때문에 성벽을 허물고 도시의 규모를 줄이는 것은 그다지 어려운 일이 아니었다. 그러나 명나라는 튼튼한 성벽을 구축하기 위해 전甎이라는 벽돌을 쌓아 석성石城으로 만들었다. 이를 처음으로 명한 것도 바로 명나라 3대 황제 영락제永樂帝다.

조카의 보위를 빼앗은 주체로서는 남경에 계속 머물기가 쉽지 않았을 것이다. 그는 즉위 직후 곧바로 북경으로 천도했다. 이는 단순한 천도가 아니었다. 거의 새 왕조를 창건하는 것이나 다름없었다. 여러 면에서 창업에 가까운 작업을 진행시켰다. 그는 원나라 대도를 물려받겠다는 생각이 전혀 없었다. 자존심이 허락하지 않았다. 당연한 일로 새 도읍 건설을 추진했다.

명실상부한 제국을 위한 새 도읍 건설 – 북경 천도

주체는 부황 주원장이 기반을 닦아놓은 '군강신약'의 토대 위에서 명실상부한 제국을 세우고자 했다. 그가 롤 모델로 삼은 인물은 바로 원나라의 쿠빌라이였다. 주체는 강남출신 사대부 및 지주세력의 격한 반대를 무릅쓰고 과감히 남경에서 북경으로 천도했다. 북경을 수도로 삼지 않는 한 힘있는 제국의 건설은 사실상 불가능한 일이었다.

주체는 영락 4년(1406)에 북평부를 북경으로 개칭한 뒤 남경에서 북경으로 천도할 것을 선포했다. 도성과 궁궐의 조영 사업이 끝나는 영락 19년(1421)에 그는 남경을 유도로 개칭한 뒤 곧바로 천도했다. 이는 단순한 천도가 아니었다. 수백 년에 걸친 남북 간의 갈등을 수습하고, 명을 명실상부한 세계제국으로 만들겠다는 야심찬 의지를 드러내는 것이었다.

그런 점에서 북경으로의 천도는 사실 새 왕조 창건에 비유할 만하다. 세계제국을 겨냥하는 한 남경은 여러모로 문제가 많았다. 남경은 공급과 소비가 자체적으로 순환하고 정치와 경제를 동시에 아우르고 있는 중심지였다.

그러나 몽골족이 강남출신 한족 관료를 통해 간접 통치했던 지역으로, 몽골인은 거의 없고 오랑캐로부터 멸시당한 한족만이 살고 있었다. 또한 국방이 취약하다는 것도 큰 문제였다. 멀리 떨어진 남경에서는 몽골의 침공에 효과적으로 대처하기 어려웠다. 그러나 북경은 명이 건립된 이후에도 여전히 세계인이 모여 있었다. 북방 한족은 말할 것도 없고 몽골족을 비롯해 거란족과 여진족, 고려족, 티베트족 등 수많은 민족이 살고 있었다.

그는 기본적으로 부황과 달리 매우 개방적이었다. 한족만의 제국을 운영할 생각이 없었다. 이에 반해 홍무제는 원제국을 무너뜨릴 때 몽골족의 한족에 대한 차별을 극도로 부각시킨 까닭에 한족만의 민족국가로 만족해했다. 그러나 주체는 달랐다. 그는 몽골족 등에 대해 특별한 감정이 없었다. 그는 '정난지역' 때 명에 복속한 몽골인을 끌어들여 별도의 기마군단을 조직하기도 했다.

당시의 정황에 비춰 주체의 북경 천도는 시의적절한 것이었다. 장성 밖에 북원이 건재하고 있는 한 명은 늘 불씨를 안고 사는 것이나 다름없었다. 북원은 부족을 통일하기만 하면 언제라도 다시 남하할 수 있는 역량을 지니고 있었다. 실제로 누르하치의 청에 복속할 때까지 2백여 년 동안 장성 이북의 초원지대에서 주인으로 군림했다. 만일 원제국이 후계자를 둘러싼 내분만 일으키지 않았다면 명도 장강 이남을 다스리는 지방정권에 머물렀을 것이다 주체가 북경으로 천도한 후 5차례의 친정을 통해 몽골과 끊임없이 싸운 것은 북경 수비가 바로 국가존망의 관건이라는 사실을 통찰했기 때문이었다.

그런 점에서 현재의 북경은 세계제국을 겨냥한 주체의 웅대한 뜻이 면면히 이어지고 있는 현장이기도 하다. 당시 주체는 북경에 행재소를 두어 수시로 머물면서 약 5년에 걸쳐 새 도성의 조영을 감독했다. 북경의 도성이 완성되자 이듬해인 영락 19년(1421) 초 정식으로 천도했다. 그는 수많은 관원과 병사들을 지원하기 위한 방대한 양의 물자를 원활히 공급하기 위해 천도 이전에 이미 강남과 연결되는 회통하와 청강포 등을 개착해 완벽한 조운체계를 갖췄다.

당시 강남의 백성들은 자신들을 조운에 지나치게 혹사시킨다는 이유로 북경천도를 격렬히 반대했다. 그러나 주체는 이를 단호히 물리쳤다. 그가 천도 직전에 특무기관인 '동창'을 설치한 것은 바로 천도에 반대하는 강남출신 인사들을 감시하기 위한 것이었다.『성리대전』과『영락대전』등의 편찬사업도 북경으로의 천도를 반대하는 강남출신 문인들의 눈을 돌리기 위한 계책이었다.

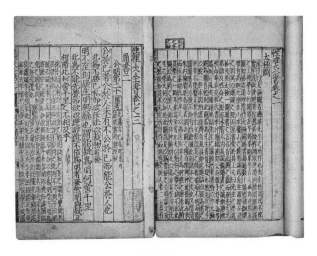

|『성리대전』

주체는 북경 천도를 전후해 영락 8년(1410)부터 진중에서 세상을 떠나는 영락 24년(1426)에 이르기까지 중국황제로서는 유례없이 모두 5차례에 걸쳐 막북으로 친정을 떠났다. 환관 정화鄭和 역시 영락제 재위기간에 모두 6차에 걸친 해상원정을 떠났다. 그는 부황 홍무제가 한족만의 민족국가를 지향한 것과 달리 시작부터 여러 북방민족을 포함한 다민족의 세계국가를 꿈꾼 것이다.

세계제국을 목표로 한 정복전쟁 – 1차 막북 원정

주체는 21년에 걸친 자신의 재위 기간 중 후반은 거의 막북원정으로 보냈다. 그의 막북원정은 '정난지역'의 사후대책 성격을 강하게 띠고 있었다. 이는 막북원정으로 얻어낸 성과를 살펴보면 쉽게 알 수 있다. 그는 막북원정이라는 비상체제를 가동시킴으로써 북경천도에 불만을 품은 강남의 군사를 자연스럽게 재편하고, 천도에 반대하는 강남출신 부호 및 백성들을 조운에 투입시켜 경제를 통제하고, 논공행상을 통해 강남출신 학자관료들을 제압하는 등의 부수적인 효과를 거둘 수 있었다. 이는 바로 황권의 강화와 직결된 사안이기도 했다.

그가 즉위했을 때 막북의 북원은 타타르 부족과 오이라트 부족으로 나뉘어 다투고 있었다. 원태조 칭기즈칸의 손자인 7대 황제 몽케가 죽은 뒤 칸의 자리를 놓고 쿠빌라이와 친동생 아리부케가 대치했다. 패배한 아리부케가 서몽골 지역으로 쫓겨난 후 원제국의 보위는 모두 쿠빌라이의 후손이 차지했다. 아리부케의 후손들은 절치부심하며 설욕을 별렀다.

| 활을 든 명의 군사

1백 년이 지난 후 홍무 21년(1388)에 마침내 아리부케의 후예인 야수치르也速迭兒가 반란을 일으켜 칸의 자리를 차지했다. 그가 이른바 토리크투卓里克圖칸이다. 그의 아들이 뒤를 이어 사크思克칸이 되었다. 사크칸은 공교롭게도 명의 황태자 주표가 급서하는 홍무 25년(1392)에 죽었다. 이듬해에 쿠빌라이의 후손이 다시 권력을 탈취해 오르보크額勒伯克칸이 되었다. 그러나 연왕 주체가 반기를 든 건문 원년(1399)에 공교롭게도 오르보크칸은 서몽골의 오이라트 부족을 제패한 오거치하스하烏格齊哈拾哈에게 피살당했다. 이후 북원은 동몽

골의 타타르와 서몽골의 오이라트로 양분되었다. 이들 몽골족은 선덕제의 정통 4년(1439)에 오이라트의 야쎈也先에 의해 통일할 때까지 치열한 내전을 거듭했다.

| 몽골족과의 전투

몽골족이 내분에 집중하고 있었던 덕에 연왕 주체는 '정난지역'에서 승리할 수 있었다. 몽골족이 군대를 파견해 남하했을 경우 연왕 주체는 남북의 협공에 걸려 궤멸했을 것이다. 어렵사리 보위에 오른 주체는 북변의 흐름에 신경을 곤두세웠다. 사마르칸트에 머물던 벤

야시리가 귀국하면서 타타르가 하나로 통합되었기 때문이다. 이때 위기감을 느낀 오이라트가 문득 명에 조공을 바치며 복속을 자청했다. 주체는 오이라트와 손을 잡고 타타르를 견제하려고 했다.

영락 7년(1409) 타타르의 벤야시리가 자신의 힘을 믿고 명의 사신을 죽였다. 주체가 장수 구복丘福을 대장군으로 삼아 10만여 명의 군사를 보냈으나 전멸하고 말았다. 이듬해인 영락 8년(1410) 5월 주체가 직접 대군을 이끌고 남경에서 막북으로 출정해 타타르의 군사를 오논 강에서 격파했다. 간신히 도주했던 벤야시리는 오이라트 부족에게 살해되고 말았다. 주체는 북경으로 개선한 뒤 4달 동안 그곳에 체류하고 남경으로 돌아왔다. 제1차 친정은 대성공이었다.

중국 대륙에 하나로 우뚝 서기 위한 집요함 – 5차례의 막북 원정

그러나 오이라트가 타타르를 공격한다는 구실을 내세워 점차 명의 변경을 침공하기 시작했다. 주체는 재위 12년(1414)에 오이라트를 격파하기 위해 제2차 친정에 나섰다. 50만의 대군이 동원되었다. 주체는 제2차 친정에서도 대승을 거두었다. 오이라트의 수장 마흐무드는 이듬해에 사자를 보내 사죄하며 복속을 다짐했다.

오이라트가 위축되자 이번에는 다시 타타르 부족이 아로타이의 지휘하에 세력을 급속히 확장하며 명의 국경을 침공하기 시작했다. 주체는 재위 20년(1422)에 타타르를 응징하기 위해 제3차 친정을 나섰다. 그러나 제3차 원정은 아로타이가 미리 도주하는 바람에 허탕을 치고 말았다. 이후 주체는 두 해에 걸쳐 제4~5차 친정을 거듭했으나 아로타이의 거듭된 도주로 아무 성과도 거두지 못했다.

그러나 이때의 친정이 전혀 무의미했던 것은 아니었다. 타타르와 오이라트는 명의 북변을 섣불리 건드리면 끝내 응징당한다는 사실을 절감했기 때문이다. 주체 사후에도 북변은 한동안 조용했다.

주체의 안남원정

영락제 치세의 원정은 비단 북정北征에 그친 것만도 아니었다. 당시 남경에는 권신 호씨胡氏에게 쫓겨난 안남의 진천평陳天平이 망명해 있었다. 영락제는 그를 안남 국왕으로 봉했으나 그는 귀국하자마자 호씨에게 살해되고 말았다. 영락제는 재위 4년(1406)에 주능朱能을 정이장군에 임명해 안남을 응징했다. 주능이 전사하자 그를 대신한 장보張輔가 안남으로 진공해 가림강에서 안남군을 대파하고 호씨를 포로로 잡았다. 영락제는 포정사를 보내 안남을 다스리도록 하면서 진천평의 후예를 찾도록 했으나 허사였다. 이에 안남을 아예 명의 직할령으로 삼았다.

명의 영향력을 바다로 넓힌 발걸음 – 해상원정

주체는 환관 정화鄭和에게 명해 사상 최초로 해상원정을 실시했다. 당시 해상원정을 주도한 인물은 아랍계 이슬람교도인 환관 정화였다. 그의 제7차 항해는 주체가 사망한 직후인 선덕제 때 이뤄졌다.

정화의 본래 성은 마흐무드의 머리글자에서 음만 따온 마씨馬氏였다. 그의 조상은 운남에서 재상을 지냈다. 정화는 어렸을 때부터 코란은 물론 사서오경을 독파했다. 운남은 명이 들어선 이후에도 원제국의 잔존세력으로 남아 있었다. 홍무 14년(1381)에 명나라가 운남을 칠 때 정화의 부친은 이 싸움에서 전사했다. 당시 포로로 잡은 소년은 거세해 노비로 부리는 풍습이 있었다.

　소년 정화는 명 황실의 환관으로 들어오게 됐다. 주체가 정화를 해상원정의 총책으로 삼은 것은 그가 아랍어와 페르시아어, 한어에 능통하고 해상원정 경로에 이슬람 국가가 많았기 때문이다.

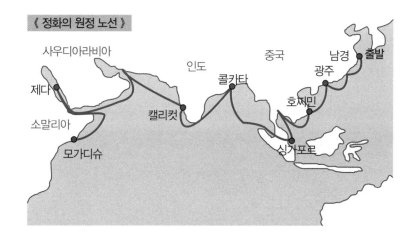

《 정화의 원정 노선 》

영락 3년(1405)에 떠난 1차 해상원정에서는 인도 서해안의 캘리컷까지 갔다가 돌아왔다. 제4차 원정에서는 페르시아만의 호르무즈까지 갔다. 이때 갈라져 따로 길을 잡은 일부 선단은 아프리카에 이른 뒤 북상하여 아라비아반도의 아덴까지 갔다. 정화가 제6차 원정을 마치고 귀국한 2년 뒤에 주체가 죽었다. 정화는 선덕 6년(1431)부터 2

년 동안의 제7차 원정에서 돌아와 세상을 떠났다.

　정화가 해상원정을 떠난 것을 두고 건문제의 소재를 찾기 위한 것이라는 견해 등 여러 해석이 있으나 국위선양과 무역 등을 목적으로 한 것으로 보는 게 타당하다. 당시 동남아 일대에는 세계제국을 영위한 원제국의 영향으로 인해 이미 많은 화교가 거주하고 있었다.

　원래 정화의 해상원정은 주원장 때 왜구의 피해를 줄이기 위해 취해진 해금海禁의 기조에 반하는 것이었다. 주체 때도 해금책은 지속되었으나 그 목적은 달랐다. 홍무제는 국내안정에 주안점을 둔 데 반해 주체는 해금책을 유지하되 국가가 주도하는 해상원정은 적극 지원하고 나선 것이다. 이는 대외교역을 통한 국부축적과 국위선양을 위한 것이었다.

| 2006년 복원된 정화 함대. 승선 인원이 400여 명에 달했다.

214

실제로 당시 해로를 통해 명과 교역하기 위해서는 반드시 명나라의 연호를 사용하고 신하로 따르겠다는 예를 표해야만 했다. 육로를 통한 조공과 하등 차이가 없었던 것이다. 정화의 해상원정 과정에서 모두 30여 개국이 조공을 약속하며 교역을 청했다.

주체의 전폭적인 지지하에 인도양과 페르시아만 일대를 누빈 정화는 일생을 해상원정에 모든 것을 다 바쳤다고 해도 과언이 아니다. 주체도 막북 원정에 혼신의 노력을 경주하다가 죽음을 맞이했다고 볼 수 있다. 그는 재위 22년(1424) 7월에 다섯 번째 막북 친정에서 돌아오던 중 내몽골의 유목천에서 사망했다. 당시 제5차 막북 원정군은 그의 죽음을 비밀에 부치고 돌아오다가 황태손 주첨기가 하북성의 조악곡까지 시신을 맞이하러 나온 뒤에야 비로소 발상했다.

명의 위세를 떨치다

당시 그의 막북친정과 정화의 해상원정, 명나라 군사의 안남원정 이외에도 요동의 누르칸도사奴兒干都司 설치 및 티베트지역에 대한 간접지배 등도 명의 국위를 떨치는 데 결정적인 계기로 작용했다.

누르칸도사

명나라 영락제 때 만주 경영의 전진기지로 쓰인 지방 군사기관. '누르칸 도지휘사사奴兒干都指揮使司'의 약칭이다. 영락제는 만주의 여진족을 감독하기 위해 천조우위 · 우자위 · 누르칸위를 설치했다. 그리고 이들을 통제하기 위하여 1411년 태감 이시하赤失哈 등이 25척의 배로 군병 약 1,000명을 데리고 쑹화 강 · 헤이룽 강을 내려가 하류지점에 '도사'를 설치했다.

그의 치세 때 중국 역대 왕조 중 가장 넓은 지역을 제국의 판도 안에 편입시킬 수 있었던 것도 이와 무관치 않다고 보아야 한다. 쿠빌라이 때 이뤄졌던 세계제국의 성세가 주체의 치세 때 재현된 셈이다. 일본 학자 미야자키 이치사다宮崎市定가 『아시아사연구』에서 주체를 원세조 쿠빌라이의 유일한 계승자로 칭송한 것도 이와 관련이 있을 것이다.

주체의 묘호가 당초 가정嘉靖 17년(1538)에 성조成祖로 격상된 것도 그가 이룩한 생전의 위업이 후대인에 의해 새삼 재평가된 결과로 볼 수 있다. 통상 제국의 창업주 이외에는 거의 '조祖'의 묘호를 붙이지 않는 게 관행이다. 창업주와 유사한 대공을 세운 경우에만 예외적으로 '조'의 묘호를 얻었다. 원세조元世祖 쿠빌라이와 청세조淸世祖 강희제, 청성조淸聖祖 건륭제 등이 바로 그들이다. 명을 통틀어 태조 홍무제를 제외하고는 비록 사후에 이뤄지기는 했으나 '조'의 묘호를 받은 사람은 주체가 유일했다.

"위로는 고초古初부터 당세當世에 이르기까지

우주宇宙의 광대함을 포괄하고

고금古今의 이동異同을 통틀어 모았다."

－『영락대전』서문 중에서

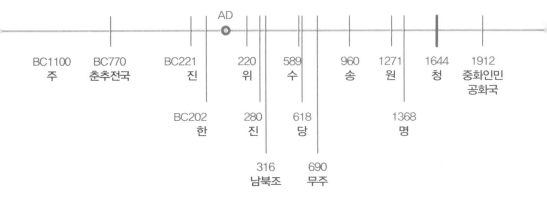

AD

| BC1100 | BC770 | BC221 | | 220 | | 589 | | 960 | 1271 | | 1644 | 1912 |
| 주 | 춘추전국 | 진 | | 위 | | 수 | | 송 | 원 | | 청 | 중화인민
공화국 |

BC202   280   618   1368
한   진   당   명

316   690
남북조 무주

이상을 계속 간직하고 있으면

반드시 실현할 때가 온다

괴테

조직에
최선의 방향을 제시하라
: 황금기로의 인도자 강희제

강희제

본명 현엽玄燁

생애 1654~1722

재위 1661~1722

청의 4대 황제. 순치제의 셋째 아들로, 순치제가 천연두로 젊은 나이에 급서하자 8세의 나이에 즉위했다. 15세가 되자 보정대신들이 은근히 견제하기 시작하여 황제로서의 권위를 지켰다. 정치에 참여하면서 차근차근 실권을 장악한 그는 보정대신들을 밀어내고 반란을 진압하여 강력한 황권을 확립한다. 또한 정복왕조의 영원한 과제였던 한족과 만주족 사이의 균형을 잡았다. 그의 치세 이후 한족과 만주족의 구분은 의미가 없어졌다. 이러한 융합은 청을 300년 동안 유지시키는 기반이 되었다. 밖으로는 명나라의 잔존 세력과 북방 세력을 제압했으며 유럽의 문화와 기술 등을 몸소 적극적으로 받아들였다. 수학, 천문학, 라틴어 등 서양의 학문에 관심이 많았다. 특히 강희제의 치세에 러시아와 중국 최초의 조약인 네르친스크 조약을 맺으면서 명실상부한 세계의 일원으로서의 청의 기반을 다져놓았다. 강희제는 중국 역사상 가장 오래 재위한 기록을 가지고 있는데, 이 61년 동안 그는 청의 안팎을 탄탄히 다져놓음으로써 후대의 황금기를 제시했다는 평을 듣는다.

01

OUTLOOK

과거를 거울삼아 찬란한 미래를 그려라

"강희제는 대신들을 제압하고
명실상부한 황권을 확립해 친정親政에 나섰다."

북방민족 왕조의 과제, 한족과의 균형

청나라의 역사는 명나라 말기에 발흥해 '후금'을 건설하면서 세력
을 확장시켜 '대청'으로 발전하는 이른바 '입관전사入關前史'와 북경
입성에 성공해 중원을 통치하는 '입관후사入關後史'로 뚜렷이 구분된
다. 이 두 시기는 통치 권력의 발동배경 및 통치제도, 통치행태 등 여
러 면에서 커다란 차이가 있다. 이는 한족이 주류를 이루고 있었던
중원을 지배했기 때문에 따라오는 불가피한 변화이기도 했다.

'입관전사'도 누르하치 시대와 홍타이지 시대가 뚜렷이 구별되고 있다. 누르하치는 만주를 중심으로 한 여진족의 나라를 세운 것으로 만족했다. 그는 장성을 경계로 한족과 구별되는 '후금'의 건설로 소기의 성과를 거뒀다고 생각했다.

| 숭덕제 홍타이지

그러나 홍타이지의 생각은 달랐다. 그는 만주족, 몽골족, 한족을 아우르는 세계제국으로의 도약을 꿈꿨다. 이를 위해서는 중원을 점거해야 했다. 홍타이지의 이런 구상은 만주8기 및 몽골8기에 이은 한인8기의 완성으로 기본 틀이 마련되었다. 그러나 그는 아쉽게도

입관 전에 급사하는 바람에 생전에 이를 완성하지 못했다. 이로 인해 청나라의 향후 진로에 관한 합의는 소년 황제 순치제의 몫으로 남게 되었다.

이런 상황에서 순치제의 즉위로 시작된 '입관후사'는 중원의 한족을 효과적으로 다스려야만 하는 새로운 난제를 떠안고 출발할 수밖에 없었다. 정복국가의 정체성을 유지하기 위해서는 '상무정신尚武精神'으로 상징되는 만주8기의 고유한 특성을 잃지 말아야 했다. 이를 강조하는 민족주의 노선은 정복왕조의 정체성을 확립한다는 차원에서 강력한 설득력을 지니고 있었다. 그러나 문제는 주류를 이루고 있는 중원의 한족을 과연 어떻게 효과적으로 다스릴 수 있는가 하는 점이었다. 만주족의 민족주의 노선을 강화하면 할수록 새로운 제국을 위해 한화가 불가피하다는 세계주의 노선과의 충돌은 심해질 수밖에 없었다.

8기
17세기 초, 청나라에서 실시한 군사행정제도이다. 8종류의 깃발로 구분하여 편성한 것에서 이름을 붙였다. 황·백·홍·남색과 각 색에 띠를 두른 것과 안 두른 것을 구분했다. 씨족 혹은 부족에 기반하여 집단으로 편성했다. 구성원에 따라 만주8기, 몽골8기, 한인8기 등으로 구별되었다.

상무정신
19세기 말, 20세기 초의 중국 사상가 양계초의 사상. 양계초는 군사력은 '형식'이 아니라 '정신'이라고 말했다. 그는 군사적인 힘을 키우는 것은 근본적으로 마음 속에 있기 때문에 물리적인 것만을 키우면 '호랑이 가죽을 뒤집어 쓴 것처럼' 근원적인 힘을 발휘할 수 없다고 했다. 그런 힘으로는 국가를 지키는 국민이 될 수 없다고 호소했다. 양계초는 「신민설」에서 중요한 것은 정신, 즉 키워야 할 것은 상무정신이라고 했다.
상무정신을 키우기 위해서는 세부적으로 마음의 힘, 담력, 체력을 키워야 한다. 즉 정신집중의 힘, 두려움이 없는 담력, 그리고 건강한 신체의 단련이다.

정복왕조가 중원통치에 성공할 수 있는지 여부는 장강의 거대한 물결처럼 도도히 흐르는 한족 문화에 동화되지 않은 가운데 피지배족인 한족을 얼마나 효과적으로 다스릴 수 있는가 하는 문제다. 청나라 역시 정복왕조인 만큼 입관 이후 이 문제로 심각한 고민에 빠지지 않을 수 없었다.

실제로 북위는 철저한 한화를 추진한 까닭에 이내 정체성을 잃어버리고 한족 문화 속에 동화돼 흔적도 없이 사라져 버리고 말았다. 이를 타산지석 삼은 원제국은 철저한 격리정책을 실시해 몽골족의 고유문화를 온전히 보전시키기는 했다. 그러나 이 때문에 제국은 겨우 1백여 년밖에 유지되지 못했다.

요나라와 금나라는 맹안모극猛安謀克 등의 제도를 통해 거란족 및 여진족을 한족과 분리한 가운데 통치하고자 했으나 한족을 통치 영역으로 유인하는 데 실패해 강남을 통합하지 못한 채 북방정권으로 존재하다 패망했다.

맹안모극제
맹안모극제는 본래 여진 전통의 군사행정제도였다. 300호를 1모극, 10모극을 1맹안으로 편제하는 것이었다. 원래 '맹안'은 여진족 부락의 군사 우두머리였고 '모극'은 씨족의 우두머리를 말했다.

청나라도 입관 직후 똑같은 시험대에 올랐다. 이자성을 비롯한 반란집단을 포함해 남명南明 정권을 효과적으로 제압하지 못하면 요나 금과 유사한 길을 밟을 수 있었다. 설령 제압에 성공해도 이후 한족의 자발적인 충성을 유도하지 못할 수도 있었다. 이 때문에 강희

제는 대신들을 제압하고 명실상부한 황권을 확립해 친정親政에 나설
때까지 민족주의와 세계주의 사이를 오간 것이다.

이자성의 난

2백 년이 넘는 역사를 가진 명나라를 멸망시킨, 1630년대 이자성 주도의 농민봉기. 명나라 말기는 오랜 전쟁으로 백성들의 삶이 피폐해지고 8년간 극심한 가뭄이 찾아왔던 시기였다. 숭정제는 폭정을 일삼았고 황실과 귀족들은 사치했으며 조정은 부패해 있었다. 이 때문에 농민들은 곳곳에서 폭동을 일으켰다.

1628년 명나라는 역참제도를 폐지했다. 이에 따라 역참의 군졸이었던 이자성은 빈민이 되었다. 그는 1630년부터 농민반란군에 가담했다. 이후 약 20만 명의 반란군을 이끌게 된 이자성은 틈왕闖王을 자칭했다. 그리고 하남성을 근거지로 삼고 백성들에게 농토를 균등히 지급하는 등 농민들의 지지를 얻었다. 1644년 3월 18일 이자성은 100만 명의 반란군을 이끌고 명나라의 수도인 북경을 점령했다. 다음날 자금성마저 함락되자 숭정제는 나무에 목매 자살했다. 4월에 황제로 즉위했으나 청나라 군대가 북경으로 진격하는 바람에 퇴각했다. 청나라 군대에 쫓기던 이자성은 이듬해 사망한 것으로 전해진다.

최초로 북경에서 즉위한 칸, 소년 황제 순치제

| 도르곤

청나라의 북경입성은 기본적으로 요동지배를 안정시켜 대청으로 발전한 청나라의 역량에 따른 것이기는 하나 사실 명나라의 내분이 보다 큰 요인으로 작용했다. 이를 성공적으로 마무리 지은 자는 섭정왕으로 활약한 도르곤多爾袞이었다. 그는 홍타이지의 이복동생이다. 그가 섭정왕으로 행세할 수 있었던 것은 순치제 푸린이 어린 나이에 즉위했기 때문이다.

원래 홍타이지는 죽는 순간까지 후계자를 정해놓지 않았다. 이로 인해 만주8기 가운데 홍타이지의 장자인 호거豪格를 추대하려는 양황기鑲黃旗 세력과 도르곤을 추대하려는 아지거阿濟格, 도도多鐸 등 여타 세력이 대립했다.

당시 예친왕禮親王 다이샨代善은 황족과 그 밑의 왕족인 버일러貝勒 등을 소집해 홍타이지의 후계자 선정을 위한 구수회의를 열었다. 당시 도르곤은 32세였다. 회의를 주재한 다이샨이 호거를 후사로 세우려고 하자 호거가 사양했다.

226

"저는 복이 적고 덕이 박해 감히 보위를 승계할 수 없습니다."

이는 실력자인 숙부 도르곤을 의식한 발언이었다. 이때 제장들이 칼을 찬 채 앞으로 나와 단호한 어조로 말했다.

"선제의 은혜를 입은 저희들은 선제의 자제가 후사가 되지 않으면 차라리 지하에서 선제를 모실 것입니다."

입장이 난처해진 다이샨이 이내 도르곤에게 자신을 대신해 회의를 주재하도록 했다. 이때 문득 도르곤이 홍타이지의 둘째 아들인 푸린을 옹립할 뜻을 밝혔다. 푸린은 겨우 7세였다. 회의에 참석한 사람들 모두 도르곤이 섭정의 자리에 올라 실권을 장악할 생각으로 이런 제의를 한 것으로 생각했다. 도르곤이 곧 이들의 의구심을 풀어주기 위해 2명의 섭정을 둘 것을 제의했다. 도르곤과 푸린의 종형인

지르갈랑濟爾哈郞이 함께 어린 황제 푸린을 보필하는 방안이 채택되었다. 우려곡절 끝에 보위에 오른 순치제順治帝 푸린은 청나라 최초로 북경에서 즉위한 명실상부한 '황제칸'이었다.

소년 황제를 위해 섭정에 정성을 다한 도르곤

청나라는 도르곤이 섭정왕으로 있는 동안 중국 지배의 기초를 확

고히 다졌다. 도르곤은 생전에 청나라가 명나라의 뒤를 이은 정통 왕조라는 사실을 알리는 데 심혈을 기울였다. 명나라는 이자성이라는 유적에 의해 멸망했고, 청은 대의로써 유적을 무찔렀고, 그 결과로 천명을 받아 명의 정통 후예가 되었다는 게 당시 그가 내세운 논리였다. 이는 역사적 사실이기도 하다.

당시 도르곤은 자신의 이런 논리를 합리화하기 위해 명대 말기의 전란에서 목숨을 바친 자들을 대대적으로 표창하고, 시호를 내리고, 유족을 우대하고, 사당을 세워 그들의 충성을 기리게 했다. 한족들을 위로하고 설득하여 민심을 안정시키기 위한 일이었다. 당시 만주족은 인구가 절대적으로 적었기 때문에 절대 다수를 이루고 있는 한족을 강압적으로 지배할 수는 없었다.

도르곤이 판단할 때 한족을 다스리기 위해서는 한족 신사층의 지원이 절실히 필요했다. 우선 원성이 높았던 제도를 혁파했다. 대표적인 예로 명나라가 정한 세액 이외의 증세를 모두 폐지한 것을 들 수 있다. 민심을 얻는 데 이보다 더 나은 것은 없었다.

섭정에서 벗어나 날개를 편 젊은 황제

도르곤은 순치 7년(1650)에 수렵여행 도중 갑자기 사망했다. 당시 나이 39세였다. 그의 죽음은 청나라의 제국건설 과정에서 또 하나의 변화가 되었다. 순치제의 친정은 도르곤이 죽은 이듬해인 재위 8년(1651) 정월부터 시작되었다. 당시 그의 나이는 15세였다. 소년 황제로 얕잡아 보일 수도 있는 나이였다. 그러나 순치제의 친정 기간은 오히려 청나라 통치기반을 더욱 단단히 다져놓은 시기였다.

순치제는 도르곤의 밑에서 숨을 죽이고 있던 사람들이 도르곤을 탄핵하고 나서자 이를 빌미로 도르곤의 흔적을 지워나가기 시작했다. 황권 강화를 위한 조치였다. 도르곤이 죽은 지 2달도 채 되기 전에 그의 사당은 철거되었고, 그의 집안의 가산이 몰수되었다. 도르곤의 후사로 들어간 도르보多爾博에게는 작위도 허락되지 않았다.

이러한 조치는 또 다른 섭정으로 활약했던 지르갈랑이 주도하는 것처럼 보였으나 뒤에서 이를 조종한 사람은 바로 소년 황제 순치제였다. 그는 모든 사안에 대한 최종 결정권자였다. 순치제는 어렸지만 중국 전래의 문화에 조예가 깊었다. 그는 어려운 고전에서 야사에 이르기까지 독서를 즐겼다. 이는 한족 사대부들에게 깊은 인상을 남겼다. 그렇다고 그가 만주족 전래의 전통을 소홀히 했던 것은 아니다. 기본적으로 순치제가 '강건성세'의 기틀을 확고히 다질 수 있었던 것은 그의 뛰어난 식견과 통치력이 뒷받침되었기에 가능했다.

황권 강화를 위해 한인 관료의 호감을 사다

원래 그의 친정 초기만 해도 국정의 중요사안은 '의정대신회의'에서 결정되었다. 6부의 행정도 사실상 유력한 만주 귀족들에 의해 좌우되는 등 진정한 의미의 친정은 실현되지 못했다.

이런 상황에서 순치제는 자신의 입지를 다지기 위해 한인관원에 대해 각별한 관심을 기울였다. 한인관원들과 만날 때면 정치와 역사 등 모든 분야에 대해 자문을 구하기도 했다. 이로 인해 한인 관료들의 활동이 눈에 띄게 활발해졌고 그들이 청나라에서 가진 입지도 점차 강화되었다.

한인 관료는 군주 지배체제에 익숙해 있었기 때문에 순치제의 친정을 보다 강화시킬 수 있는 집단이었다. 국정에 한인 관료들이 만인관료와 동등하게 참여하도록 하고 명나라의 내각제를 채택해 황제의 지시가 인사권 일부를 가진 내원內院을 경유하도록 했다. 이로써 내원의 지위가 상대적으로 상승했다.

또한 환관의 청사였던 '내13아문內十三衙門'을 설치해 명나라의 환관제도를 거의 그대로 도입하는 효과를 거두었다. 명나라의 환관제도는 황권 강화의 상징이었다. 물론 순치제 역시 명나라의 패망이 엄당의 발호에 있다는 사실을 잘 알고 있었던 까닭에 환관의 정치개입을 엄금했다. 환관 오량보吳良輔를 관원과 교결했다는 이유로 사형에 처하고, 환관으로서 외사 정치와 관원에 대해 함부로 입을 놀리는 자는 '능지처사陵遲處死'한다는 내용의 철패를 궐내에 달았다.

순치제가 친정 이후의 재위기간 내내 명나라의 황제를 모범으로 삼아 한인 지배층에 관대한 조치를 취한 것은 황권을 강화하기 위한 조치의 일환이었다. 그가 취한 일련의 친정체제 확립은 단순한 한화가 아니었다. 8기군을 토대로 한 만몽 귀족 중심의 분권체제를 황제를 중심으로 한 중앙집권적 통치체제로 전환시키기 위한 시도였다. 순치제 재위 말년 강남 신사층에 대해 일련의 탄압을 가한 것도 통치권력의 효용성을 제고하려는 시도로 이해할 필요가 있다.

그러나 순치제는 재위 18년(1661)에 천연두에 걸려 24세의 나이로 요절하고 말았다. 순치제는 비록 요절하기는 했으나 명군에 속한다. 어린 나이에 즉위해 18년간 나라를 다스리면서 유가정치를 펼쳐 민심을 안정시켜 만주족의 중원지배를 완성했다. 순치제 푸린은 천연두의 역병에 걸려 죽었기 때문에 청나라 역대 황제 중 유일하게 시신을 화장했다.

우리나라에서는 속칭 마마媽媽·손님이라고도 한다. 강한 전염성으로 역사상 대유행을 되풀이하여 많은 사망자를 내기도 했다.

조선시대에는 천연두로 인한 유아 사망률이 높았다. 그러나 누구나 살면서 한번쯤은 걸리는 병으로 인식했기에 '백세창百世瘡'이라는 별칭이 붙을 정도였다. 천연두가 낫는 과정에서 딱지가 잘못 떨어지면 자국이 남기도 했는데, 이렇게 얽은 얼굴을 곰보라고 했다. 이러한 자국은 흔했지만 여성들에게는 특히 치명적일 수밖에 없었다. 못생긴 여자를 이르는 '박색'은 원래 얼굴이 얽었다는 뜻이다.

역사상 가장 천연두에 민감했던 왕조는 중국의 청이다. 청은 천연두 환자를 담당하는 관직을 두었고 천연두 면역자와 비면역자를 구분하는 방법을 알았다.

도르곤은 천연두 증세를 보이는 자를 성 밖으로 쫓아버렸다. 만약 전염을 막지 못하고 천연두가 퍼질 기미가 보이면 사람들의 통행을 극도로 자제시켰다. 황제조차 자유로울 수 없어 궁 안에 고립되어 있어야 했다. 그러나 역설적으로, 천연두를 이토록 조심했던 도르곤을 섭정왕으로 두었던 순치제는 천연두에 걸려 생을 마감했다.

정사에는 순치제는 천연두로 사망한 것으로 되어 있지만, 다른 설이 있다. 즉위 17년, 정치에 염증을 느낀 순치제가 출가를 했다는 설이다. 이 설에 따르면 반대가 많았지만 아예 국정을 손에서 놓아버리고 뜻을 굽히지 않아 강희제를 옹립하고 순치제를 몰래 출가시켰다. 아래는 순치제 출가하며 쓴 것으로 내려오는 출가시出家詩다.

朕乃大地山河主
憂國憂民事轉煩
百年三萬六千日
不及僧家半日閒

이내 몸 중원 천하 임금 노릇하건만은
나라와 백성 걱정 마음 더욱 시끄러워
인간의 백년 살이 삼만 육천 날이지만
풍진 떠난 명산대찰 한 나절에 미칠 손가.

兒孫自有兒孫福
不爲兒孫作馬牛
古來多少英雄漢
南北東西臥土泥

자손들은 제 스스로 자기 살 복 타고나니
자손들을 위한다고 마소 노릇 그만 하소
수천년 역사 위에 많고 적은 영웅들이
사방에 널려있는 한줌 흙에 불과하네

來時歡喜去時悲
空在人間走一回
不如不來亦不去
也無歡喜也無悲

올 때는 기뻐하고 갈 적에는 슬퍼하니
공연히 인간세상 한 바퀴를 돌았구나
애당초 오지 않았으면 갈 길조차 없으리니
기쁨이 없었는데 슬픔인들 있을 손가.

02

OUTLOOK

누구도 대체불가능한 유일의 리더가 되라

"강희제로 인해 민족의 구분이 사라지면서
명실상부한 '황제칸'이 등장하게 되었다."

중국의 전 역사를 통틀어 가장 위대한 황제

많은 사람들이 강희제를 두고 청나라는 물론 중국의 전 역사를 통
틀어 최고의 성군으로 꼽고 있다. 장성 밖의 야만세계에 뿌리를 두
고 있는 그가 장성 안의 문명세계에서 생장生長한 이들을 압도하는
탁월한 학식과 식견을 토대로 두 세계를 하나로 통합시킨 점을 높이
평가한다. 그의 재위기간이 중국 역사상 최장기에 속하는 61년에 달
하는 것도 특이점이다.

당초 청나라의 입관 이후 어린 황제 순치제를 대신해 도르곤이 다스리던 '섭정기'만 하더라도 청은 만주족의 고유성을 강조하는 민족주의 색채가 짙게 나타났다. 이는 막상 중원의 지배자를 자처하게 되었음에도 불구하고 소수 민족인 만주족이 한족의 세상에 빠져 이내 흔적도 없이 침몰될까 우려했기 때문이다. 도르곤 사후 순치제가 통치의 전면에 나서는 '친정기'에는 정반대로 순치제의 노골적인 한화정책으로 인해 세계주의 성향이 전면으로 부상했다.

강희제가 9세의 어린 나이에 즉위할 당시 이런 두 가지 노선이 병존하고 있었다. 만주귀족으로 구성된 보정대신들이 통치 권력을 행사한 '보정기'에는 민족주의 노선이 주조를 이뤘다. 그러나 강희제의 '친정기'로 들어서면서 다시 세계주의 노선이 부상하면서 절묘한 절충이 이뤄졌다.

강희제는 두 노선을 하나로 섞어 제국통치의 기본이념을 만들어 냈다는 점에서 높이 평가할 만하다. 실제로 그의 성세는 바로 이 두 노선을 하나로 융합했기 때문에 가능했다. 강희제의 출현을 계기로 민족주의와 세계주의의 구분이 별다른 의미를 지니지 못하게 되면서 장성 안팎을 아우르는 명실상부한 '황제칸'이 등장하게 되었다고 해도 과언이 아니다.

사실 이는 다민족의 세계국가가 번영할 수 있는 기본 전제조건이기도 하다. 그의 치세 때 만주족과 몽골족, 한족, 티베트족, 위구르족으로 상징되는 이른바 '5족협화五族協和'의 다민족 세계국가의 기본 틀이 갖춰졌다. 이는 중국의 전 역사를 통틀어 처음 있는 일이었다. 현재의 중국도 그 한족이 앞으로 나오는 식으로 그 순서만 약간 바뀌었을 뿐 '5족협화'의 기본이념만큼은 그대로 유지되고 있다.

한고조 유방의 한나라와 당고조 이연의 당나라가 세계제국을 자처하며 잠시 장성 밖의 몽골과 위구르 지역으로 영역을 확대한 적이 있으나 이들 지역을 제국의 판도로 끌어들인 것은 아니었다. 더구나 만주지역은 청나라가 들어서기 전까지는 아예 제국의 판도에서 배제돼 있었다. 명나라가 한때 산해관에서 조선의 압록강에 이르는 지역까지 이른바 '요동회랑'을 지배영역에 포함시켰으나 이 또한 간접지배 형식에 불과한 것으로 만주의 전 영역을 제국의 판도에 넣은 청나라와는 비교할 수조차 없는 것이다.

강희제는 문무文武의 두 차원에서 사상 유례가 없는 세계제국의 기틀을 만든 셈이다. 중국의 전 역사를 통틀어 가장 위대한 황제로 칭송받는 이유가 여기에 있다.

많은 과제를 떠안은 어린 황제와 보정대신

순치제는 재위 18년(1661)에 천연두에 감염돼 죽음을 맞게 되자 9세의 어린 강희제를 위해 유조의 형태로 4명의 원로대신을 '보정대신'으로 임명했다. 소니索尼, 숙사하蘇克薩哈, 어빌룬遏必隆, 오보이鰲拜

가 그들이다. 순치제의 이 조치로 후사는 선황 사후에 황족인 '8왕회의'에서 정해지는 것이 아니라 선황의 유조에 의해 결정되는 관행이 만들어졌다.

순치제가 황족 출신의 '섭정왕' 대신 귀족 출신의 '보정대신'을 임명한 것은 도르곤이 생전에 찬위의 시비가 일 정도로 독재를 행했기 때문이다. 순치제는 제2의 도르곤이 나올 경우 황권에 심각한 위협이 될 것으로 판단했던 것이다.

그러나 황족 대신 귀족을 보정대신으로 임명했다고 하여 황권의 강화가 제도적으로 뒷받침된 것은 아니었다. 통치권력의 행사 등과 관련한 황권皇權과 신권臣權의 대립이라는 본질적인 문제는 전혀 해결되지 않고 있었다. 순치제의 3황자인 강희제 현엽玄燁은 애초부터 이런 과제를 떠안고 보위에 오른 셈이다.

천연두를 앓은 황제, 강희제
강희제가 보위에 오른 데에는 이미 천연두를 앓았다는 전력이 크게 작용했다. 실제로 그의 얼굴에는 천연두의 상처가 뚜렷이 남아 있었다. 당시 중국의 지존인 황제의 얼굴에 남아 있는 마마자국은 강희제를 배견한 서양의 선교사들에게 적잖은 충격을 주었다. 이들의 회고록에는 강희제의 마마자국을 언급한 대목이 거의 빠지지 않고 나온다.

제국의 군주임을 분명히 선언하다

강희제는 13세가 되는 재위 6년(1667)부터 4인 보정대신의 자문을 받아가며 친정을 하기 시작했다. 그러나 실권은 여전히 4명의 보정대신에게 있었다. 이해에 소니가 죽자 오보이와 숙사하의 대립이 격화되었다. 오보이는 죄명을 날조해 숙사하를 제거한 뒤 어빌룬마저 굴복시킨 뒤 전권을 휘둘렀다. 강희제는 오보이와 어빌룬을 일등공신으로 책록하고 얼마 후 다시 태사에 임명했다. 이는 그들을 안심시키기 위한 간계였다. 당시 강희제는 겉으로 오보이를 매우 존중하는 모습을 보이면서도 속으로는 그를 제거할 기회만 엿보고 있었다.

강희제는 15세가 되는 재위 8년(1669) 초에 오보이가 몸이 불편하다는 이유로 며칠 동안 등청하지 않자 강희제의 주변에서 오보이가 무언가 음모를 꾸미고 있는 것 같다고 귀띔했다.

강희제는 곧장 호위대를 이끌고 오보이의 집으로 불쑥 찾아갔다. 갑작스런 황제의 방문에 오보이가 아연실색했다. 강희제가 웃음을 터뜨렸다.

"칼을 항상 몸에 지니고 다니는 것은 우리 만주인들의 풍습일 터인데 무엇을 그리 놀라는 것이오."

이는 오보이로 하여금 자신이 무술놀이를 좋아하는 것으로 여기도록 만들기 위한 술책이었다.

강희제는 자신과 나이가 비슷하고 건장한 청년들을 은밀히 선발한 뒤 자신의 호위병 바이당아拜唐阿에게 명해 이들을 훈련시키게 했다. 오보이와 그의 일당은 매일 황실을 드나들며 이들이 대련하는 것을 보면서도 나이 어린 황제가 무술을 좋아해 함께 어울려 노는 것으로 생각해 별다른 주의를 기울이지 않았다. 강희제는 이들 소년들을 '선복영善撲營'이라는 명칭을 붙여 정식 시위집단으로 삼았다. '잘 때려잡는 군영'이라는 뜻이다. 이해 5월 16일은 오보이가 강희제를 알현하기로 예정된 날이었다.

| 선복영을 묘사한 그림

강희제가 먼저 '선복영'의 병사들을 불러놓고 말했다.

"너희는 나의 신하이자 친구이다. 나에게 복종할 것인가, 아니면 오보이에게 복종할 것인가?"

"오직 황제폐하의 명을 받들 뿐입니다!"

강희제는 곧 오보이가 저지른 악행들을 나열한 뒤 구체적인 행동 계획을 일러주었다. 얼마 후 오보이가 황궁 안으로 들어오자 강희제의 명이 떨어졌다. 호위병들이 삽시간에 달려들어 오보이를 포박해 옥에 가둔 뒤 곧바로 오보이 일당의 검거에 들어갔다. 강희제는 곧 오보이가 범한 30개 조의 죄상을 열거하며 사형을 선고한 뒤 그의 공헌을 감안해 종신금고형으로 줄여주었다.

오보이 도당이 일망타진되자 오만하던 만주8기 귀족들이 전전긍긍하며 몸을 사렸다. 오보이는 무려 44년 동안 연금돼 있다가 강희 52년(1713)에야 겨우 석방되었다. 강희제의 제왕으로서의 위엄이 명확하게 드러나는 대목이다. 이는 15세의 어린황제가 황권을 확고히 하면서 천하의 백성들에게 자신이 제국의 군주임을 입증한 결정적인 사건이었다.

황권 강화를 위해 한족 신사층의 마음을 사로잡다

청나라와 같은 정복왕조의 경우는 민족주의 노선을 강화하면 동화의 위험성은 덜해지는 대신 혈통주의에 입각한 귀족들의 신권을 강화시킬 위험이 있었다. 청나라의 성패는 황권을 강화해 제국통치의 기틀을 확고히 다지면서 황권 강화에 따른 정체성 상실의 위험을 얼마나 줄일 수 있는가 하는 문제에 달려 있다고 해도 과언이 아니었다. 사실 역대 정복왕조 모두 이 문제를 제대로 해결하지 못해 영속적인 중원지배에 실패했다고 볼 수 있다.

당시 강희제가 내놓은 해법은 기발한 것이었다. 그는 학자들로 구성된 자문기관 남서방을 만들어 황권을 강화하는 동시에 이른바 '주접奏摺' 제도를 만들어 '의정왕대신회의'의 권한을 축소했다. 남서방은 제국의 통치가 일차적으로는 한족을 대상으로 하고 있는 만큼 한족 학자들의 자문이 절실히 필요하다는 현실적인 요구에서 나온 것이었다.

원래 '주접'은 강희 44년(1705)에 지방관에게 관할 지역의 주요현안에 대한 보고를 직접 올리도록 지시한 데서 비롯되었다. 이후 점차 지방관에게까지 범위를 넓혀 나가 마침내 경관에게도 주접의 의무를 부과했다. 이는 도찰원 어사들의 보고만으로는 각 지역에서 진행되는 주요 현안의 진행상황을 정확히 파악하기 어려웠기 때문이다. '주접' 제도의 가장 큰 특징은 비공식적인 보고라는 점에 있었다.

'남서방'의 설치와 '주접' 제도의 신설은 말할 것도 없이 황권 강화를 위한 것이었다. 실제로 강희제는 이 제도를 통해 강력한 황권을 확보할 수 있었고, 이를 바탕으로 민족주의와 세계주의 노선을 하나로 융합시킬 수 있었다.

강희제는 한인을 포섭하는 일련의 정책을 과감히 실시했다. 중앙정부의 6부에 한인 관료를 만주족과 같은 수로 임명해 균형을 맞추면서 황실의 고위직 세습을 금했다. 또한 한인 신사층의 통치권 참여를 유도하기 위해 강희 18년(1679)에 특별히 '박학굉사과'라는 과거제도를 실시했다. '박학굉사'는 학식과 문재文才가 뛰어난 선비를 뜻한다. 훗날 '굉宏'이 건륭제의 이름인 '홍력弘曆'의 '홍弘'과 그 뜻이 같다는 이유로 '박학홍사博學鴻詞'로 불리게 되었다.

당시 '박학굉사과'의 합격자 중 대략 80퍼센트가 강남과 절강 출신이었다. 이를 계기로 관료체제의 일대 변화를 초래할 정도로 강남의 신사층이 대거 참여했다. 이후 한족 내에서는 명청의 교체에 따른 이념적 비판이 사라졌다.

『명사』의 편찬은 바로 이런 상황에서 시작된 것이다. 당시 그는 한족 인재의 등용에 세심한 주의를 기울였다. 사대부 독서인을 관원으로 선발하는 전통적인 과거제도 외에도 강희 17년(1678)에 학문과 문장에 탁월한 재능을 갖춘 사람을 추천에 의해 선발하는 현량제도를 만들었다. 당시 이런 방식으로 발탁된 50명의 한림원 학사들이 『명사』 편찬을 주도했다. 그들 중에는 당대의 명유인 주이존朱彝尊도 끼어 있었다.

| 주이존

당시 『명사』의 편찬은 적잖은 의미를 지니고 있었다. 이는 한인 신사층으로 하여금 자신들도 제국통치의 일원이라는 적극적인 생각을 갖도록 만들었다. 『명사』는 비록 순치제 때 착수해 옹정 13년(1735)에 완성되었으나 태반은 강희 연간에 이뤄진 것이다. 이는 명나라의

유신들을 적극적으로 흡수하기 위한 것이었다. 청나라도 역대 왕조와 마찬가지로 유능한 인재를 재야에 남겨 두지 않기 위해 적극 출사를 권했다. 이를 계기로 청나라에 출사한 인사가 적지 않았다.

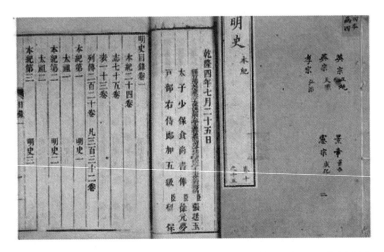

| 『명사』 본기 24권, 열전 220권, 표 13권, 지 75권, 목록 4권으로 총 332권으로 구성되어 있다.

정체성 유지를 위해 만주족 지배층을 지키다

그렇다면 강희제는 구체적으로 황권 강화에 따른 정체성 상실 위기는 어떻게 극복했던 것일까? 그는 우선 정복을 통해 만주족 고유의 상무정신이 제국통치의 기본 토대임을 분명히 했다. 이는 만주귀족을 한인 관료와 격리시켜 유리한 지위를 점하게 만드는 토대가 돼 만주귀족의 자부심을 크게 만족시켰다.

또한 중앙행정에서 만주족 관료에게 고관직을 보장해 주고 지방행정에서도 만주족이나 몽골족 출신의 총독이나 순무의 감독을 받게 했다. 한인으로 구성된 녹영도 8기장군이나 중앙에 종속시켰다. 만주족과 한족 간의 통혼금지를 통해 만주족 지배층을 보전시키면서 중원을 지배하는 방식을 분명히 했다. 나아가 스스로 최고의 무예를 자랑하면서 만주8기에 속해 있는 만주 사람으로서 말타기와 활쏘기에 능하지 못한 자를 가차 없이 엄단했다.

| 무장한 모습의 강희제

치수를 통해 한족 농민층의 지지를 얻다

당시 강희제는 강남의 신사층 못지않게 주류를 이루고 있는 농민들의 지지를 얻어내기 위해 많은 신경을 썼다. 그는 만주족의 한인

토지에 대한 약탈을 금지하는 동시에 황하黃河 등에 대한 치수를 강
화해 증산을 독려했다. 그의 재위기간 중 민생안정과 관련해 가장
신경을 썼던 부분은 치수였다고 해도 과언이 아니다.

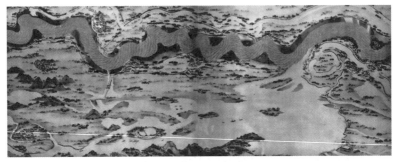

| 청나라 때 그려진 〈황하도〉

오랫동안 전란이 이어진 까닭에 치수사업이 거의 이뤄지지 않아
당시 황하와 회수가 합류하는 지역은 상습 침수지역으로 있었다. 강
희제는 재위 16년(1677)에 근보靳輔를 하도총독에 임명해 치수사업을
총괄하게 했다. 근보는 이후 11년 동안 황하의 제방수축에 매달렸다.

이듬해인 강희 17년(1678)에 명에 따라 하도 수축공사에 착수한 그
는 6년에 걸친 공사 끝에 강희 22년(1683)에 황하의 옛 물줄기를 되
찾는 데 성공했다. 이후 강소성 중부의 치수를 위해 새로운 운하공
사에 착수하였으나 누명을 쓰고 파면되었다가 운하공사가 성공을
거둠으로써 누명을 벗었다. 강희제는 순행 중에 시를 써서 그를 위
로하기도 했다. 강희제와 근보의 노력으로 남쪽의 곡창에서 생산되

는 방대한 규모의 곡물이 빠른 속도로 북경을 비롯한 화북지역으로 수송되었다. 남북의 경제권이 하나로 통합됨으로써 제국의 통치기반이 보다 확고해졌다.

강희제는 치수사업의 성과를 검열하고 강남의 신사들과 친교를 맺을 목적으로 장강 이남의 지역을 강희 23년(1684) 이래 23년에 걸쳐 모두 6번이나 방문했다. 그때마다 여비는 황제의 사재를 털어 충당했다. 근검절약했던 그는 순행할 당시 시중을 드는 궁녀와 환관도 몇 사람만 두었다. 그는 재위기간 동안 세수를 한 번도 증대시킨 적이 없다. 전쟁 때조차 세수를 늘리지 않았다. 오히려 세금은 그의 재위기간에 수차례에 걸쳐 감면되었다.

강희 50년(1711)부터 3년 동안 각 성은 도합 3,000만 은량이 넘는 세금을 감면받기도 했다. 그는 이해에 생존해 있는 남자에게만 인두세를 부과하는 정액제를 시행하면서 이후에 태어나는 사람에게는 이를 부과하지 않는 이른바 '성세자생인정盛世滋生人丁'의 조치를 취했다. 이는 인구의 폭발적인 증가를 통해 생산과 소비를 진작시켜 비약적인 경제성장을 견인하는 배경이 되었다. 인두세로 고통을 받던 농민들이 전폭적인 성원을 보낸 것은 말할 것도 없다.

막강한 경제력으로 강건성세의 기틀을 마련하다

그는 교육에도 많은 힘을 쏟았다. 그의 치세 때 새로 건립된 서원이 5백여 개나 되고, 복원되거나 중건된 서원이 근 3백 개였다. 이

| 강희제 집권기에 세워진 경대서원

는 강남을 중심으로 한 한인 신 사층에게 커다란 호응을 얻었다. 그러나 그가 일반 백성들의 교 육에 소홀했던 것도 아니다.

강희 8년(1669)에 선포된 16개 조의 교육칙어가 그것이다. 이는 선황인 순치제가 반포한 6개조 를 일부 수정하여 확대한 것으로 향리에 사는 일반 백성이 실천해야 하는 수칙을 상술한 것이다. 청대 말기까지 250여 년 동안 일반 농 민들의 도덕적 지침이 된 것은 바로 강희제가 선포한 교육칙어였다.

이런 일련의 정책으로 인한 경제발전은 놀라웠다. 그는 대만 정벌 이후 연안무역의 규제를 해제하고 광동 등지의 4개 성省에 세관을 설치해 관세를 징수하도록 했다. 대외무역항을 외국 선박들에게 개 방하자 외국 상선들이 차와 비단, 도자기 등의 중국제품을 사기 위 해 밀려들었다. 이는 강남의 산업을 비약적으로 발전시켰다.

강희제는 당시 청을 세계에서 가장 부강한 국가로 우뚝 서게 만든 장본인이었다. '강건성세'의 기틀은 그의 치세 때 확고한 기틀이 마 련되었다고 해도 과언이 아니다. 그가 청나라를 당시 세계 제1의 제 국으로 만든 비결이 여기에 있었다. 그는 만주족과 한족을 동시에 만족시켰다.

강희제가 황권과 정체성을 동시에 잡을 수 있었던 비밀

① 정복전쟁으로 만주족 고유의 상무정신을 고취시켰다.
② 중앙과 지방행정에서 만주족, 몽골족, 한족 출신을 두루 썼다.
③ 한족의 인재들을 뽑아 조언을 구하고 현실에 적용했다.

"짐은 하늘의 종복인 까닭에
어떤 일 하나도 결코 소홀히 할 수 없다.
군왕은 죽을 때까지 쉴 수가 없는 것이다."

강희제 치세 때는 무수한 서적이 편찬되었다.

대표적인 사례가 바로 『강희자전康熙字典』이다. 중국어의 운율韻律 사서인 『패문운부佩文韻府』와 운율의 백과사전인 『연감유함淵鑑類函』, 백과사전인 『고금도서집성古今圖書集成』 등도 높이 평가할 만하다.

| 『강희자전』

『강희자전』의 편찬사업은 재위 49년 (1710)에 시작돼 6년 후에 완성되었다. 수록된 자수는 모두 4만 9천여 자에 이른다. 『패문운부』는 운에 따라 어휘를 분류한 것이다. 장옥서와 진정산 등 76명의 학자들이 매달려 강희 50년(1711)에 완성했다. 이후 『패문운부』는 시를 짓는 사람에게 없어서는 안 될 귀중한 참고서가 되었다.

이밖에도 청나라 행정에 대한 칙령과 법률 등을 체계화한 『대청회전大淸會典』, 역대 시화에 나오는 화제 등을 수집한 『역대제화시류歷代題畵詩類』, 최고의 시로 손꼽히는

| 『패문운부』

당제국 때의 시를 집대성한 『전당시全唐詩』, 각 지역의 인문지리를 총망라한 『대청일통지大淸一統志』, 천문학, 수학, 음악 등 여러 분야를 100권으로 집대성한 『율력연원律曆淵源』 등이 있다.

만인에게 최고의 리더로 인정받아라

"천하는 제왕 한 사람을 받들기 위해 존재하는 것이 아니다."

천하의 누구보다 검박하고 겸손하라

한족 문화의 근간을 이루고 있는 유가의 전통에서 볼 때 검박한 삶은 통치자에게 가장 중요한 덕목 중 하나였다. 강희제의 검박한 삶에 한족 사대부층은 물론 백성 모두 존경하는 모습을 보였다.

당시 청국에 와 있던 프랑스 선교사 부베가 루이 14세에게 올린 보고서에 따르면 강희제가 사용한 일용품은 서민과 별반 차이가 없었다. 그는 황궁의 지출을 최대한 줄이기 위해 모든 노력을 기울였다. 명대에 황궁이 지출한 내용과 비교하면 1년 동안 사용하는 장작은 40분의 1인 600~700만 근, 석탄은 10분의 1인 100근으로 줄어들었다. 황궁의 침상과 바닥깔개 등의 비용의 경우 명대에 근 3만 냥이 지출되었으나 강희제 때는 전무했다. 그는 그 이유를 늘 좌우에 이같이 설명했다.

| 선교사들과 함께 있는 강희제의 모습

"모든 비용은 백성의 고혈로 이뤄지는 것이다. 주인이 된 황제로서 절제하는 것은 당연한 이치가 아니겠는가."

궁녀의 경우도 마찬가지이다. 당시 건청궁에는 궁녀의 수가 134명밖에 되지 않았다. 이는 역대 황제 중 가장 적은 숫자에 해당한다. 그가 신하들로부터 선물을 일절 받지 않은 것도 같은 맥락에서 이해할 수 있다. 그는 선물을 바치는 신하를 보면 이같이 힐난했다.

"천하는 제왕 한 사람을 받들기 위해 존재하는 것이 아니다."

그는 역대 황제들이 그토록 좋아했던 존호尊號도 뿌리쳤다. 그는 평생 3번에 걸쳐 군신들이 올리는 존호를 거절했다. 강희 20년(1681) 삼번지란三藩之亂이 평정되었을 때, 강희 36년(1697) 준가르부를 평정했을 때, 강희 60년(1721) 재위 60년이 되는 뜻 깊은 해를 맞았을 때 문무백관들이 모여 무려 20자에 달하는 존호를 올렸으나 그는 '실속 없는 허명虛名'에 불과하다며 이를 거절했다.

존호, 시호, 묘호

존호 : 왕이 훌륭한 업적을 이루었을 때 신하들이 왕의 업적을 찬양하기 위해 올리는 호칭.

시호 : 왕이 죽었을 때 그의 일생을 평가하고 공덕을 기리기 위해 짓는 호칭.

묘호 : 왕의 상이 끝나고 신주가 종묘에 들어가면서 신주를 부르기 위해 붙이는 호칭.

예를 들어, 조선의 4대 왕, 세종대왕의 존호는 '영문예무인성명효대왕英文睿武仁聖明孝大王', 시호는 '장헌莊憲', 묘호는 '세종世宗'이다.

학문을 사랑하고 성실하라

강희제는 탁월한 전략과 과단성을 바탕으로 무위武威에 불멸의 업적을 쌓았지만 사실 그는 문화면에서도 이에 못지않은 위업을 이뤘다. 그는 동서고금의 역사와 철학, 문학 등 모든 면에서 해박했다. 서화에도 뛰어나 소림사의 현판을 직접 쓰기도 했다.

이는 그가 타고난 호학군주好學君主였기에 가능했다. 그는 죽을 때까지 손에서 책을 놓은 적이 없다. 학문에 대한 열정은 점점 깊어져 과로로 병석에 누웠을 때도 책을 놓지 않을 정도였다.

중국의 10철

중국 춘추시대의 공자의 문하생 중 뛰어난 제자 10명을 이르는 말. 『논어』 「선진편」에는 공자 문하생 중 10명을 뽑아 뛰어난 분야를 4가지로 나누는 구절이 있다. 이에 따라 4과10철이라고 했다.

"덕행에는 안연顔淵, 민자건閔子騫, 염백우冉伯牛, 중궁仲弓, 언어에는 재아宰我, 자공子貢, 정사에는 염유冉儒, 계로季路, 문학에는 자유子遊, 자하子夏."

그는 유교적 이상을 구현하기 위해 노력했다. 주자를 공자묘인 대성전大成殿 안에 모신 10철+哲 중 한사람으로 배향하는 일은 그의 치세부터 시작되었다. 주자학을 집대성한 『주자전서』와 『성리대전性理大全』이 출간된 것도 그의 지시에 따른 것이었다. 이는 한족 신사층의 신임을 얻는 데 커다란 효과를 발휘했다.

그러나 그가 결코 명분론에 함몰된 것은 아니었다. 그는 유럽의 새로운 지식과 기술을 적극 도입하기 위해 예수회 선교사들을 대거 고용했다. 이들 선교사들은 대포제조 등 여러 면에서 크게 기여했다.

|『강희제전』.

프랑스 선교사 부베가 쓴 『강희제전康熙帝傳, Historie de L'Empereur de la Chine』에 따르면 강희제는 베르비에스트로부터 기하학과 천문학을 배우고, 페레이라에게 서양음악을 배운 것으로 돼 있다. 실제로 베르비에스트는 이후 흠천감의 부소장격인 흠천감부감이 돼 청의 공식책력을 편찬했다. 그는 '삼번지란'과 준가르부 정벌 때에 커다란 위력을 발휘한 대포의 제조에도 깊이 간여했다. 부베 역시 강희 21년(1682)에 북경에 도착한 이래 제르비용과 함께 강희제에게 수학을 가르친 바 있다. 강희제는 부베 등으로부터 라틴어를 비롯해 7개 언어를 학습했다. 현재 북경의 고궁박물관에는 강희제가 수학을 배울 때 사용했던 책상이 보존돼 있다. 그 옆에는 여러 가지 계산표와 계산 용구가 놓여 있다.

강희제는 유럽의 회화에도 커다란 관심을 표명했다. 카스틸리오네 등은 강희제가 총애했던 궁중화가였다. 이들은 강희제가 원정을 나갈 때의 모습을 유화로 그렸고, 그림은 지금까지 전해지고 있다. 이들이 선보인 유럽식 원근화법은 중국화단에 심대한 영향을 끼쳤다.

| 원정을 준비하는 강희제의 모습

낯선 문화를 편견없이 받아들이라

강희제는 예수회 선교사들의 이런 문
화적 공헌에 감복해 로마 가톨릭교를 극
히 우호적으로 생각했다. 여기에는 자신
이 말라리아에 걸려 병석에 누웠을 때 선
교사가 지니고 있던 키니네를 복용하고
완치된 것이 크게 작용했다. 이후 강희
제는 말라리아에 걸린 신하들에게 이 키
니네를 하사했다. 그는 자신을 완치시켜
준 선교사들에 대한 감사의 표시로 북경

| 말라리아 치료제로 알려진 키니네

에 교회를 지어 하사했다. 그는 강희 31년(1692)에 로마 가톨릭교의
중국 내 포교를 공식으로 허락한 후 자금성 내에 프랑스 선교사들의
거처를 마련해주었다.

그가 가톨릭에 커다란 호의를 보이자 이후 도미니쿠스와 프란체
스코, 아우구스티누스 같은 여러 교단의 선교사들이 다투어 중국으
로 건너왔다. 그러나 이들은 예수회와 달랐다. 제사나 공자 사당 및
천신단에 의식을 올리는 전통적인 중국의례를 모두 로마 가톨릭교
신앙에 배치되는 미신으로 맹비난했다. 이로 인해 이른바 '의례논
쟁'이 강희 43년(1704)까지 근 10년 가까이 지속되었다. 당시 교황 클
레멘스 11세는 중국 로마 가톨릭교도들이 이런 의례에 참가하는 것
을 금지하는 회칙을 내리면서 문제가 심각해졌다.

강희제는 로마 교황이 자신의 제국 내에서 일종의 내정간섭에 해당하는 회칙을 발하자 대로하여 포르투갈 상인에게 명하여 교황의 회칙을 가지고 중국으로 오는 교황의 특사를 체포했다. 강희 45년(1706)에는 예수회의 입장에 동조하지 않는 선교사들을 축출했다. 강희 59년(1720)에는 재차 중국을 방문한 교황의 특사를 곧바로 본국으로 송환 조치했다. 부베는 비록 『강희제전』에서 '가톨릭만 믿었으면 완전무결한 군주'이라며 아쉬움을 표했으나 오히려 강희제는 종교에 대한 편견이 없었기에 세계제국 황제로서의 면모를 유감없이 보여주었다고 보는 게 옳다.

실용적으로 생각하고 실천하라

강희제의 실용적이면서도 검박한 삶은 그가 '신기미愼幾微'를 평생의 좌우명으로 삼은 사실과 무관치 않았다. 이는 흥망의 기미를 미리 알아 자신을 단속한다는 뜻이다. 그는 자신의 문집 첫 머리에 '신기미론'을 상세히 설명해놓았다. 수신修身을 기초로 한 경신敬愼의 자세로 치평治平에 임해야 한다는 게 골자이다.

그는 마음과 지혜를 함께 닦는 심지쌍수心智雙修와 남에게 관대하고 자신에게 엄격한 관인엄기寬人嚴己, 즐기되 과도하게 흐르지 않는 낙이불음樂而不淫 등을 수신을 위한 구체적인 방안으로 삼았다. 그가 평생을 쉬지 않고 공부하며 정사에 매진한 배경이 여기에 있었다. 그는 늘 좌우에 이같이 말했다.

"짐은 하늘의 종복인 까닭에 어떤 일 하나도 결코 소홀히 할 수 없다. 군왕은 죽을 때까지 쉴 수가 없는 것이다."

이런 사례를 통해 당시 그가 천하인의 마음을 얻기 위해 얼마나 열심히 노력했는지를 쉽게 알 수 있다. 그의 치세는 바로 이런 자세 위에서 가능했던 것이었다. 사상사적으로 보면 그가 취한 일련의 정책은 민족주의와 세계주의의 절묘한 조화와 균형 위에 서 있었다. 이는 1천여 년에 걸친 중국의 정복왕조가 찾아내지 못한 절묘한 해결책이기도 했다. 물론 여기에는 무력을 동원한 강압조치가 부수적으로 곁들여졌다.

이는 강남의 한인 신사층 내에 고집스런 반청집단이 존재한 데 따른 불가피한 조치이기도 했다. 당시 북방의 한인 관료들은 입관 초기의 투항과정과 순치 3년(1646)에 실시된 과거 등을 통해 대체로 포섭되었다. 그러나 강남의 한인 신사층은 그렇지 못했다. 순치 16년(1659)에 대만에 근거지를 둔 복명復明세력의 상징인 정성공이 남경을 침공한 사건도 있었다. 이는 강남 신사들의 암묵적으로 지지가 없으면 불가능한 일이었다.

禁人而己用之, 將何以服人
남에게는 금지하고 자신은 행한다면,
어찌 남들을 감복시킬 수 있겠는가

멈추지 말고 더 나아갈 곳을 탐구하라

"강희제는 중국을 장악하고 바로 북방의 몽골과 러시아에 시선을 돌렸다."

권위를 위협하는 세력은 과감히 소탕하라

강희제는 오보이 일당을 제거한 뒤 곧 사실상 할거상태에 있는 '삼번三藩'을 제거하는 작업에 들어갔다. 원래 '삼번'은 남명의 3개 지방정권을 지칭하는 말이었다. 이들은 강희제 재위 초기에 반기를 든 오삼계 등과 구분하기 위해 훗날에는 '전삼번前三藩'으로 불렸다. '전삼번'과 대비되는 '후삼번後三藩'이 바로 청나라 초기에 번왕으로 봉해진 후 반기를 든 오삼계 등을 지칭한다.

'후삼번'은 '전삼번'을 토벌한 공으로 그들의 지역을 봉지로 받은 데서 비롯되었다. 당시 오삼계는 운남의 계왕 주유랑을 토벌한 까닭에 운남을 봉지로 받아 평서왕에 봉해졌고, 상가희는 광동의 당왕 주유월을 토벌한 까닭에 광동을 봉지로 받아 평남왕에, 경중명은 사천에 주둔했다가 광서로 진을 옮겼다가 정남왕에 봉해졌다. 이들을 번왕으로 봉한 것은 순치제

| 오삼계

가 북경에 입성할 당시만 해도 명나라의 패잔병과 비적匪賊이 각지에 할거해 청나라를 위협하는 상황에서 이들의 활약이 높이 평가받았기 때문이다.

당시 이들은 사병을 두는 것은 물론 독자적으로 관리를 임명하고 세금까지 거두었다. 이로 인해 조정의 이부와 호부, 병부는 이들 '후삼번'에 일절 관여하지 못했다. 오삼계의 경우는 그 정도가 더욱 심했다. 티베트와의 교역과 광산의 개발로 경제적으로도 강력한 힘을 비축했다. 자체적으로 동전까지 주조해 사용했다. 삼번이 임명하는 관리는 이른바 '서선'이라고 하여 중앙에서는 전혀 간섭하지 못했다. 게다가 삼번은 자체적인 군사를 갖고 있으면서 변경을 수비하는

위로금 명목으로 매년 중앙으로부터 2천만 냥의 보조금까지 받고 있었다. 이들이 자신들의 이런 특권을 순순히 포기할 리 없었다. 이를 방치하다가는 청나라의 제국통치에 커다란 위협이 될 것이 뻔했다. '전삼번'이 토벌되자 이번에는 막강한 군사력을 보유한 '후삼번'이 청나라의 새로운 위협이 되는 모순이 발생한 셈이다.

강희제는 14세 되는 재위 6년(1667)부터 친정을 시작하면서 이 문제를 제국의 최대 현안으로 간주했다. 군사와 인사, 재정 등 모든 방면에서 독자적인 세력을 갖고 있는 '후삼번'을 방치하면 제국의 통치는 조만간 뿌리째 흔들릴 수밖에 없었다. 강희제는 통치기반의 확립을 위해 '후삼번'의 봉지를 철폐하는 이른바 '철번撤藩'을 제안했다. 구체적인 방안으로 철번과 군량미 지급의 절감을 뜻하는 절향節餉, 오삼계 총관의 사퇴, 자기 번에서의 임명금지 등이 제시되었다.

강희 12년(1673)에 마침 이런 상황을 타파할 수 있는 결정적인 계기가 찾아왔다. 당시 아들 상지신尚之信과 사이가 좋지 않은 상가희는 문득 조정에 상주해 상지신을 광동에 남겨놓은 채 자신이 보유하고 있는 사병의 지휘권을 포기하고 고향인 요동으로 돌아가 은거할 뜻을 밝혔다. 강희제는 기본 입장은 '철번'인 까닭에 귀향은 허락하되 상지신의 광동 잔류를 허가할 수 없다는 비답을 내렸다.

이 소식을 접한 운남의 오삼계는 크게 놀랐다. 강희제가 상가희의 제안을 즉각 받아들인 이상 예의상 똑같은 제의를 하지 않을 수 없게 되었던 것이다. 당시 오삼계의 나이 62세였다. 오삼계와 경정충 모두 자신들의 봉토 및 왕작의 세습은 당연한 것으로 생각하고 있었다. 이들이 자진해 북경에 '철번'을 신청한 것은 상가희에 대한 조정의 결정이 과연 예외적인 것인지 아니면 다른 번에도 똑같이 적용되는 것인지를 가늠해보려는 시도였다. 강희제의 속마음을 떠보는 동시에 유사시 독립할 수도 있다는 위협이기도 했다. 당시 오삼계 등은 자신들이 제기한 '철번'이 응당 반려될 것으로 자신하고 있었다.

이를 논하기 위한 긴급 어전회의가 열렸다. 강희제는 이미 20세에 달해 있었다. 중론은 이들을 달래 철번을 만류해야 한다는 것이었다. 그러나 청년 황제 강희제는 다른 생각을 갖고 있었다. 그는 오삼계의 군대를 쳐부수겠다는 단호함을 보였다. 호부상서 미사한米思翰, 병부상서 명주明珠, 형부상서 모로莫洛 등이 적극 동조하고 나섰다.

'철번'하면 반역할 것이고, '불철번'하면 삼번의 독립성은 더욱 강해져 완전 독립국이 되니 결과적으로 이 또한 반역이 되는 셈이다. 어느 경우든 반역이 불 보듯 빤한 상황에서 차라리 과감히 소탕하는 것이 좋겠다는 주장을 펼쳤다. 강희제가 이를 받아들였다.

모든 중국이 청의 영향 아래에 놓이다

강희 12년(1673) 7월에 각 번에 칙사가 파견돼 '철번'의 칙지를 전했다. 오삼계는 만류를 예상하고 있었던 까닭에 전혀 반기를 들 준비를 하지 않고 있었다. 그는 일단 순종하는 모습을 취하며 시간을 벌었다. 명분도 쌓아야 했다. 오삼계는 명나라의 후예를 찾아내려고 했으나 아무도 호응하지 않았다.

궁지에 몰린 오삼계는 마침내 이해 11월 21일에 '철번령'에 대항해 명을 다시 일으킨다는 명분으로 거병한 뒤 주왕을 자칭했다. 이를 계기로 이른바 '삼번지란'이 일어나게 되었다. '삼번지란'에 대한 진압은 강희 20년(1681)에 관군이 운남의 곤명에 입성할 때까지 꼬박 8년이 걸렸다. 오삼계군이 항복한 후 상지신과 경정충을 제거할 때까지의 기간을 더하면 모두 9년에 달한다.

'삼번지란'은 비록 한족의 이민족 지배에 대한 저항이라는 시의적절한 기치가 내걸린 난이기는 했지만, 오삼계 등의 이전 행보로 인해 그 의미가 퇴색해 있었다. 그럼에도 초기에 이에 호응하는 자가 적지 않았던 것은 입관 직후 청나라의 통치가 아직 각지에 제대로 미치지 못했기 때문이다. '삼번지란'은 삼번에 의해 방해받았던 중앙집권체제를 확립해 청나라의 중원지배를 군건히 하는 전화위복의 계기로 작용했다. 청나라가 강희제 때에 들어와 명나라보다 더욱 강력한 황권을 구축할 수 있었던 계기가 '삼번지란'으로 마련된 셈이다. 청나라는 '삼번지란'을 거울로 삼아 이후 패망할 때까지 두 번 다시 번국을 만들지 않았다.

강희제는 '삼번지란'이 평정되자 대만토벌에 나섰다. 그는 대만의 정씨 일족이 내분으로 인해 극히 소란스런 모습을 보이자 마침내 재위 22년(1683) 8월에 수사제독 시랑施琅에게 명해 대군을 이끌고 대만을 공략했다. 청군이 팽호도을 공략한 여세를 몰아 대만으로 육박하자 수적 열세를 절감한 정성공의 손자인 정극상鄭克塽이 곧바로 항복했다.

| '삼번지란'을 진압하는 모습을 담은 그림

　강희제는 '후삼번'과 달리 대만의 정씨 일족에 대해서는 관대하게 대했다. 북경으로 압송된 정극상은 복건으로 돌아가 거주하지 않는 것을 조건으로 정황기의 한군공에 봉해져 일족과 함께 북경에서 살게 되었다. 동생 정극균鄭克均도 4품의 관직을 얻었다. 정극상은 강희 38년(1699)에 조정의 허락을 받아 대만에 있는 조부 정성공과 부친 정경鄭經 등의 시신을 고향인 복건 남안현으로 이장했다. 강희제

는 정성공을 청의 역적으로 보기는커녕 그의 충의를 크게 현창했다. 이로써 강희제는 대만을 포함해 전 중국을 완전히 복속시키는 위업을 달성했다.

북쪽으로 눈을 돌려 러시아를 제압하다

강희제는 중국을 장악하고 바로 북방의 몽골과 러시아에 시선을 돌렸다. 당시 러시아는 청나라가 내부 평정에 신경을 쓰는 동안 카자흐 기병을 동쪽으로 파견해 청나라의 발상지 부근인 흑룡강 유역의 알바진과 네르친스크에 군사적 거점을 확보했다. 이어 흑룡강 일대를 약탈하고 공납을 강요하면서 북경으로 두 번이나 사절을 보내 국교와 통상을 요구했다. 그러나 의례문제와 흑룡강 방면의 침공 등으로 인해 아무런 성과도 거두지 못했다.

이에 강희제는 재위 21년(1682)에 영고탑에 주둔하고 있는 장군 바하이巴海에게 흑룡강 등지에 반격의 거점을 마련하도록 명했다. 바하이는 흑룡강 유역의 알바진과 네르친스크 등지의 요새를 탈환한 데 이어 더 많은 요새를 세웠다. 강희제는 대만의 정씨가 항복한 강희 22년(1683)에 흑룡강의 아이군에 성을 쌓고 '흑룡강장군'을 주둔시켰다. 청군은 러시아 군사보다 훨씬 강했다.

강희제는 재위 24년(1685)에 도통인 팽춘彭春과 부장 임흥주任興珠 등을 흑룡강장군 사부수 휘하에 편입시킨 뒤 알바진성을 공략했다. 청군은 알바진을 공격해 며칠 만에 함락시켰다. 얼마 후 청군이 철군하자마자 러시아인들이 다시 요새에 인원을 배치했다. 이로 인해 대체적으로 청군이 우위를 유지하는 가운데 알바진을 둘러싼 공방이 오랫동안 지속되었다.

이후 청국 주재 선교사들의 중재로 청국과 러시아간의 교섭이 진척돼 마침내 강희 28년(1689)에 네르친스크 조약이 체결되었다. 최근 러시아연방은 네르친스크 조약이 청군의 강압에 의해 체결된 것으로 비준조항이 생략되고 현지에서 경계설정이 이뤄지지 않은 잘못된 조약으로 간주하고 있다. 이는 네르친스크 조약이 청국에 유리하게 맺어졌음을 의미한다.

네르친스크 조약

1689년 8월 27일, 러시아와 맺은 중국 최초의 근대적 조약. 17세기 중엽 러시아는 보다 따뜻하고 인구가 많은 남쪽, 헤이룽 강黑龍江 (아무르 강) 방면으로 진출하기 시작했다. 러시아는 오호츠크 해를 탐사하는 등 청나라와의 충돌에 대비했으나. 청나라는 남쪽의 강적 명나라를 제압하는 데에 집중하고 있었기에 러시아의 남진을 신경쓰지 못했다. 이 틈을 타 러시아가 네르친스크, 알바진 등에 자리를 잡자 청나라는 그제서야 러시아를 견제하기 시작했다.
그러나 이후 '삼번의 난'이 일어나며 청은 다시 국정을 정비하는 데에 힘을 소모해야 했다. 결국 청은 1681년 삼번의 난을 진압한 후에야 러시아에 본격적으로 반격할 수 있었다. 이에 네르친스크로 후퇴한 러시아가 알바진 성을 되찾고, 청이 다시 공격하던 중에 휴전이 성립되었다. 그 결과, 청의 전권 대신과 러시아 전권 대신 사이에 국경 획정에 대한 조약이 조인되었는데, 이것이 네르친스크 조약이다.

당시 청국의 전권대사는 소어투索額圖였다. 조약을 체결할 때 제르비용과 페레이라 등 예수회 신부가 통역을 맡아 조약문을 라틴어로 작성했다. 이 조약으로 양국 간 분쟁의 불씨가 된 알바진 요새는 철거되었다. 청국과 러시아와는 아르군강과 흑룡강의 외곽지류인 고르비차강과 스타노보이 산맥 등을 국경선으로 삼았다. 이에 외흥안령에서 오오츠크해 이남이 청나라의 강역으로 정해졌다. 흑룡강과 우수리강 유역 및 사할린에 이르는 광대한 지역이 법률상 청의 영토라는 사실이 공인되는 순간이었다. 네르친스크 조약은 서방 세계가 만주 일대를 청국의 영지로 공인하는 결정적인 계기가 되었다. 조약 체결 후 러시아 대상隊商들의 북경무역이 활발하게 전개되었다. 이는 전적으로 강희제의 공이었다.

> **대상**
> 무기와 식량 따위를 준비하여 짐승이나 수레에 싣고 돌아다니며 여행하는 상인 단체.

서쪽으로 꺾어 준가르부를 토벌하다

강희제는 러시아와 국경문제를 해결하자 다시 서쪽으로 눈을 돌렸다. 당시 러시아 못지않게 강희제를 자극한 것은 명나라 때 '토목지변'을 일으킨 오이라트족을 재차 통합한 서부 몽골의 '준가르부'였다. '준가르'는 몽골어로 '왼쪽 손'을 뜻하는 말로 좌익군단左翼軍團을 지칭한다. 몽골어의 '왼쪽'은 곧 '동쪽'이므로 서몽골인 오이라트를 중심으로 볼 때 준가르부는 동쪽의 좌익군단에 해당하는 셈이 된다. 동몽골인 타타르는 오이라트와 달리 청나라의 창업 때부터 만주족과 가까이 살아 우호적이었다. 만주족은 이들 동몽골의 협력을 얻었기에 패업을 이룰 수 있었다.

오이라트는 동몽골의 타타르에서 알탄칸이 등장한 이후 크게 쇠미해져 명대 말기인 16세기 중엽에 몽골고원으로 옮겨간 타타르 좌익의 일부인 할하에 복속돼 있었다. 투시에트土謝圖, 세첸車臣, 자삭트札薩克圖의 3부로 구성된 할하는 남쪽의 내몽골이 청나라 휘하에 들어간 이후에도 북쪽의 부리야트 및 서쪽의 오이라트와 함께 독립세력으로 남아 있었다.

할하에 복속된 오이라트는 초로스와 도르베트, 호쇼트, 톨구트의 4부로 구성돼 있었다. 이중 톨구트부는 17세기 초 할하의 알탄칸이 초로스부를 예니세이 강 상류로 밀어내자 준가리아를 버리고 카자흐스탄 초원을 거쳐 볼가 강 쪽으로 이동했다. 호쇼트부도 중국의 청해 일대로 이동했다. 남아 있던 초로스부와 도르베트부는 원래 오이라트의 좌익으로 있었던 까닭에 인근 지명인 '준가리아'를 따 '준가르부準爾部'로 통칭되었다.

중앙아시아 마지막 유목제국, 준가르부

학자들은 당시 갈단이 지휘한 준가르부를 유라시아 초원의 마지막 유목제국으로 꼽고 있다. 실제로 청과 러시아가 유목민의 자유로운 이동을 제한했고, 기마군보다 화기의 힘이 우위를 점했고, 정착민인 농민이 초원으로 진출했다. 이후 중앙아시아의 초원에는 두 번 다시 유목제국이 나타나지 못했다.

당초 강희제는 티베트를 평정할 당시 여세를 몰아 이웃해 있는 투르판 분지까지 영토로 편입시켰다. 이는 준가르부와 티베트의 관계를 절연하기 위해서이기도 했다. 수천 년 동안 계속 되었던 북방의 우환이 중국 역사상 처음으로 제거된 것은 강희제의 공이었다.

강희제는 네르친스크 조약을 맺은 이듬해인 재위 29년(1690) 9월에 대군을 이끌고 친정에 나서 준가르부의 침입군을 격퇴하고 6년 후에도 친히 원정해 준가르부를 철저히 격파했다. 최초의 친정 당시 청군과 준가르부군은 북경 북쪽 300킬로미터 지점인 우란부퉁烏蘭布通에서 충돌했다. 부장은 갈단이었다.

　습지를 앞에 둔 숲 속에 포진한 갈단군은 낙타의 다리를 묶어 땅에 앉히고, 등에는 물에 적신 펠트를 걸쳐 탄환을 막는 방패로 이용했다. 펠트 뒤에서 소총을 나란히 늘어놓고 일제히 사격을 가해 청군에 막대한 피해를 안겨주었다. 그러나 결국 갈단군은 청군의 반격을 받고 이내 패주했다.

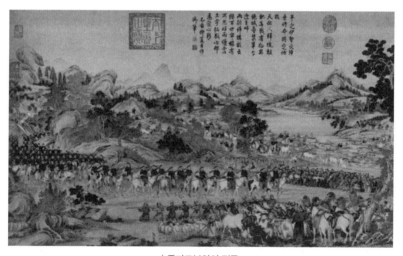

| 준가르부와의 전투

대륙 내의 몽골민족을 모두 복속시키다

강희제는 이듬해인 강희 30년(1691)에 돌론노르에서 외몽골의 왕
공들과 회맹을 갖고 할하몽골의 귀순을 받아들이기로 결정했다.『성
조실록』의 기록이다.

"황상이 고북구에 머물렀다. 병관 채원의 수하 관병들을 사열했다.
채원에게 옷 1벌, 은 5백 냥, 말 1필을 하사했다. 관병들에게는 은량
을 내렸다."

이때의 회맹으로 동몽골의 최대부족인 할하부가 정식으로 청나라
의 판도에 편입되었다.

이해 6월 3일에 강희제가 북경으로 돌아오기 위해 돌론노르를 떠
날 당시 내몽골의 49기의 수장들이 길의 왼쪽, 할하몽골의 수령들
은 오른쪽에서 무릎을 꿇고 그를 환송했다.『성조실록』은 할하부의
수장들이 모두 땅바닥에 엎드려 눈물을 흘렸다고 기록했다. 이날 밤
강희제는 주위 신하들에게 이같이 말했다.

"옛날 진나라가 흙과 돌로 장성을 축조했다. 우리 황조는 할하에
게 은혜를 베풀어 그들로 하여금 북방을 방비하게 하니 장성보다 훨
씬 견고하다."

그러고는 신료들의 만리장성 수리 요청을 일축했다. 그의 귀경길
은 사냥으로 점철되었다. 제르비용의 기록을 보면 온화하면서도 지

식욕이 강하고, 무공이 뛰어나고, 위엄 있게 행동하는 천고일제千古一帝의 모습을 생생하게 확인할 수 있다. 당시 그는 탁월한 능력을 발휘해 외몽골을 피 한 방울 흘리지 않고 중국의 판도에 집어넣고, 사막을 종횡하며 준가르부를 완전히 궤멸시켜 외몽골의 영토를 수복한 셈이다.

그러나 서몽골의 오이라트만큼은 끝내 그를 '황제칸'으로 인정하지 않았다. 강희제는 재위 34년(1695)에 11만 명의 대군을 이끌고 고비사막을 넘어 갈단 토벌에 나섰다.

갈단은 중로군을 피했으나 서로군의 포위망에 걸려들어 오늘날의 울란바토르 동남쪽 지역에서 대패했다. 이 전투에서 갈단의 부인은 사망하고 시종들은 포로가 되었다. 갈단은 간신히 휘하 장병 5천여 명과 함께 포위망을 빠져나와 항가이 산의 타밀강 근처에 머물렀다. 이때 갈단 휘하에 있던 셍게의 아들 체왕랍탄이 준가르부에서 쿠데타를 일으켰다. 진퇴양난에 처한 갈단은 이내 사방을 떠돌다 알타이 산맥의 은신처에서 자결했다.

갈단 사후 준가르부는 체왕랍 탄과 그의 아들 갈단체림이 이끌었다. 이들의 우호적인 자세로 인해 이후 20여 년 동안 청과 준가르부는 평화가 지속되었다. 그러나 강희 56년(1717)에 준가르부 갈단체림이 곤륜산을 넘어 티베트 라싸를 함락시킴으로써 다시 전쟁이 시작됐다. 라싸는 몽골인이 믿는 라마교의 종교 및 정치

| 북경에 방문한 13대 달라이 라마

의 중심지였다. 라마교 최고위자인 달라이 라마의 본거지기도 했다.

강희제도 티베트의 달라이 라마가 몽골에 미치는 영향력을 잘 알고 있었다. 이에 2년 뒤인 강희 59년(1720)에 티베트로 대군을 파견했다. 청군은 두 갈래로 나뉘어 사천과 청해로 진격해 분산된 준가르부 군사를 격파하고 마침내 라싸를 함락시켰다. 청나라는 우호적인 달라이 라마를 다시 세운 뒤 현지의 대신에게 정치를 맡겼다.

사실 만리장성을 아무리 견고하게 축조해도 북방유목민의 남하를 막을 수는 없는 일이다. 탁월한 지략을 갖춘 강희제는 북방유목민족을 귀순시킴으로써 만리장성을 수축하지 않고도 변방의 우환을 근원적으로 해소한 셈이다. 한낱 장성을 수리하는 식의 현실과 동떨어진 방법으로는 북변의 위협을 원천적으로 제거할 수 없다는 사실을 통찰한 결과로 해석할 수 있다.

돌론노르 회맹의 전후과정은 청나라 공식기록인 『성조실록』을 비롯해 강희제를 수행했던 프랑스 전도사 제르비용 신부의 일기에도 나온다. 중국 이름으로 장성張誠인 제르비용의 일기는 강희제의 뛰어난 면모가 생생히 그려져 있어 귀중한 사료로 꼽히고 있다.

이에 따르면 이해 5월 9일 새벽에 강희제는 대군을 이끌고 북경을 떠나 18일 만에 회맹지점인 돌론노르에 도착했다. 이날 밤 강희제는 제르비용으로부터 『실용기하학』을 배웠고, 몇 가지 증명문제를 풀었다. 둘째 날 밤에 강희제는 제르비용에게 별의 운행에 대해 물었다. 10여 개의 삼각함수 문제도 풀었다. 13일에 고북구에 도착한 강희제는 제르비용에게 북극성의 높이를 측정하는 문제와 나침반 각도의 편차문제를 물었다. 다음날인 14일에 제르비용은 반원 측량 기구를 이용해 태양의 자오선의 높이를 측량했다. 이는 강희제의 커다란 관심을 끌었다.

제르비용의 일기는 강희제의 사냥하는 모습에 대해서도 적고 있는데 『성조실록』은 강희제가 사냥한 시간과 장소 이외에는 별다른 기록을 남기지 않고 있어 강희제의 뛰어난 사냥솜씨는 오직 제르비용의 기록을 통해서만 확인할 수 있다.

05

OUTLOOK

백 년을 보고 천 년을 갈 계획을 세워라

"강희제로부터 시작된 안정된 중국은
뒤를 이은 옹정제와 건륭제에 이르기까지 계속되었다."

중국 역사상 가장 긴 평안태평 시대

원래 '강희康熙'의 연호는 만주어로 '엘헤타이핀'이라고 한다. '엘헤'는 '평안'의 뜻이고, '타이핀'은 태평太平을 음역한 것이다. 그는 '엘헤타이핀'을 이뤘다고 할 수 있다. 그의 재위기간이 61년간에 달한 것도 결코 우연이 아니었다. 이후 손자인 건륭제 역시 어린 나이에 보위에 올라 그보다 더 오랫동안 생존했으나 조부의 재위기간보다 더 오랫동안 재위할 수 없다며 재위 60년 만에 상황으로 물러났다. 이로 인해 강희제는 중국의 전 역사를 통틀어 가장 오랫동안 재위한 황제로 남게 되었다.

강희제는 61년에 달하는 재위기간 동안 문무를 진흥시켜 청나라의 황금시대를 열었다고 할 수 있다. 강희제로부터 시작된 안정된 중국 지배는 뒤를 이은 옹정제와 건륭제에 이르기까지 계속되었다. 이때 대외적인 영토의 확장도 이뤄져 이들 3대 황제의 130여 년에 걸친 치세는 흔히 '강건성세'라는 태평성대의 칭호를 얻게 되었다. 아들 옹정제와 손자 건륭에 이르기까지 '강건성세'가 이어질 수 있었던 것은 전적으로 조부인 강희제가 밑그림을 확실히 완성했기에 가능했다고 보아야 한다.

실제로 강희제가 이룬 업적은 문文과 무武의 두 측면에서 전례가 없는 것이었다. 원래 성조 영락제의 '성成'은 제도문물을 완비했다는 뜻에서 나온 것이다. 그러나 성조 강희제의 '성聖'은 고대 성현인 요순堯舜에 버금하는 치세를 이뤘다는 취지에서 나온 것이다. 훨씬 단계가 높다. '성聖'의 묘호는 중국 역사상 그가 유일하다.

이는 당시 그가 청나라뿐만 아니라 중국의 역대 황제를 통틀어 가장 위대한 황제로 칭송받았음을 보여준다. 실제로 중국의 정복왕조 중 강희제만큼 탁월한 역량을 발휘한 인물은 전무했다. 역대 황제 중 강희제를 최고의 성군으로 꼽는 이유가 바로 여기에 있다.

강희제는 멀리 내다보는 안목과 탁월한 식견, 과감한 결단력을 지닌 뛰어난 인물이었음을 확인할 수 있다. 은혜와 위엄을 동시에 사용하는 놀라운 수단으로 청국의 영토를 확장했다. 이는 그가 천부적인 자질과 샘솟는 정력, 뛰어난 궁술을 지닌 군사 지도자였기에 가능했다. 실제로 그는 일상적인 행정업무에 지칠 줄 모르는 정력을 쏟았다.

중국의 전통적인 황실제도에 따르면 제국 내에서 일어나는 그 어떤 사소한 일도 황제가 몸소 보살피도록 돼 있었다. 강희제는 자신에게 제출되는 보고서와 비망록들을 모두 읽으면서 아주 사소한 오자도 묵과하지 않았다. 하루에 300~400건에 달하는 문서를 모두 결재하기도 했다. 이런 '만기친재萬機親裁'의 모습은 전시 상황에서도 결코 변함이 없었다.

황금기를 제시한 강희제의 세 가지 무기

① 멀리 내다보았던 식견
② 과감한 결단력
③ 왕도와 패도를 적절히 사용하는 리더십

사람이 없다고 아무나 쓰지말라

강희제는 불철주야 '치평'에 헌신적으로 노력했음에도 도중에 태자를 교체해야 하는 아픔을 겪었다. 후계자 문제를 둘러싼 일련의 파문은 그의 치세에 나타난 최대 오점이기도 하다. 강희제는 재위기간 동안 모두 3명의 황후와 수명의 비빈을 두었다. 첫 번째 황후는 만주족 명문가인 허서리씨赫舍里氏 출신 소니의 손녀였다. 두 번째 황후는 어빌룬의 딸이고, 제3황후는 모계인 퉁가씨 출신의 내종사촌이었다. 이들 후비들은 모두 35명의 아들을 낳았다.

강희제가 총애한 허서리 황후는 두 아들을 낳았으나 맏아들 승호承祜는 강희 11년(1672)에 요절했다. 강희 13년(1674) 5월 3일 허서리 황후는 두 번째 아들 윤잉胤礽을 출산한 뒤 곧바로 세상을 떴다. 강희제는 곤녕궁의 난각에서 황후의 모습을 마지막으로 보았다. 동시에 그는 포대기에 싸인 어린 생명을 처음으로 보았다. 윤잉은 태어나자마자 부친의 각별한 관심과 사랑을 받았다. 강희제는 늘 그를 곁에 두고 직접 보살폈다. 어려서부터 부황인 순치제의 관심과 사랑이 부족해 쓸쓸한 유년기를 보낸 강희제는 태어나자마자 생모를 잃은 2황자 윤잉을 아꼈다.

강희제는 이듬해인 강희 14년(1675) 12월에 1세 남짓한 2황자 윤잉을 황태자로 책봉했다. 이는 윤잉을 명실상부한 황제로 키워내기 위해서였다. 그러나 모든 황자에게 동등한 황위계승권을 인정하는 만주족 전통에 어긋나는 것이었다. 그 결과는 처참했다. 윤잉은 부친의 총애를 잃고 강희 47년(1708)에 폐위되었다. 그러자 황자들 사이에서 보위를 놓고 다툼이 격렬해졌다. 이런 가운데 신하들의 주청이 잇따르자 이듬해에 폐위된 윤잉을 복위시켰다. 많은 사람들이 윤잉의 주변에 몰려들어 태자당의 무리가 비대해져 황권을 위협하자 다시 폐위되었다.

황자들의 권력투쟁에 크게 상심한 강희제는 이후 죽을 때까지 황태자를 지명하지 않았다. 후대의 황제들 모두 이를 좇았다.

| 허서리 황후

기대를 받고 태어난 총명한 태자, 윤잉

윤잉이 4~5세가 되자, 어린 시절 비
슷한 시기에 공부를 시작했던 강희제
는 그에게 글자를 가르치고 책을 읽어
주었다. 윤잉은 매우 총명했다. 강희제
는 윤잉을 늘 곁에 두고 밖으로 순행
을 나갈 때마다 함께 데려갔다. 길 위
에서도 강희제는 경전과 역사서를 읽
어주었다. 비유와 예시를 들어가며 태
자가 완전히 이해할 수 있도록 세심히
배려했다. 윤잉도 기대에 부응해 부황
의 정성어린 가르침을 잘 이해했다.

| 윤잉

윤잉은 수시로 황명을 받들어 시를 지었다. 문체가 아주 뛰어났다.
강희제는 그를 문무겸전의 황제로 키우기 위해 직접 무예도 가르쳤
다.

윤잉이 6세 때 강희제는 태자가 생활하고 공부할 수 있는 장소를
마련하기 위해 자금성 동쪽에 육경궁을 건축했다. 윤잉이 13세 되기
전까지 강희제는 거의 매일 직접 가르쳤다. 그는 중국 역사에서 태
자에게 직접 글자를 가르치고 공부를 지도한 유일한 황제이다. 윤잉
은 13세가 되는 강희 25년(1689)에 처소를 떠나 스승 밑에서 공부할
준비를 마쳤다. 직접 교재를 선정한 강희제는 시강관에게 말했다.

"사서를 대략 이해하는 데는 장거정의 『사서직해』가 좋다. 자세히 알고 싶을 때는 『일강해의日講解義』보다 나은 게 없다. 황태자가 실로 『일강해의』를 통달할 수 있다면 자연히 이치를 잘 알게 될 것이다. 이는 그가 얼마나 힘을 쏟느냐에 달려 있다. 힘을 쏟지 않으면 내용이 좋은들 무슨 소용이 있겠는가."

그가 태자의 사부를 천거하게 하자 신료들은 이구동성으로 탕빈湯斌을 천거했다. 탕빈은 당대 최고의 학자로 황제의 경연관을 지냈다. 하루는 강희제가 탕빈 등의 대학사와 동궁 보좌관들이 지켜보는 가운데 8개의 대나무 상자 속에서 윤잉이 만주어로 쓴 『정관정요』를 집어 들었다. 대나무 상자 속에는 윤잉이 여러 해 동안 쓴 만주어와 한자어로 쓴 과제물이 빼곡히 들어 있었다. 종이마다 강희제가 매일 빨간 먹으로 표시한 동그라미와 점들이 남아 있었다.

얼마 후 강희제는 태자의 사부에게 모든 것을 일임하고 자신은 정무에 전념하기 위해 학업이 뛰어난 사람을 물색했다. 만주족 이부상서 다하타達哈塔와 태자의 현임 시강관 탕빈 등 3인이 임명되었다. 강희제가 창춘원에서 이들에게 당부했다.
"짐이 과거의 현군을 보건대 태자를 바른 방법으로 훈계하지 않아 나라를 망하게 한 일이 종종 있었다. 당태종처럼 영명한 군주도 태자를 지켜줄 수 없었다. 짐은 그 까닭을 잘 알고 있다. 그대들은 황태자를 불효자로 만들고 짐을 자애롭지 못한 아버지로 만드는 일이 없도록 하라."

자만심은 타락을 부른다

그러나 윤잉은 자신의 학식과 재능에 지나친 자만심을 품었다. 이것이 문제의 발단이었다. 강희제도 재위 26년(1687)부터는 더 이상 태자에게 엄격한 요구를 하지 않게 되었다. 윤잉은 이전과 전혀 다른 생활을 찾기 시작했다. 이내 태자비를 맞아들이게 되자 강희제는 윤잉에게 황궁 동쪽에 있는 힐방전으로 거처를 옮기게 했다. 이후 비빈과 시녀, 환관들이 그의 주변을 둘러쌌다. 시간이 지나면서 윤잉의 성격과 취미가 바뀌기 시작했다. 사서는 구체적으로 어떻게 변했는지에 관해 아무 기록도 남기지 않았다. 짐작으로 추정할 뿐이다. 확실한 것은 그가 이후 공부보다 음락淫樂을 일삼았다는 점이다. 강희제가 재위 48년(1709)의 상유에서 그를 질책한 내용이 이를 뒷받침한다.

"지금 윤잉을 보니 조상들의 덕을 본받지도 못하고, 짐의 말을 따르지도 않고, 오직 마음 내키는 대로 사람들을 괴롭히고, 음란한 행동을 하고 있다. 차마 입에 담기도 어려울 정도이다. 짐은 20년이나 참아왔다."

강희제가 '20년이나 참아왔다'고 말한 대목을 근거로 추정하면 강희 28년(1689)을 전후로 윤잉의 성격과 행동에 갑자기 커다란 변화가 생겼었음을 대략 짐작할 수 있다. 윤잉의 경우는 무수한 황자들 중 부황인 강희제로부터 특별한 은총을 입었다. 총명한 자질을 갖고 태어난 그가 조금만 사리를 분별할 줄 알았다면 설령 세속적인 즐거움을 알게 되었을지라도 결코 공부를 소홀히 하지는 않았을 것이다. 어린 나이에 세인들을 놀라게 한 총명을 지나치게 자부한 나머지 스스로 화를 자초했다고 볼 수밖에 없다. 윤잉은 일찍 핀 꽃이 쉽게 시들듯이 너무 일찍 지고 만 셈이다.

당시 윤잉은 왕공대신들을 수시로 모욕하고 구타했다. 많은 친왕과 군왕, 패륵 등이 그에게 맞았다. 그는 사치스럽고 제멋대로였다. 동성애에 빠진 그는 시동을 힐방전으로 불러 시중을 들게 했다. 그는 태자의 행동을 비루하게 여겼다. 윤잉은 낮에 깊은 잠에 빠져 있다가 밤이 되면 갑자기 활기를 되찾았다. 어떤 때는 일어섰다가 앉았다가 하면서 이상한 말과 행동을 했다. 날이 흐리고 천둥벼락이 치면 안절부절했다. 게다가 그는 온갖 사람을 불러들여 강희제의 안전까지 위협했다. 사람을 보내 강희제의 거처를 염탐하는가 하면 일거수일투족까지 감시했다. 강희제를 좇아 순행에 나섰을 때 야밤에 몰래 부황의 막사로 다가가 안을 훔쳐보는 짓을 저지르기도 했다.

한 길 사람 속을 몇 번이고 들여다보라

이를 더 이상 참을 수 없게 된 강희제는 마침내 재위 47년(1708) 가을에 이같이 통탄했다.

"짐이 잘 다스려놓은 천하를 결코 이놈에게 넘길 수 없다."

그는 곧 조서를 내려 태자를 폐위시켰다. 강희제가 내세운 폐태자의 배경은 '불효불의不孝不義'와 '포학도음暴虐慆淫'이었다. 효성스럽지 못하고 의롭지 못하며, 포학하고 사납고 방종하다는 뜻이었다. 그는 윤잉을 태자에서 폐할 때 손수 천지와 종묘사직에 고하는 글을 지어 올리며 통곡했다.

"오로지 국사를 위해 몸을 바침을 죽어서 그칠지언정 단 하루를 보위에 있을지라도 바르게 다스리는 일에 결단코 조금도 게을리 하지 않았습니다. 그런데도 신臣에게 무슨 죄가 있어 윤잉과 같은 자식을 낳게 되었는지 도무지 알 길이 없습니다."

국사를 위해 몸을 바침, 즉 '국궁진췌鞠躬盡瘁'는 제갈량이 「출사표」에 쓴 어구이다. 당시 한 신하가 황제는 '신臣'이라는 표현을 하지 않는다고 간하자 비통함에 젖어 있던 강희제는 '나는 하늘의 신복臣僕이다'라고 일갈했다. 윤잉은 폐위된 뒤 기현의 정가장으로 옮겨졌다. 군대를 주둔시킨 감금이었다. 당시 강희제는 분노를 금할 수 없어 6일 동안 잠을 이루지 못했고 결국 70여 일 동안 병석에 눕게 되었다. 그는 병석에서 대신들에게 이 일을 말할 때면 눈물을 주체하지 못했다.

강희제는 태자를 폐위한 뒤 시간이 지나면서 노기가 차츰 누그러졌다. 혹여 윤잉의 패륜적인 행동은 귀신이 조화를 부린 것이 아닌가 하는 마음이 생겼다. 평생 천지의 이치를 거스른 적이 없다고 생각한 그는 자신에게 결코 그런 불효불의한 자식이 태어날 리 없고,

이는 귀신의 조화가 아니면 해석할 방도가 없다고 믿기 시작했다.

마침 힐방전에 있는 윤잉의 시녀 중에도 걸핏 병이 들거나 죽는 경우가 있다는 소식을 듣게 되었다. 강희제는 자신의 판단이 옳다는 확신이 들자 곧 시위에게 명을 내려 힐방전을 헐었다. 과연 땅속에서 주문이 새겨진 종이와 인형 10여 개가 나왔다. 강희제가 곧바로 윤잉을 불러들여 이야기를 나눴다. 윤잉은 이전의 일들을 전혀 기억하지 못했다. 자신의 판단에 확신을 갖게 된 강희제는 곧 윤잉에게 무영전 근처의 함안궁으로 거처를 옮기도록 했다.

| 무영전 전경

강희제는 윤잉을 폐위한 지 반년이 지난 재위 48년(1709) 3월에 다시 칙지를 내려 윤잉의 복위를 선언했다. 그러나 태자로 복위한 윤잉은 이전과 마찬가지로 해괴한 언행을 전혀 고칠 생각을 하지 않았다. 강희제는 시간을 두고 지켜보다가 도저히 참을 수 없게 되자 재

위 51년(1712) 10월에 재차 폐위한 후 윤잉을 함안궁에 감금시켜 버렸다.

강희제 때 일어난 윤잉의 폐태자 파동은 강희제의 치세 중에 일어난 일대 사건이자 커다란 오점으로 남아 있다. 당시 윤잉을 둘러싸고 벌어진 일련의 태자폐위 소동은 시종 강희제를 지치게 만들었다. 실제로 강희제는 만년에 자주 분노하다가 문득 슬픈 표정을 짓는 등 평소의 그답지 않은 모습을 보였다. 결국 그는 이런 고통으로 만년에 병을 얻고 말았다.

강희제는 심신이 지쳐 있는 상태였다. 나이도 이미 69세에 달했다. 그는 겨울에 추위를 피해 북경 북서쪽 교외에 있는 별궁 장춘원에 머물러 있다가 이내 자리에 눕게 되었다. 결국 그해 12월에 병사하고 말았다.

중국 최고의 성군으로 칭송받는 강희제가 70세를 채우지 못하고 죽은 것을 두고 모든 열정을 기울여 키운 황태자 윤잉을 2번이나 폐위하는 과정에서 얻은 울화증에서 그 원인을 찾는 견해가 많다.

"모든 비용은 백성의 고혈로 이뤄지는 것이다.
주인이 된 황제로서 절제하는 것은 당연한 이치가 아니겠는가."

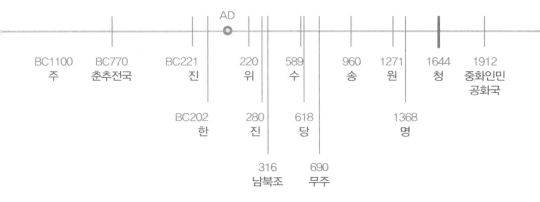

AD

| BC1100 | BC770 | BC221 | 220 | 589 | 960 | 1271 | 1644 | 1912 |
| 주 | 춘추전국 | 진 | 위 | 수 | 송 | 원 | 청 | 중화인민공화국 |

| BC202 | 280 | 618 | 1368 |
| 한 | 진 | 당 | 명 |

| 316 | 690 |
| 남북조 | 무주 |

以公守之 以仁行之

공정함으로 지키고 어짊으로 행해야 한다

『종정명언從政名言』

무엇 하나 함부로
차별하지 말라
: 황금기의 완성자 건륭제

건륭제

본명 홍력弘曆

생애 1711~1799

재위기간 1736~1795

강희제, 옹정제에서 이어지는 청나라 황금기의 마지막 주자로 청의 6대 황제이다. 어릴 때에 조부 강희제의 눈에 들어 제왕학을 공부했고 큰 이변없이 황제의 자리에 올랐다. 젊은 시절 즉위한 건륭제는 선대로부터 강대한 국력과 상당한 국부를 물려받아 청나라 황금기의 대미를 장식했다. 그는 바른 자세에 큰 키, 단정한 생활, 강건한 체력과 활달한 성격 등 이상적인 군주로 그려진다.

그는 초기에 민중을 안정시키고 내정에서 세력다툼을 근절시키는 등 내치에 힘썼다. 후기에는 준가르부, 위구르 등을 정복하며 외정에 박차를 가했다. 10번의 원정에서 모두 승리했으며 원나라 이후 가장 넓은 영토를 가졌다. 문화적으로 많은 발전을 이뤄 고증학도 발전하여 『사고전서』 등이 편집되었다. 또한 선교사들을 통해 서양의 학문과 기술을 받아들였으며, 거꾸로 청의 문화를 서양에 소개하기도 하였다. 그러나 넉넉한 재정을 믿고 사치한 까닭에 건륭제 치세 말년에는 민중봉기가 일어나기도 했다. 이 때문에 청이 쇠해지는 원인을 제공했다는 평을 받기도 한다.

01

JUSTICE

아무도 기대하지 않을 때 대담히 돌파하라

"강희제가 씨를 뿌렸다면 옹정제는 물을 주고 건륭제는 열매를 거뒀다."

아들이 먹을 열매를 키워라

건륭제는 25세에 즉위해 태상황으로 있다가 89세에 세상을 떠날 때까지 총 63년 동안 장성 안팎을 호령하는 명실상부한 '황제칸'으로 군림했다. 재위기간만 따지면 최장 재위기간을 기록한 조부 강희제보다 1년 적다. 그러나 그 내용을 보면 달리 평가할 수밖에 없다.

강희제는 8세에 즉위한 까닭에 오보이 등의 보정대신들이 황제의 통치를 대신한 7년간의 '보정기'를 빼면 실제로 제국을 통치한 기간은 54년에 해당한다. 건륭제의 경우는 태상황의 자리에 있던 3년을 더할 경우 실질적인 재위기간은 총 63년에 달하게 된다. 이는 중국의 역대 황제 중 가장 긴 재위기간이다. 수명 또한 89세에 달했다. 70세를 채우지 못하고 69세에 죽은 강희제와 비교할 때 무려 20년이나 더 장수한 셈이다.

| 옹정제

건륭제가 총 63년에 달하는 전무후무한 최장수 '황제칸'으로 군림할 수 있었던 것은 부황인 옹정제가 확고한 통치기반을 정립했기 때문이다. 옹정제는 생전에 건륭제를 위해 2가지 커다란 선물을 준비해놓았다.

첫째, 13년 동안만 재위한 뒤 후사인 건륭제에게 보위를 물려주었다. 옹정제가 좀 더 오랫동안 보위에 앉아 있었다면 63년에 달하는 건륭제의 기록적인 재위기간 수립은 불가능했다.

둘째, 확고히 다져놓은 황권 우위의 통치체제를 물려주었다. 건륭제는 이 덕분에 재위 초기부터 태평성대에 부응하는 성군의 자질을 마음껏 발휘할 수 있었다. 그는 부황이 만들어놓은 '태자밀건법太子

密建法'에 의해 최고의 자질을 갖춘 황자로 공인되었기 때문에 부황처럼 근거 없는 소문에 시달릴 필요도 없었다. 더구나 옹정제는 막대한 국부를 물려주었다. 그는 강희제로부터 8백만 냥을 물려받았으나 본인은 근검절약을 생활화하며 생산을 독려해 은의 보유량을 재위 5년 만에 5천만 냥으로 늘려놓았다.

건륭제는 역대 성군의 모습을 흉내 내는 것만으로도 명군의 소리를 들을 수 있는 유리한 위치에서 출발했다. 후대의 사람들은 3대에 걸친 '강건성세'를 두고 '강희제가 흥륭興隆의 시대, 옹정제가 보전保全의 시대, 건륭제가 난숙爛熟의 시대를 열었다'고 평한다. 강희제가 번영하게 했고 옹정제가 그것을 보전하여 건륭제가 더없이 발전시켰다는 의미다. 강희제의 뒤를 이은 옹정제는 선황 강희제가 이룬 중원지배의 기틀을 확고히 다진 뒤 이를 아들 건륭제에게 넘겨주었다. 강희제가 씨를 뿌렸다면 옹정제는 물을 주고 건륭제는 열매를 거뒀다. 그런 의미에서 3대에 걸친 '강건성세'는 '강옹건성세康雍建盛世'로 표현하는 게 옳다.

진짜 보전은 정지가 아니라 발전이다

'강건성세'에서 오랫동안 옹정제의 이름이 빠져 있었다. 그 이유는 무엇일까? '강건성세'의 3대 중 조부 강희제와 손자 건륭제의 치세는 각각 60년이 넘었다. 그 사이에 낀 옹정제는 겨우 13년에 불과하다. 그는 45세 때 즉위해 58세 때 죽었다. 부황 강희제나 후사인 건룽제의 재위기간과 비교할 때 턱없이 짧다.

　　그러나 그는 강희제에서 건룽제에 이르는 '강건성세'의 가교역할
을 충실히 수행했다. 옹정제는 과로사했다. 실제로 그는 수많은 상주
문에 일일이 붉은 먹으로 가부와 의견을 적어 넣었다. 이를 '주비朱
砒'라고 한다. 부친의 '주비'를 모아놓은 방대한 규모의『주비유지硃
批諭旨』를 간행하기도 했다. 중국의 역대 황제 가운데 그처럼 근면한
황제는 찾아보기 힘들다. 게다가 생활 또한 매우 검박했다. 웬만한
기록은 모두 파지를 이용했다. 일하는 곳도 가건물이나 다름없었다.

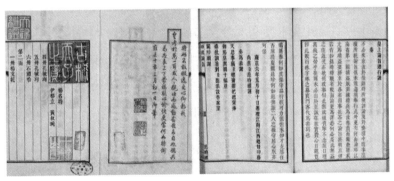

| 『주비유지』

　　옹정제의 묘호는 세종世宗, 시호는 헌제憲帝이다. 그는 재위 초기
권력을 강화하는 데 노력하여 형제들을 탄압하고, 자신에게 불리한
기록을 폐기하도록 하는 등 폭군의 모습을 보이기도 했으나 큰 틀에
서 볼 때 성공적인 치세를 이뤘다. 친왕의 8기군 지휘권을 박탈하고,

최고행정기구였던 내각을 없앤 뒤 비공식기구였던 군기처를 설치하고, 관료의 부정을 감찰할 관료기구를 마련한 것 등은 황권을 강화하기 위한 조치였다. 그 결과 강력한 법 시행과 재정의 재정비가 이뤄졌고, 덕분에 재정수입의 증대와 안정 속에 거대한 민부民富와 국부國富의 축적이 이뤄졌다.

그의 '애민愛民' 또한 눈여겨 볼만한 대목이 매우 많다. 천민으로 취급된 부류를 양민으로 올려주었다. 집시 같은 악사집단인 산서의 악호樂戶, 9개 성씨의 어민인 절강의 구성어호九姓漁戶, 대대로 노비의 삶을 산 안휘의 세복世僕 등이 그 은덕을 입었다. 천민의 해방이었다.

옹정제는 불교에 심취해 있었다. 그는 청나라 역대 황제 가운데 불교에 가장 깊이 귀의한 인물이다. 스스로 원명거사를 칭하고 『어선보벌정화御選寶筏精華』 등의 불교관계 저서를 남겼다.

옹정제의 가톨릭 박해

1715년 클레멘스 11세 교황이 중국 교회에 조상 제사와 공자 존경을 금지했다. 이는 중국 문화와 역사의 근간을 흔드는 일이었다. 강희제는 가톨릭으로 개종한 이들에게도 제사와 공자 존경은 백성의 의무라고 주지시켰다. 이에 동의하지 않는 사람들은 모두 추방했다. 이어서 황위에 오른 옹정제는 가톨릭에 대한 대대적인 박해를 시작했다. 천주교 말살정책으로 불릴 정도로 가혹한 것이었다.

질서를 바로 잡아 황금기를 이어주다

큰 관점에서 볼 때 옹정제의 가장 큰 업적은 '황제칸'의 바탕 위에서 세계제국의 기틀을 완비한 것이다. 그런 점에서 그는 단순히 '강건성세'의 교량역할을 한 것이 아니었다. 청대 말기의 양계초梁啓超는 이렇게 평가했다.

"강희제는 관대했으나 건륭제는 치밀하지 못했다. 만일 옹정제가 질서를 바로 잡지 않았으면 청나라는 오래가지 못했을 것이다."

양계초는 옹정제를 강희제 및 건륭제보다 높이 평가했다. 옹정제는 비록 재위기간 중 적잖이 악명을 떨치기는 했으나 황권 우위의 통치기반을 확고히 다져 건륭제의 성세를 견인했다는 점에서 강희제 및 건륭제 못지않은 위업을 이뤘다고 평가할 수 있다. 옹정제는 군국기무를 전담하여 다루는 '군기처'를 설치해 황권 우위의 통치체제를 반석 위에 올려놓았다. 이는 선황인 강희제 때 도입된 '주접' 제도를 전면적으로 확대한 결과이기도 했다.

옹정제가 이른바 '태자밀건법'이라는 독특한 제도를 창안한 것도 같은 맥락에서 이해할 수 있다. 이는 가장 공평한 방법으로 태자를 선정하는 것이 제국통치의 관건이라는 사실을 통찰한 결과였다. 실제로 옹정제가 행한 일련의 통치체제 정비작업 가운데 가장 눈길을 끄는 것이 바로 '태자밀건법'이다.

역대 정복왕조의 패망에 결정적인 배경이 된 후계자를 둘러싼 내분을 미연에 방지하고자 한 것이다. 옹정제 자신이 보위에 오르는 과정에서 우여곡절을 겪은 것도 '태자밀건법' 제정에 큰 영향을 끼쳤다. 이 관행은 옹정제부터 시작해 청나라가 끝날 때까지 지켜졌다. 건륭제는 부황이 처음으로 설치한 '태자밀건법'을 통해 보위에 오른 최초의 황제다.

태자 밀건법
후사가 될 황자의 이름을 써서 건청궁의 옥좌 뒤에 걸려 있는 '정대광명正大光明'의 편액 뒤에 숨겨두고 내무부에 밀지密旨를 간직했다가 선황의 사후에 이를 개봉해 당사자를 옹립하는 방식을 말한다.

청나라 최대의 성세를 이은 건륭제의 등극

건륭제 홍력弘曆은 옹정제의 넷째 아들로 강희 50년(1711)에 옹왕으로 있던 부친 윤진胤禛의 거소인 옹왕부에서 태어났다. 생모는 만주의 명족인 뇨호루 가문 출신이었다. 그는 본래 미천한 출신의 어머니를 둔 옹정제의 다섯 번째 아들로서 황제에 가까운 위치는 아니었다. 그러나 나이가 차 황족의 아이들을 교육시키는 기관에 들어간 후 건륭제가 가진 제왕으로서의 자질은 빛을 내기 시작했다.

건륭제는 한 마디로 이상적인 군주였다. 단정하고 청빈한 생활, 강건한 체력과 활달한 성격, 학문과 예술에 대한 사랑은 귀족과 관리들은 물론 일반 백성들에게까지 소문이 나 인기가 많았다. 그는 옹정 13년(1735) 8월에 부황이 과로사로 죽자 사상 최초로 '태자밀건법'에 의해 황태자의 자리를 거치지 않은 채 보위에 올랐다. 당시 그의 나이 25세였다.

건륭제가 일찍부터 부황의 낙점을 받게 된 것은 그가 어렸을 때부터 조부인 강희제의 총애를 한 몸에 받으며 탁월한 재능을 발휘했기 때문이었다. 할아버지 강희제는 건륭제의 자질을 알아보고 일찍이 제왕으로서 교육을 시켰다. 자신의 뒤를 잇는 옹정제에게 '다음 대의 황제는 반드시 건륭제로 하라'는 유언을 남기기까지 했다. 강희제는 건륭제가 11세가 되는 재위 60년(1721)에 그를 유난히 아껴 황궁 안에서 살도록 배려했다. 숙부인 버일러 윤희胤禧가 활쏘기를 가르쳤다. 다른 숙부인 장친왕 윤록胤祿은 화승총 사용법을 가르쳐주기도 했다. 문무를 겸전한 홍력은 조부 강희제를 좇아 몽골 초원의 목란위장木蘭圍場으로 사냥을 나가기도 했다.

목란위장
황실의 사냥터. 1681년 강희제 때 형성된 이후 청나라 황제들이 92차례 사냥을 즐기고 88회에 가을 사냥대회를 열었다고 전해진다. 사냥을 통해 군대를 훈련시키고 민족 단합을 도모했다. 사냥이 시작되면 사냥터 관리가 기마병을 이끌고 포위권을 좁혀나간다. 짐승들이 포위되어 좁은 공간에 모이면 황제가 첫 화살을 쏘고 사냥을 시작했다고 한다.

이듬해인 강희 61년(1722) 조부인 강희제가 사망하고 부친 윤진胤禛이 옹정제로 즉위하자 그는 여타 황자들과 함께 건청문 동쪽의 상서방에서 공부하게 되었다. 그는 아침 일찍 일어나 상서방으로 갔다. 그는 부황이 자신을 보위 계승자로 낙점해놓고 있다는 사실을 눈치 채고 더욱 근면한 자세로 공부했다.

| 건청문

어려서부터 총명하면서도 낙천적이었던 홍력은 낙선당에서 늘 즐거운 마음으로 공부했다. 수학修學과 수덕修德이 하나로 융합돼 있었다. 홍력은 총명하기도 했지만 선생 앞에서 겸손했다. 공부에는 끝이 없다고 생각했다. 선생들의 공부하는 방식이나 가르치는 방식이 각기 달랐지만 그런 차이 속에서 많은 것을 배웠다.

그는 17세가 되는 옹정 5년(1727)에 부황의 명에 따라 건서이소로 옮긴 뒤 결혼했다. 부인은 몽골의 차하르부 출신 푸차富察였다. 그는 25세에 즉위할 때까지 '건서이소'에서 거주했다. 그는 공부하던 곳은 낙선당이었다. '낙선당'의 명칭은 부황인 옹정제가 직접 하사한 것이었다. 그곳에는 강희제가 친필로 쓴 '의예심향意蕊心香'이라는 편액이 걸려 있었다. 낙선당에서 공부하는 동안 증조부인 순치제가 주석을 단 『효경』에 발문跋文을 달았다. 효행과 학문이 별개가 아님을 몸으로 보여준 셈이다.

건륭제는 강력한 황권 위에서 통치를 펼친 부황의 유업을 그대로 이어받았다. 건륭제가 이어받은 청은 더 이상 나아질 곳이 없어 보일 정도로 강대했다. 그러나 많은 유산을 물려받은 건륭제는 몇 가지 점에서 부황과 달랐다. 그 또한 조부 강희제 및 부친 옹정제와 마찬가지로 근면한 삶을 살았으나 자신의 치세는 검약만을 지향하는 시대가 아니라는 것을 보여주고자 했다. 그의 치세 때는 전대에 볼 수 없었던 장려한 문물이 다투어 등장했다.

황금기를 장식한 건륭제의 원칙

① 신분과 지위를 막론하고 공정하라
② 분야의 경중을 떠나 전체를 살펴라
③ 움츠려 있지 말고 성장하고 발전하라

"홍력은 친왕이 된 후에도 나태하지 아니하고
오랫동안 준비하여 정사에 능숙하며 식견이 깊으니
가히 대사를 맡겨 짐의 뒤를 이어
황위를 이을 자격을 갖추었도다."

– 옹정제의 유조 중에서

인재의 능력을 분석하고 균형 있게 쓰라

"하늘의 일월이 사물을 고루 비추듯이
'황제칸' 역시 대공지정의 자세로 통치에 임해야 한다."

태만하지 말고 늘 경계하라

청나라는 건륭제가 상황의 기간을 포함해 모두 63년 동안 세계 대
제국으로서의 면모를 유감없이 보여주었다. 이는 건륭제의 뛰어난
용인술과도 관련이 있었다. 실제로 그는 재위기간 내내 인재를 찾는
데 심혈을 기울였다. 그는 용인의 요체를 대공지정大公至正에서 찾았
다. 하늘의 일월이 사물을 고루 비추듯이 '황제칸' 역시 대공지정의
자세로 통치에 임해야 한다는 게 그의 생각이었다.

그는 천고의 성군으로 일컬어진 당태종의 '정관지치'를 수록한
『정관정요』를 늘 몸에 지니고 다니면서 통치의 성전聖典으로 삼았다.
직언의 중요성을 역설하고 있는『정관정요』는 주로 당태종 이세민
과 위징魏徵의 대화로 구성돼 있다. 위징이 당태종에게 수시로 직언
한 간언의 요체는 '거안사위居安思危'였다.『정관정요』는 「논군論君」
편에서 '거안사위'의 취지를 이같이 설명해놓았다.

정관 15년(1641)에 태종이 좌우에게 물었다.
"수천하守天下는 쉬운 일인가, 어려운 일인가."
문하시중門下侍中 재상으로 있는 위징이 대답했다.
"심히 어렵습니다."
태종이 물었다.
"현능賢能한 자를 임용하고, 그들의 간쟁諫諍을 받아들이면 가하지
않겠는가. 어찌하여 어렵다고 말하는 것인가."

위징이 대답했다.
"역대 제왕을 살펴보면 위태로운 시기에 재위할 때는 곧 현능한
자를 임용해 간언을 받아들입니다. 그러나 일단 위기를 벗어나 안락
하게 되면 반드시 느슨하고 태만한 마음을 품습니다. 그리 되면 정
사를 언급하고자 하는 자는 오직 다투어 조심하며 두려워할 뿐입니
다. 이런 일이 지속되면 나라는 곧 위망危亡에 이르게 됩니다. 옛날
성인이 '거안사위'를 행한 것은 바로 이 때문이었습니다. 그러니 어
찌 '거안사위'가 어렵다고 말하지 않을 수 있겠습니까."

건륭제는 재위기간 동안 '거안사위'를 한시도 잊은 적이 없다. 그가 재위 60년에 퇴위한 뒤 태상황이 된 것도 이런 맥락에서 이해할 수 있다. 그는 조부인 강희제보다 더 오랫동안 재위할 수는 없다는 이유를 내세웠으나 사실 이는 구실에 불과할 뿐이다. 『예기』를 비롯한 유가경전은 말할 것도 없고 그 어떤 제자백가서에도 부황보다 더 오랫동안 보위에 앉아 있어서는 안 되다고 언급한 대목은 없다. 건륭제가 이를 모를 리 없다.

그는 내심 자신이 죽을 때까지 보위에 앉아 있기보다는 미리 물러나 태자에게 제왕학을 실습시킬 기회를 제공하는 게 낫다고 판단했을 공산이 크다. 그가 재위기간 중 사소한 예법에 얽매여 제국의 통치를 소홀히 하거나 방기한 적이 없다는 사실이 이를 뒷받침한다. 그의 통치 행보에 비춰 '거안사위'의 기조가 상황으로 물러난 진정한 배경으로 보는 게 타당하다.

인재들의 능력을 균형있게 분배해서 쓰라

건륭제 때 명성을 떨친 3대 재상으로 기효람紀曉嵐과 유용劉墉, 화신和珅을 든다. 건륭제는 60년간 재위에 있으면서 역사에 수많은 일화를 남겼다. 특히 이들 3인과 얽힌 에피소드가 매우 많다. 지난 2000년대 초 건륭제와 이들 3인에 관한 에피소드를 소재로 한 드라마 〈철치동아 기효람鐵齒銅牙紀曉嵐〉이 중국대륙에서 선풍적인 인기를 끌었다. 드라마에서 이들 세 사람은 서로 지혜를 겨루는 동년배로 보이지만 이는 사실과 다르다.

| 〈철치동아 기효람〉의 포스터

유용이 제일 연장자로 기효람보다 5살이 많고, 화신보다는 무려
31살이나 많았다. 유용과 기효람이 화신보다 먼저 관리가 되었지만
화신은 초고속 승진을 거듭해 유용과 기효람보다 윗자리에 앉아 있
었다. 더욱이 유용과 기효람은 도성을 떠나 지방관원으로 오래 있었
기 때문에 서로 얼굴을 맞댈 시간이 많지 않았다.

능력을 제대로 발휘하면 무조건 믿으라

지난 2010년 〈인민일보〉는 중국의 전 역사를 통틀어 가장 부자였
던 사람의 순위를 발표한 적이 있다. 2위가 건륭제 때의 화신이었다.

화신은 오랫동안 간신 내지 탐관오리의 전형으로 매도돼 왔다. 화신은 지방 장관들로부터 많은 뇌물을 받아 챙겼다. 지방 장관들은 혹여 비리가 적발되지나 않을까 우려해 거액을 바치며 그의 눈치를 살폈다. 건륭 60년(1795) 건륭제가 조부인 강희제보다 더 오랫동안 보위에 앉아 있을 수 없다는 이유로 상황으로 물러나면서 아들 가경제가 즉위했다. 가경제는 누차 화신을 파직하려 하였으나 건륭제의 비호로 실패했다.

가경 4년(1799) 건륭제가 숨을 거두자 가경제는 곧바로 그를 옭아넣기 위한 계책을 냈다. 먼저 국상을 책임지는 장의도감으로 삼았다가 곧바로 꼬투리를 잡아 파직한 뒤 20개의 죄목을 발표했다. 여기에는 후임 황제의 이름을 누설한 죄, 무엄하게 가마를 타고 궁에 들어온 죄, 건륭제가 병으로 누웠을 때 아무렇지도 않게 행동한 죄, 부정부패를 야기한 죄 등이 포함되어 있었다. 결국 그는 건륭제가 죽은 지 보름 만에 스스로 목을 매야만 했다. 당시 50세였다. 그의 재산도 모두 몰수됐다. 약 8억 냥이었다. 당시 청나라 정부의 1년 예산이 7천5백만 냥이었다. 그 규모가 어느 정도였는지 짐작이 간다.

그러나 그를 전폭적으로 신임한 건륭제는 강희제, 옹정제와 더불어 청나라의 오랜 태평성세를 이룬 황제이다. 청나라는 이들 세 명의 황제 치하에서 무려 130년 동안 중국의 전 역사를 통틀어 사상 유례를 찾아보기 힘들 정도의 전성기를 누렸다. 건륭제 때는 그 절정기이다. 인구 역시 명나라 말기의 6천만 명에서 급증하기 시작해 건륭제의 재위 말기에는 무려 3억 명에 달했다. 이는 생산과 소비가 그만큼 컸음을 시사한다. 그런 뛰어난 황제가 화신을 극도로 신임했다면 나름 이유가 있었다고 보아야 한다.

| 가경제

　천하의 명군으로 손꼽히는 건륭제는 왜 화신을 끝까지 신임한 것일까? 학자들의 견해는 엇갈린다. 대다수 학자들은 화신이 자신에게 불리한 상소문 등을 미리 빼돌리고 술수를 부려 건륭제의 귀와 눈을 막은 점을 지적하고 있다. 그러나 이는 한쪽 면만을 본 것이다. 화신은 능력도 뛰어났지만 황제에게 모든 것을 바친, 말 그대로 '황제의

남자'였다. 건륭제는 말년에도 정사를 그르치지 않았다. 화신이 그만큼 뛰어난 역량과 충성심으로 건륭제를 잘 보좌했다는 의미다.

지식보다 지혜를 발휘했던 화신

화신은 원래 만주족 출신이다. 출세가 보장돼 있었다. 그러나 어릴 때 가세가 기울어져 형편이 어려워지자 직례총독 풍영렴馮英廉에게 의탁하면서 18세 때 그의 손녀와 결혼했다. 이후 금군의 3등시위가 되어 건륭제를 호위하다가 능력을 인정받아 도통으로 승진했다. 건륭 40년(1775)에는 처음으로 건륭제를 직접 배견해 능력을 인정받게 됐다.

하루는 이런 일이 있었다. 건륭제가 외출하려는데 가마를 덮는 황룡산개黃龍傘蓋가 제대로 준비되지 않았다. 건륭제가 화를 냈다.

"이는 누구의 잘못인가?"

『논어』「계씨」에 나오는 구절을 인용한 힐책이었다. 신하들이 사색이 되

| 화신

어 서로의 얼굴만 바라봤다. 이때 화신이 재치 있게도 같은 「계씨」에 나오는 구절을 인용해 화답했다.

"담당자는 책임을 변명하지 않는 법입니다."

탄복을 금치 못한 건륭제가 고개를 돌려 화신을 봤다. 기백이 있는 데다 태도 또한 의젓했다. 건륭제가 주위를 둘러보며 그를 칭찬했다.

"너희들 중 누가 이 말뜻을 알겠는가!"

그러고는 내친 김에 사서삼경 등의 내용에 대해서도 얘기를 나눠 보았다. 화신은 체계적으로 공부한 것은 없었지만 태연히 이에 응했 다. 건륭제는 화신의 학력은 비록 높지는 않았지만 지혜가 뛰어난 것을 알게 되었다.

또한 화신은 만주어와 몽골어, 중국어, 티베트어 등 4개 국어에 능 통했다. 청나라 황제는 어릴 때부터 이들 4개 국어에 능통해야만 했 다. 백성의 대부분을 차지하는 중국인은 물론 라마교를 신봉하는 몽 골인과 티베트인을 다스리기 위한 최소한의 요건이기도 했다. 만주 족 중 학문을 깊이 연마한 사람도 많지 않았지만 설령 그런 사람일 지라도 화신처럼 4개 국어에 능통한 사람은 거의 없었다. 4개 국어 로 국서國書를 능수능란하게 쓸 수 있는 그가 건륭제의 총애를 받은 것은 자연스런 일이었다. 더구나 그는 머리가 비상했다. 시의에 부합 한 정책을 건의해 건륭제의 호감을 샀다.

그는 32세 때인 건륭 46년(1781) 2품인 호부상서에 제수된 후 이부상서, 병부상서, 형부상서, 국자감 교장 등을 두루 거친 뒤 사실상의 재상인 문화전대학사 겸 군기대신의 자리에 올랐다. 40세인 건륭 54년(1789)에는 자신의 아들이 건륭제의 막내딸과 혼인하면서 황제의 사돈이 됐다. 얼마 후 사실상의 정승인 수석 군기대신이 되었다.

화신은 건륭제의 총애를 잃지 않기 위해 피나는 노력을 했다. 당대 최고의 지식을 자랑하는 건륭제의 눈에 들기 위해 틈만 나면 유가경전을 비롯한 다양한 책을 읽었다. 책을 손에서 놓지 않았다.

대쪽같이 청렴결백했던 유용

| 유용

건륭제가 기용했던 두 번째 재상은 화신과 정반대로 청관淸官의 상징인 유용이다. 지금의 산동성 고밀현 출신인 유용은 자가 숭여崇如이고 호는 석암石庵이다. 건륭 16년(1751)에 진사시험에 합격한 뒤 승진을 거듭해 내각대학사의 자리까지 올랐다. 드물게도 그의 부친 역시 재상까지 올라간 고관이었다. 건륭 38년(1773) 유용의 부친 유통훈劉統勛이 사망했다. 이때 건륭제

는 친히 문상을 갔을 정도로 그를 신임하고 있었다. 당시 그의 집 대문이 너무 작아 가마가 들어갈 수 없었다. 초라한 작은 집이었다. 건륭제는 울면서 좋은 재상 하나를 잃었다고 애석해했다. 문정공의 시호를 내렸다.

건륭 중기 화신이 권력을 잡자 조정의 관원들은 모두 그에게 몰려들었다. 그러나 유용은 냉담한 모습을 보였다. 오히려 화신을 농락하였다.

| 유용의 글씨

어느 해 설날이었다. 눈이 펑펑 쏟아지고 바람이 세차게 불었다. 화신이 궁을 나선다는 소식을 들은 유용은 화신이 자신의 집을 지나갈 때 일부러 수하들에게 명찰을 내들고 가마 앞에서 이같이 소리치도록 했다.

"유중당劉中堂이 몸소 나리의 저택을 방문해 세배를 드리려 했으나 만나지 못했습니다. 지금 길 한복판에서 기다리고 있습니다."

'중당'은 재상을 의미한다. 유용이 어느새 땅에 꿇어 앉아 세배를 올리고 있는 것을 본 화신이 황급히 땅에 꿇어 앉아 답례를 올렸다. 그 바람에 그가 입고 있던 비단옷이 진흙이 묻어 엉망이 되었다. 화신을 골려주고자 한 행동이었다.

유용은 시문과 서법에 능했다. 특히 웅장한 기골과 고상한 정취를 가진 독특한 서풍으로 유명하다. 진한 먹을 사용해 중후함을 표현했기에 농묵재상濃墨宰相으로 불렸다. 또한 첩학파帖學派의 완성자로도 평가받는다. 유용은 가경 9년(1804) 타계했다. 시호는 문청文淸이다.

유용은 곱사등이?

지난 2000년대 초 그를 주제로 한 드라마 〈재상 유라과宰相劉羅鍋〉가 중국에서 큰 인기를 끌었다. '유라과'는 '유씨 곱사등이'라는 뜻이다. 그렇다면 유용은 실제로 곱사등이었을까? 그렇지는 않다. 이 별명은 드라마에서처럼 건륭제 때 나온 것이 아니라 후에 가경제가 지어준 것이다. 건륭제 사후 가경제가 유용을 만났을 때 그는 이미 80세가 넘어 허리가 굽어 있었다. 가경제는 그를 보는 순간 존경스런 마음이 일면서도 한편으로 장난기가 발동하여 '유라과'로 불렀다. 이는 놀림이 아니라 친근감의 표시였다.

학문이 깊고 문학을 사랑한 기효람

마지막 세 번째 재상은 유용과 친형제처럼 지냈던 기효람이다. 기효람과 유용의 인연은 아버지대로 올라간다. 기효람이 과거시험을 볼 때 유용의 부친 유통훈이 시험관으로 있었다. 훗날 기효람이 억울하게 유배를 떠나게 될 안건을 다룬 사람도 유통훈이었다. 또한 기효람을 『사고전서』 편찬의 집필 책임자로 천거한 것도 유통훈이었다. 기효람은 늘 그 은혜를 잊을 수 없다고 술회했다. 둘은 깊은 사제관계를 맺고 있었다. 이 때문에 유용과 기효람은 젊었을 때부터 교류하며 지냈다.

| 기효람

기효람도 유용과 마찬가지로 부친의 영향을 크게 받았다. 그의 부친 기용서紀容舒는 지금의 하북성 헌현 출신으로 강희 52년(1713) 과거시험에 급제해 호부와 형부의 관원을 역임했다. 그는 저명한 고증학자이기도 했다. 옹정 2년(1724)에 태어난 기효람도 부친 덕분에 4세부터 글을 배우기 시작했다. 기억력이 비범하고 역사와 문학에 정통해 '신동' 소리를 들었다. 젊었을 때 부친의 뒤를 이어 고증학 연구에 전념했다. 31세 때인 건륭 9년(1744) 우수한 성적으로 과거시험에 합격해 한림원에 들어갔다. 건륭제는 지방관원으로 있던 기효람이 자신의 곁에서 보필하는 게 낫다고 판단해 발탁했다.

기효람의 가장 큰 업적은 『사고전서四庫全書』의 편찬에 있다. 역대 전적典籍들을 총망라해 체계적으로 정리한 것이다. 유가경전인 경經, 역사서인 사史, 제자백가인 자子, 문집인 집集 등 4개 부분에 걸쳐 총 3천5백여 종에 달했다. 권수로는 거의 8만 권에 육박했다. 중국의 전 역사문화를 하나로 집대성해놓았다고 해도 과언이 아니다.

기담집奇談集인 『열미초당필기閱微草堂筆記』 24권도 있다. '열미초당'은 그의 서재 이름이다. 거의 40만 자에 달하는 방대한 양이다. 그가 직접 수집한 민간전설과 기이한 이야기 등 1,200여 편의 이야기가 담겨 있다. 유령 등의 괴담이 중심이나 이국의 물산이나 전설, 작자의 추억담 등도 포함되어 있다. 우아하고 간결한 문체로 시정에 떠도는 이야기와 사건에 대한 견문을 토대로 했기 때문에 매우 사실적이라는 평을 받고 있다.

| 『열미초당필기』

어떤 주장에 따르면 현존 『열미초당필기』는 원래 원본에 해당하는 『열미필기閱微筆記』의 10분의 1에도 미치지 못한다고 한다. 『열미필기』는 그가 문진각文津閣에서 『사고전서』를 편수할 때 은밀히 보관되

어 있던 희귀본과 금서 가운데서 취한 것들로 구성돼 있었다. 대목에 따라 비평하고 주석을 달아놓기도 했다.

이런 사실이 화신에게 발각돼 기밀누설 혐의를 받게 되자 이 사실을 알게 된 왕정王丁이라는 협객이 문진각에 숨어들어 『열미필기』를 꺼내 비밀리에 도성 밖의 쌍탑산에 묻었다. 기효람은 다행히 화를 면하기는 했으나 왕정이 돌연 사망하는 바람에 『열미필기』는 사라지게 되었다.

『열미필기』가 사라진 후 기효람은 부득불 기억에 의존해 다시 쓰기 시작했다. 옛날에 읽은 것을 다시 찾아보고 기억이 나는 대로 글로 써서 10년 만에 완성했다. 그러나 내용이 『열미필기』의 10분의 1에도 미치지 못했고, 내용 또한 이전만큼 풍부하지 못하다. 그 결과물이 바로 현존 『열미초당필기』이라는 것이다.

중국인들은 이를 마치 역사적 사실처럼 믿고 있으나 이는 허구에 가깝다. 협객이 삼엄한 궁궐로 침투해 『열미필기』를 은밀히 빼내갈 수 있었을 가능성은 매우 낮다. 사람들이 화신과 기효람을 대비시켜 만들어낸 무수한 일화 가운데 하나로 보는 게 옳다.

기효람은 유용이 죽은 이듬해인 가경 10년(1805) 82세로 타계했다. 가경제는 '민활하고 학문을 좋아해 가히 뛰어난 문학을 이뤘고, 정사를 담당하면서도 통달하지 않은 게 없었다.'는 내용의 비문을 내렸다. 시호는 문달文達이다.

건륭제를 사이에 둔 재상들의 신경전

건륭제는 화신을 각별히 총애하고 신임했기 때문에 기효람에 대한 총애는 상대적으로 이보다 못했다. 화신은 말 그대로 '일인지하, 만인지상'의 권세를 자랑했다. 조정의 대소 관원들 모두 화신을 좇았다. 기효람은 시종 화신과 거리를 유지하며 청렴한 행보를 보였다. 이에 사람들은 그를 존경하여 그의 글씨를 묵보墨寶로 여기며 이를 소장하고 있는 것을 큰 영광으로 생각했다.

화신도 기효람의 '묵보'를 갖고 싶었다. 한번은 기효람에게 신축한 자택에 걸 편액을 부탁했다. 사람들 모두 기효람이 거절할 것이라고 생각했다. 뜻밖에도 기효람이 선뜻 '죽포竹苞' 두 자를 써 보냈다. 이는 『시경』에 나온다.

졸졸 흐르는 시냇물　　秩秩斯干
아득한 남산 위에　　　幽幽南山
대나무 무성한 듯　　　如竹苞矣
소나무 무성한 듯　　　如松茂矣

일족의 화목을 노래한 것으로 매우 좋은 뜻을 지니고 있다. 화신이 크게 기뻐하며 정성껏 표구한 뒤 누각의 가장 잘 보이는 곳에 걸어놓았다. 빈객들 모두 칭찬을 아끼지 않았다.

하루는 건륭제가 화신의 집에 들르게 됐다. 편액을 보고는 잠시 머리를 갸웃하더니 크게 웃음을 터뜨렸다. '죽포'를 파자破字하면 개개 초포个个艸包가 된다. '초포'는 무능한 사람과 바보를 지칭한다. 화신의 집안사람 모두 바보 같다는 뜻이다.

건륭제의 공정 원칙

① 일을 할 때는 규정과 법으로 해야 한다
② 자신뿐 아니라 주변을 엄하게 다스려라
③ 태만해지거나 편협해지는 것을 경계하라

춘추 시대에 진나라와 초나라가 중원의 패권을 놓고 맞섰다. 그런데 진왕 여공勵公은 어리석고 향락을 좋아해 정치에 관심이 없었다. 진나라는 혼란기를 맞게 되었고 이에 진나라를 따르던 제후들이 동요하기 시작했다.

결국 진나라에서 정변이 일어났다. 여공은 죽고 국외에 있던 공자公子를 불러들여 왕으로 추대했다. 도공悼公이다. 도공의 리더십으로 다시 진나라가 일어섰다. 초나라와 맞설 만한 국력이 갖추어졌으나 섣불리 초나라를 침공할 수 없었다. 북방민족으로부터 또다른 위협을 받고 있었기 때문이다. 도공은 먼저 북쪽을 정리하여 후환을 없애자고 제안했으나 대신이었던 위강魏絳이 간했다.

"불가합니다. 우리 군사가 북쪽으로 향한 사이 초나라가 공격하면 어떻게 하시겠습니까? 차라리 북방의 민족을 달래어 화친하는 것이 낫습니다."

이에 도공은 위강을 파견했다. 위강은 유려한 언변으로 그들을 달래 동맹을 맺을 수 있었다. 후방의 위협이 사라진 진나라는 초나라와 제대로 맞설 수 있게 되었다. 먼저 두 강국 사이에서 중심을 잡지 못하는 정鄭나라를 쳐 항복시켰다. 도공은 정나라로부터 받은 공물의 절반을 위강에게 주었다. 그러나 위강은 극구 사양하면서 오히려 간언했다.

"폐하께서는 '평안할 때도 위기를 생각하고 준비를 갖추어야 화를 면할 수 있다居安思危 思則有備 有備無患.'라는 이치를 기억하시기를 바랍니다."

여기에서 편안할 때도 위태로울 때의 일을 생각하라는 뜻의 고사성어, '거안사위'가 나왔다.

일의 경중을 따지지 말고 언제나 공평하라

"청나라는 다민족의 세계국가였다.
건륭제는 제국 내의 모든 민족을 동일하게 대했다."

『사고전서』 – 다양한 학문을 수용하고 장려하다

건륭제는 문무文武 두 측면에서 조부인 강희제 못지않게 뛰어난 업적을 이뤘다. '문'의 차원에서 그의 치세는 실로 찬란하다. 그의 치세 때 고증학이 크게 발달했다. 역대의 모든 명저를 총망라했다는 평가를 받고 있는 『사고전서四庫全書』를 편찬하고, 『명사明史』를 완간한 게 대표적인 실례이다. 그가 어제시문집御製詩文集의 명칭을 『십전집十全集』으로 정한 것도 이런 자신감의 표현으로 볼 수 있다.

가장 대표적인 문화 사업으로『사고전서』의 편찬을 들 수 있다. 건륭 37년(1772) 그는 고금의 모든 양서를 모은 뒤 이를 필사시켰다. 이같이 필사된『사고전서』는 3천4백여 종으로 약 8만 권에 달했다. 그는 이를 7부로 작성했다. 총 50여만 권의 책이 필사되었다. 양서의 경우는 제목을 적고 상세한 해설을 부기한「존목存目」으로 편제되었다. 이 또한 6천7백여 종에 총 9만여 권에 달한다.

| 『사고전서』

그는『사고전서』를 보전하기 위해 모두 7곳의 큰 서고를 마련했다. 호화판으로 장정한 4부는 자금성과 각지의 이궁에 보관했다. 자금성내의 문연각文淵閣과 심양고궁의 문소각文溯閣, 열하 피서산장의 문진각文津閣, 원명원의 문원각文源閣이 그것이다. 문연각본은 이후 일본의 침략으로 자금성 내의 많은 서화 및 골동품과 함께 남방으로 옮겨져 오지에 숨겨져 있다가 내전이 벌어지자 대만으로 옮겨졌다.

현재 열하의 문진각본은 북경도서관에 소장돼 있다. 심양의 문소각본은 주변에 민가가 밀집해 있어 교외에 새로 지은 서고로 옮겼다.

『사고전서』 속에는 이탈리아인 마테오리치의 『건곤체의乾坤體義』와 『기하원본幾何原本』, 독일인 아담 샬의 『신법산서新法算書』, 벨기에인 베르비스트의 『곤여도설坤輿圖說』 등 서양인의 저서도 있다. 이는 강희제 자신이 베르비스트 등으로부터 수학과 천문학 등을 배운 사실과 관련이 있었다. 이후 불교를 신봉한 옹정제는 관부에 근무하는 기술자 이외의 신부들을 모두 추방했다. 신부들이 가톨릭을 포고하면서 청나라 통치에 저촉되는 언행을 한 것이 가장 큰 원인이었다.

그러나 건륭제는 부황 옹정제와 달리 서양의 선교사들을 포용력 있게 수용했다. 그는 조부와 마찬가지로 종교에 대한 편견이 없었다. 건륭제는 생전에 자신이 살아 있는 동안 『사고전서』가 완성되지 못할 것이 두려워 주요문헌을 선별해 『사고전서회요四庫全書薈要』로 편제했다. 이는 그가 막 70세가 되는 재위 45년(1780)에 완성되었다.

그는 평생 동안 총 4만2천여 수나 되는 시를 짓기도 했다. 이는 『사고전서』의 편찬에 비유할 만했다. 4만여 수의 시는 고금동서를 통틀어 전례 없는 일이다.

문자지옥 – 제국을 하나로 모으기 위한 필요악

그러나 그 역시 '문자지옥'으로 인해 한족 신사층의 비난으로부터 자유롭지 못했다. 그의 치세 때의 '문자지옥'은 오히려 조부와 부황 때보다 더 심한 면이 있었다. 대표적인 예로 건륭 20년(1755)에 빚어진 호중조胡中藻 사건을 들 수 있다. 그의 시집 속에 '일세무일월一世無日月' 등 불경스런 구절이 나온 게 문제가 되었다. '일월日月'을 합치면 '명明'이 된다. 이는 명나라의 세상이 아닌 것을 슬퍼한다는 뜻을 담고 있었다. '논탁청論濁清'도 도마 위에 올랐다. 운을 맞추기 위해 '청탁'을 '탁청'으로 바꾼 것이라고 변명했으나 '탁한 청나라'의 취지가 분명했다. 이런

| 호중조

예가 부지기수였다. 호중조는 결국 사형을 당했다.

포정사를 지낸 팽가병彭家屏도 불온서적을 소장한 죄로 자결의 명을 받았다. 족보에 명나라의 만력 연호를 그대로 쓴 것이 문제가 되었다. 당시의 기준에서 볼 때는 이는 불경스런 일이었다. 건륭제는 『사고전서』편찬 과정에서 청나라의 입장과 어긋나는 것을 조사하라는 상유를 자주 내려 보냈다. 이는 만주족을 호胡와 이夷, 적狄으로 표현하는 것을 금한 데 따른 조치였다.

오랫동안 '문자지옥'으로 인해 건륭제는 적잖은 비판을 받아왔다. 그러나 이는 '황제칸'의 성격을 간과한 것이다. 청나라는 한족이 세운 역대 왕조와 달리 만주족과 몽골족, 티베트족, 위구르족, 한족이

라는 5개 민족을 중심으로 한 다민족의 세계국가였다. 화이론華夷論에 입각해 만주족 등을 이적시夷狄視하는 것은 결코 용납할 수 없는 일이었다. 이는 그가 한족을 특별히 차별한 게 아니라는 사실을 보면 쉽게 알 수 있다.

중국 역사상 가장 넓은 영토로 모든 민족을 아우르다

'무'의 차원에서 볼 때 그는 재위기간 중 중국 역사상 가장 넓은 영토를 확보했다. 그 영역은 오늘날의 중국 전체와 러시아령 연해주 및 몽골인민공화국을 포함하고 있다. 원정 등을 포함해 모두 10회에 걸친 '십전지공十全之功'의 무공을 내세워 '십전노인十全老人'을 자칭한 사실이 이를 뒷받침한다. 준가르부 몽골족이 사는 준부準部 출정 2회와 위구르족이 사는 회부回部 출정 1회를 포함해 금천金川 2회, 타이완 1회, 미얀마 1회, 안남 1회, 외몽골 할하 2회가 그것이다. 그는 조부 강희제를 본떠 남순南巡 6회, 동순東巡 5회, 서순西巡 4회 등 총 15회에 걸친 순수巡狩를 행하기도 했다.

건륭제는 제국 내의 모든 민족을 동일하게 대했다. 건륭제의 아버지 옹정제는 자신의 아버지인 강희제가 한족에 치우친 정책을 썼다고 생각했다. 그래서 옹정제는 만주족의 정신을 되살리려는 입장으로 한족을 다소 탄압했다. 그러나 이 뒤를 이은 건륭제는 한족과 만주족이 융합해야 할 때라고 생각했다. 한족에게 물려있던 재갈을 풀고 만주족과 한족을 한 치의 차별없이 대우했다. 이 정책의 일환으로 국토를 넓히는 정복 사업에 한족 역시 참여시켰다. 다만 만주족의 통치를 거부할 경우 단호히 응징했다.

그는 준가르부의 오이라트를 평정했다. 당시 서몽골은 크게 현재 중국 신강성 내 준부, 즉 준가르부와 회부, 즉 위구르부를 비롯해 러시아령에 있는 서투르키스탄 등 넓은 지역에 분포해 있었다. 준부는 티베트 불교를 믿은 데 반해 위부는 이슬람교를 믿었다. 회부는 용맹한 오이라트 몽골인으로 구성된 준부와 달리 온순한 터키계 위그르족이 주축을 이루고 있었다.

준가르부는 강희제 때부터 정복대상이었다. 만주족과 연합한 동몽골과 달리 준가르부는 적대적인 태도를 보였기 때문이다. 『청사고』 「후비전」에 따르면 순치제의 생모를 포함해 홍타이지의 후비 5명 모두 동몽골의 보르지키트 출신이었다. 순치제의 후비들 중에도 몽골족 출신이 몇 명 있었다.

그러나 준가르부는 강희제 때 대대적인 토벌을 당한 이후 때를 노리며 은밀히 세력을 키우고 있었다. 건륭제 때에 들어와 준가르부는 마침내 회교도가 많은 '회부'까지 진출했다. 회부에는 마호메트의 후예로 일컬어지는 하심和卓木 가문을 비롯해 차가타이칸국의 후계자를 칭하는 사람들이 살고 있었다. 하심 집안은 이 무렵 흑산파黑山派과 백산파白山派로 나뉘어 내분에 빠져 있었다. 준가르부는 이를 놓치지 않고 쳐들어가 회부의 유력자들을 모두 잡아다가 준가르부의 본거지인 일리 지방으로 끌고 갔다. 준가르부는 자신들이 이슬람 권인 회부를 직접 통치하기 어렵다는 사실을 잘 알았다. 이에 흑산 파인 다니야르를 회부로 돌려보내고 그 아들을 인질로 잡아두었다.

| 갑옷을 갖춰입은 강희제

얼마 후 준가르부에도 내분이 일어나 다와치가 칸의 자리에 올랐다. 건륭 19년(1754)에 다와치는 자신를 옹립하는 데 큰 공을 세운 갈단체림의 외손자 아무르사나의 전횡이 심해지자 이내 그를 치려

고 했다. 이에 아무르사나가 청나라로 투항하면서 준가르부에 대한 토벌을 건의했다. 건륭제가 이를 받아 들였다. 이듬해인 건륭 20년(1755)에 건륭제가 원정군을 준가르부로 보냈다. 내분에 빠져 있던 준가르부는 청군의 적수가 되지 못했다. 청군은 1백 일 만에 일리를 점령하고 타림 분지로 도주한 다와치를 우수에서 포획해 북경으로 압송했다. 이것이 1차 준가르부 원정이다.

아무르사나는 자신이 세운 공을 인정받아 준가르부 전체의 칸이 될 것으로 생각했다. 그러나 건륭제는 이 지역을 분할해 직접 통치할 생각이었다. 아무르사나는 칸의 자리에 오르기는 했으나 몇 조각으로 나눠진 조그만 땅의 지배자로 봉해졌다. 이에 아무르사나가 반기를 들자 회부의 하심 형제가 청나라 관리를 살해하고 이에 호응했다. 건륭제는 재위 22년(1757)에 조혜兆惠를 대장군에 임명해 이들을 토벌하게 했다. 이것이 제2차 준가르부 원정이다. 이듬해인 건륭 23년(1758)에 하심 형제는 파미르 산중으로 도주하고 아무르사나는 카자흐 쪽으로 달아났다가 그곳에서 죽었다. 하심 형제도 파미르의 바다흐샨에 사는 술탄 샤에 의해 목이 잘려 청군에 넘겨졌다.

이때 공교롭게도 전염병이 무섭게 퍼지기 시작했다. 이후 3년에 걸쳐 청군은 오이라트 전 인구의 절반인 30만 명을 살육했다. 살아남은 자들도 병사하거나 도주해 준가르부 일대는 폐허가 되었다. 청군은 여세를 몰아 건륭 24년(1759)에 카슈가르를 점령한 뒤 반항한 하심 형제 일당 이외에는 모두 사면하고 카슈가르에 참찬대신을 파견해 다스렸다. 이어 준가르부와 회부를 하나로 통합한 뒤 신강성으로 편입시켰다.

청군의 위력에 놀란 일리 지역 서북쪽의 발하시호에 있는 카자흐 족장은 신하가 되기를 자청했다. 페르가나 지역의 코칸드칸국의 에르디니도 청에 조공을 바쳤다. 이로써 동투르키스탄 지역이 청의 지배영역으로 편입되었다. 이후 폐허가 된 준가르부 일대는 17세기 초 볼가 강 쪽으로 이동한 톨구트칸이 1백여 년 만에 되돌아와 건륭제의 허락을 받아 근거지로 삼으며 다시 몽골인의 활동무대가 되었다.

| 건륭제를 알현하는 카자흐

문화를 번성시켜 경제 발전을 꾀하다

당시의 경제는 장강의 삼각주 일대를 중심으로 흥성했다. 양주는 소금, 소주는 견직물로 유명했다. 항주도 직물이 성했다. 경제가 흥성하면서 과거합격자 역시 이 지역에서 대거 배출되었다. 청대의 전 시기에 걸쳐 배출된 총 120명의 장원 중 이 지역 출신이 전체의 70퍼센트에 달했다. 양주와 소주, 항주를 포함하는 강소성과 절강성에서 얼마나 많은 수재가 나왔는지 짐작이 된다.

장강 삼각주 경제권

청대의 뛰어난 예술가와 문인들 역시 거의 모두 이 지역 출신이다. 화단은 소주를 중심으로 하는 오파吳派와 항주를 중심으로 하는 절파浙派가 양대 산맥을 이뤘다. 오파는 기운氣韻, 즉 서화에서 풍기는 맑은 정취를 중시했고 절파는 절묘한 기교技巧를 중시했다. 부호가 많은 양주에는 서화의 수집가가 많아 많은 화가들이 몰려들었다. 대표적인 집단이 이른바 '양주팔괴揚州八怪'이다. 이들 모두 '괴怪'라는 글자가 상징하듯 일반인이 추종할 수 없을 정도의 일가를 이룬 사람들이다.

　건륭제의 성세는 경제면뿐만 아니라 문화면에서도 최고의 성세를 구가하고 있었다. 예수교 선교사를 통해 서양의 최신 학문과 기술이 전래되고 중국의 문물이 대거 유럽에 소개된 것도 그 여파로 볼 수 있다. 유럽에서 인문주의를 기반으로 한 계몽주의 사상이 개화한 것은 바로 이들 선교사들이 중국 전래의 수많은 전적을 라틴어로 번역해 소개한데서 비롯된 것이었다. 애덤 스미스의 『국부론』에서 언급되는 '보이는 손'과 '보이지 않는 손'은 바로 건륭제 치하의 청나라를 모델로 삼은 것이다. 실제로 그의 치세 때 청나라의 GDP는 전 세계의 30퍼센트를 상회했다. 20세기 후반 이후 21세기 초에 이르기까지 G1으로 군림한 미국의 GDP보다 더 큰 비율이다.

大公至正 協和萬邦

아주 공정하고 지극히 바르게 하여 온 세상을 평화롭게 하라 건륭제는 호방하고 풍류를 즐기는 사내로 유명하다. 재위하는 동안 수많은 미인들을 품었다고 기록되어있다. 그러나 실상 황제가 되기 전에 거느린 비첩은 10여 명에 불과했다. 그가 '수많은 미인을 품었다'고 평가되는 이유는 황제가 된 이후 후비들이 급격히 늘어나 작위를 받은 여인들만 해도 40여 명이 넘었기 때문이다. 작위를 받지 않고 거쳐간 여인은 훨씬 많았다. 건륭제의 후궁들을 비롯한 황자, 황손을 합하면 직계 가족만도 100명이 넘었다.

그는 후비를 들이는 데에 한족, 만주족, 몽골족, 회족 등 민족을 가리지 않았으며, 명문 귀족 출신부터 평민에 이르기까지 신분도 가리지 않았다. 심지어 후비들 중에서는 죄인 신분이었던 여인도 있었던 것으로 전해진다. 그의 성격이 때문이기도 하지만, 건륭제가 민족과 신분을 넘어 많은 후비를 들였던 이유는 민족과 신분을 가리지 않고 포용하고자 했기 때문이었다.

당시 혼인은 어느 것보다 튼튼한 결속방법이었다. 황제에 자리에 앉은 그가 온갖 민족과 그로부터 파생된 수많은 가문을 하나로 모을 수 있는 방법 중에 하나가 그들의 딸을 후비로 들이는 것이었다.

실제로 건륭제는 첫 번째 황후와 아주 금슬이 좋았다. 효현순황후와 건륭제는 15세, 16세 때 처음 만났으며 사이가 좋았다. 효현순황후는 총명하고 성격이 인자했다. 건륭제가 병으로 목숨이 위태로울 때 100일 밤낮으로 간호했다는 일화도 있다. 건륭제는 이런 황후를 총애했다. 그러나 효현순황후는 아들 둘을 차례로 잃은 충격으로 죽고 만다. 이에 건륭제는 슬픔에 잠겨 「술비부」를 지어 애도했다.

深情贏得夢魂牽
依舊橫陳立枕邊
似矣疑遲非想像
來兮恍惚去遷延
生前歡樂題將遍
別後悽愁活未全
無奈徹人頻昌曉
空余淸淚醒猶連

두터운 정이 남아 꿈에서 혼령이 서로를 이끄네
아직도 머리맡에 있는 것 같구나
생생하게 볼 수 없이 어렴풋 잠들지만
떠나기 싫어 발걸음을 뗄 수 없네
살아서 즐거움은 노래할 수 있지만
헤어진 슬픔은 다 표현할 수 없구나
새벽이 밝아 꿈에서 깨면
베개를 적시는 눈물이 계속 흐르네

건륭제가 준가르부를 정벌하고 회부를 장악할 당시 백산파의 동생 하심 지한의 아내가 절세미인이라는 소문이 북경까지 전해졌다. 이에 건륭제는 조혜가 출정할 때 하심 지한의 아내를 데려오도록 명했다. 이렇게 용씨容氏가 궁중으로 들어왔다. 북경으로 끌려온 향비는 언제나 비수를 소매에 숨겨놓고 황제를 거부했다. 모후인 성헌태후聖憲太后가 걱정이 되어 향비를 죽이든지 고향으로 돌려보내라고 권했으나 건륭제는 결단하지 못했다. 그러자 성헌태후는 건륭제가 교외로 나간 틈에 환관을 시켜 향비를 목 졸라 죽였다.

이 전설을 믿는 사람들은 청나라에 복무한 이탈리아 화가 카스틸리오네가 그린 것으로 전해지는 그림의 주인공이 바로 '향비'라고 주장하고 있다. 그림 속의 여인은 투구를 쓰고 갑옷을 입고 있어 매우 인상적이다. 그러나 이는 건륭제의 비빈이 된 용비容妃의 얘기가 와전된 것이다.

『청사고』「후비전」에 따르면 용씨容氏는 원래 회부의 하심의 딸로 궁중으로 들어왔다. 이에 건륭제의 총애를 입어 건륭 33년(1768)에 귀인에서 비로 승격된 뒤 20년 뒤인 건륭 53년(1788)에 죽었다. 그녀는 건륭 42년(1777)에 사망한 성헌태후보다 11년이나 더 살았다. 성헌태후의 사주에 의해 교살되었을 리가 없다. 현재 카슈가르시 현지 전설에 따르면 용비는 29세에 죽었고, 건륭제는 그녀의 죽음을 크게

슬퍼해 120명의 호위병과
가마꾼을 시켜 3년이나 걸려
그녀의 관을 고향인 카슈가
르까지 운구했다고 한다.

전설에 따르면 '향비'의 명
칭은 그녀가 터키식 목욕을
즐겨 늘 몸에서 향내가 난 까
닭에 이런 이름을 얻게 되었
다고 하나 이 또한 와전이다.
현재 자금성의 무영전 서북
쪽에는 흰 타일로 된 터키식
욕실 욕덕전浴德殿이 있으나
이는 향비가 사용했던 건물
이 아니다. 황실의 출판소 무
영전에서 일하는 사람들을 위한 시설이었다.

'향비'의 전설은 당시 자금성 깊숙한 곳까지 국제화가 되었음을
알려주고 있다. 건륭제의 치세가 얼마나 화려했는지 보여준다.

광명의 뒤에는 반드시 그림자가 있다

"달이 차면 기우는 이치가 보여주듯이
극도로 무르익은 '난숙爛熟'은 쇠망의 조짐이기도 하다."

완전히 익은 열매는 떨어지기 마련이다

건륭제의 치세 중 만년의 10년은 조락을 알리는 징후가 도처에서 나타났다. 사치와 만연이 서민들에게까지 널리 퍼졌다. 아이러니하게도 건륭제 치세에 극도로 치달았던 부국과 강병이 나라를 병들게 한 것이다. 건륭제 역시 후반에는 인재등용을 잘못하거나 총애하는 신하의 요구를 들어주거나 하는 실책을 저질렀다. 화신은 건륭제의 총애를 업고 부패를 저질렀다. 관리들이 이를 고했으나 건륭제는 화신에게 향하는 총애를 거두지 않았다. 오히려 자신의 딸을 시집보내 권력을 더 쥐어주었다. 결국 건륭제가 죽고 나서야 화신은 제거되었다. 달이 차면 기우는 만월즉휴滿月則虧의 이치가 보여주듯이 극도로 무르익은 '난숙爛熟'은 쇠망의 조짐이기도 하다.

가장 큰 것은 급속히 한화되면서 특유의 상무정신을 잃고 부패해 간 점이다. 건륭제도 만주족의 급속한 한화에 적잖은 우려를 나타내고는 했다.

"만주족으로서 관의寬衣를 입은 자가 있으니 좋지 않은 일이다."

'관의'는 중국 전래의 유복儒服을 말한다. 당시 한족 여인들은 행동하기 편한 만주족 고유의상 치파오旗袍를 즐겨 입었다. 그러나 만주족 남자들은 오히려 한인 사대부의 복장을 동경해 '관의'를 입었다. 과거시험이 봉쇄된 기인들이 자신들의 본업인 무업武業을 소홀히 하면서 한족의 '관의'를 동경한 것은 이미 정체성을 상실한 것이나 다름없었다. 불행하게도 만주족 역시 과거의 정복왕조가 걸어간 길을 답습하고 있었던 것이다.

건륭제의 치세는 영국을 위시한 서구의 동방진출이 전례 없이 활발해진 때이기도 했다. 특히 산업혁명에 가장 먼저 성공한 영국은 차를 마시는 습관이 보급되어 있었다. 당시 찻잎은 중국에서만 나왔기 때문에 찻잎 수요가 폭발적으로 늘어나고 있었던 영국은 대청무역에 더욱 적극적이었다. 영국의 동인도회사는 더 많은 차를 수입하기 위해 청국과의 공식적인 교역을 절실히 원하고 있었다.

당시 동인도회사의 수입품목은 찻잎이 주류였고 견직물과 도자기가 그 뒤를 따랐다. 오랫동안 자급자족 체제였던 중국에서는 외국무역이 필요없었다. 영국은 대량의 찻잎을 사들이면서도 중국에 팔물건이 없었다. 한때 모직물에 열심히 공을 들였으나 모직물은 야만인이 입는 것이라는 중국인의 선입견으로 인해 이내 수출이 정체되었다. 이로 인해 영국의 대중무역은 늘 적자였다. 은으로 결제가 이뤄진 까닭에 대량의 은이 중국으로 유입되었다.

| 영국에 있던 동인도회사 본사

무역수지가 계속 악화되자 영국은 비상수단을 강구하기 시작했다. 이들이 고심 끝에 찾아낸 것이 바로 아편이었다. 동인도회사는 건륭 45년(1780)에 영국정부로부터 아편 전매권을 따냈다. 본격적으로 아편을 팔아 대청 무역적자를 줄이겠다는 심산이었다. 영국정부도 이를 묵인했다.

아편은 오래전부터 중국에 수입되고 있었다. 의약품 명목으로만 소량에 한해서 가능했다. 명나라 만력 7년(1589)의 관세표에는 아편의 수입세로 10근에 은 2전, 즉 3.73그램을 받은 사실이 적혀 있다. 청대에 들어와 풍토병에 아편을 진통제로 사용하는 일이 많아지면서 아편은 마약으로 둔갑하기 시작했다. 아편의 해악을 우려한 옹정제는 재위 7년(1729)에 아편을 판매한 자는 칼을 씌운 채 1달 동안 군역에 복무하게 하고, 아편 흡음소를 경영한 자는 곤장 1백 대에 3천 리 유배에 처했다.

지나친 자신감에 빠져 자만하지 말라

영국은 교착상태에 빠진 통상 문제를 타개하기 위해 건륭제의 80세를 축하하기 위한 사절단을 파견했다. 청나라가 이에 동의했다. 건륭 58년(1793)에 영국의 조지 3세가 보낸 사절단이 단장인 조지 매카트니의 인솔하에 북경에 도착했다. 당시 건륭제는 83세였다.

영국 사절단이 북경에 도착했을 당시 건륭제는 열하의 피서산장避暑山莊에 가 있었다. 청나라는 피서산장으로 찾아온 이들 사절단

3궤9고두

청나라 때 만들어진 황제에 대한 예법. '궤跪'는 무릎을 꿇는 것, '고叩'는 머리를 땅에 대는 것을 의미한다. 3궤9고두란 무릎을 꿇고 양손을 땅에 댄 다음 머리가 땅에 닿을 때까지 숙이기를 3번씩 3차례하는 것을 말한다. 이전부터 이러한 예법은 있었으나 제도화된 것은 청대 때부터.

을 조공사朝貢使로 밖에 보지 않았다. 3궤9고두三跪九叩頭를 요구하자 매카트니가 이를 거부했다. 신경전 끝에 결국 계단에 올라가 무릎을 꿇고 친서를 바치는 것으로 타결되었다. 매카트니는 영국의 요구사항을 내놓았지만 아무것도 수용되지 않았다. 러시아의 전례를 좇아 북경에 상관을 상설하고, 주재원을 두고, 주산과 천진에 상선이 정박하는 등의 제안이 모두 거부되었다. 여기에는 포르투갈 상인의 방해도 있었으나 설령 그것이 없었어도 영국의 요구는 받아들여질 수 없었다. 이는 건륭제가 조지 3세에게 준 칙유를 보면 쉽게 알 수 있다.

| 영국의 매카트니 사절단을 접견하는 건륭제

"아, 그대 국왕은 들어라. 천조天朝는 먼 곳의 사람들에게 혜택을 베풀고 사방의 오랑캐를 어루만져 길렀다. 천조는 물산이 풍부하여 없는 것이 없다. 본래 외부 오랑캐의 화물을 빌어 유무상통有無相通 무역하지 않는다."

건륭제는 재위기간이 조부인 강희제를 육박하게 되자 마침내 재위 60년(1795)에 이르러 보위를 15황자 옹염顒琰에게 물려주고 태상황으로 물러났다.

| 태상황으로 물러난 뒤의 건륭제

절정을 찍고 내리막을 달리다

15황자 옹염은 어떻게 하여 '태자밀건법'의 주인공이 된 것일까?

당초 건륭제는 황후 소생의 2황자 영련永漣을 황태자로 삼을 생각이었으나 영련은 요절하고 말았다. 건륭제는 대안을 찾기 위해 여러 황자들을 유심히 살폈다. 오랜 관찰 끝에 그의 눈에 들어온 인물이 바로 옹염이었다. 옹염은 부친 건륭제를 닮아 준수한 용모에 짙은 눈썹을 갖고 있었다. 다만 부황에 비해 다소 조용하고 내성적인 것이 약간 달랐다. 건륭제는 재위 38년(1773)에 15황자인 옹염의 이름을 써넣은 뒤 봉인했다. 당시 옹염의 나이 14세였다.

이후 옹염은 '상서방'에서 20년 동안 공부하며 시간을 보냈다. 가장 오랫동안 모신 사부는 대학사 주규朱珪였다. 주규는 건륭제가 황자로 있을 때 스승으로 있던 주식朱軾의 수제자였다. 주규는 상서방에 근무하며 옹염의 교육을 전담했다. 주규는 양심養心, 경신敬身, 근업勤業, 허기虛己, 치성致誠을 중시했다. 마음을 기르고 몸을 경건히 하면서 업무를 열심히 하고 욕심을 버리고 정성을 다하는 것을 의미한다. 훗날 옹염은 즉위한 후에도 늘 스승이 남겨준 이 5가지 충고를 마음에 새겼다.

옹염은 건륭 60년(1795) 말에 부황인 건륭제가 상황으로 물러나자 마침내 보위에 올랐다. 당시 주규는 양광총독으로 있었다. 건륭제는 상황의 자격으로 계속 정무를 처리하고 있었다. 아직까지 실권은 그에게 있었다.

건륭제는 주규를 경사로 불러들였다. 이 소식을 들은 가경제가 크게 기뻐하며 축하시를 지었다. 주규를 꺼려하던 화신이 아직 완성되지도 않은 시를 손에 넣었다. 그가 이를 태상황에게 보여주며 이같이 말했다.

"예비황제가 사부에게 은혜를 갚고자 합니다."

심기가 불편해진 건륭제가 곧바로 군기대신 동고董誥에게 물었다.

"그대는 군기처와 형부에서 오랫동안 봉직해왔다. 이는 어떤 죄를 받아야 하는가."

동고가 대답했다.

"주규에게는 잘못이 없습니다."

건륭제는 더 이상 죄를 묻지 않기로 했으나 주규를 내각대학사로 임명한다는 조서를 취소했다.

가경제는 태상황인 건륭제가 가경 4년(1799) 정월에 죽자 그때에서야 비로소 친정에 나설 수 있었다. 그가 가장 먼저 한 것은 자신의 사부인 주규를 경사로 불러들이는 일이었다. 가경제는 친정을 하면서 모든 것을 주규에게 자문했다. 이 와중에 그는 지난 20여 년 동안 사부인 주규와 교환한 시들을 『산해요사山海遙思』 등의 표제를 붙인 2권의 책으로 묶어 하사했다. 몇 년 뒤 주규가 병사하자 가경제는 직접 주규의 집으로 가 문상했다.

아편의 유입, 은의 유출

가경제는 부황의 뒤를 이어 보위에 오른 이듬해인 가경 원년(1796)에 관세표를 개정하면서 '아편'을 관세표의 품목에서 삭제했다. 비록 의약품일지라도 아편의 수입을 더 이상 허용할 수 없다는 단호한 의지의 표현이었다. 이는 이때에 들어와 아편이 제국의 안정을 뒤흔드는 중대한 현안으로 부각되었음을 의미한다. 그러나 이러한 조치에도 아편은 더욱 기승을 부렸다.

차와 비단 등의 수출로 유입된 막대한 양의 은이 아편 대금의 결제로 서서히 빠져나가면서 청나라의 재정에 치명상을 안겼다. 이를 통상 '누은漏銀'이라고 했다. '누은'으로 인해 은 시세가 올라가면서 은본위의 청나라 경제에 치명적인 결과를 초래했다. 당시 세금은 은으로 정해졌으나 실제로는 동전으로 납부했다. 액수는 같지만 은값이 오르면 증세하는 것이나 다름없다. 은 한 냥에 동전 800~900문文 하던 것이 서서히 올라 아편전쟁 직전인 도광 18년(1836)에는 1,800문까지 뛰었다.

그러나 영국은 청나라의 이런 사정에 아랑곳하지 않았다. 오히려 막대한 양의 은이 유입되자 아편무역에 더욱 열을 올렸다. 건륭제 때까지만 해도 국내의 은광銀鑛 산출량이 매우 많아 은이 넘쳐났다. 당시 모든 세입을 지세地稅로 통일해 은으로 납부하게 하는 이른바 '지정은地丁銀' 제도를 확립할 수 있었던 것은 은이 넘쳐났기에 가능했던 일이다. 당시 은화를 포함해 은을 다루는 점포를 '은행銀行'이라고 했다. 그러나 아편수입이 폭발적으로 증가하자, 청국은 비용지급을 생사와 견직물, 도자기, 찻잎으로는 대신 결제할 수 없는 지경에까지 이르게 되었다. 가경 11년(1806)에 청에 들여온 아편은 이미 27만 톤에 달했다.

이로 인해 마침내 법정통화제도 및 조세제도의 기본 골격을 이루고 있는 은을 대량으로 유출하게 되었다. 은본위제 나라에서 은의 대량 유출은 금융경제의 교란에 이어 실물경제의 파탄을 가져왔다. 국가재정이 적자에 시달리고, 유민의 증가로 땅과 바다에서 반란이 일어났다. 이러한 파국의 원인이 아편에 있었다고 해도 과언이 아니다. 그러나 청나라의 입장에서 '누은'으로 인한 더 큰 문제는 백성들이 아편에 중독돼 퇴폐풍조가 만연해지는 것이었다.

| 19세기 아편굴의 모습

17세기 초, 영국·프랑스 등의 유럽국가에서 동방 진출을 목적으로 설립한 무역회사의 통칭. 동인도회사는 자국에서 동양에 대한 무역권을 부여 받아 존속했다.

처음에 포르투갈이 인도양을 지나 인도로 항해하는 바닷길을 거의 독점 운영하고 있었다. 포르투갈은 인도와 동남아시아에서 후추를 수입해 유럽해서 막대한 이익을 얻었다. 이를 따라 영국과 네덜란드도 인도와의 해상무역에 발을 들였다. 인도로의 진출은 영국이 빨랐지만 이전까지 영국은 거의 약탈에 가까운 무역을 해왔기 때문에, 네덜란드가 훨씬 체계적으로 무역하고 있었다. 동인도회사 역시 네덜란드가 먼저 설치했다. 네덜란드 동인도회사는 동인도의 특산품이었던 향신료, 커피, 면직물 등을 수입했다. 그러나 여러 동인도회사가 경쟁적으로 무역에 뛰어들어 수입품의 가격이 폭락하고 말았다. 결국 1602년 네덜란드 동인도회사는 모두 통합되었다.

당시 영국, 프랑스 등의 나라에서도 동인도회사를 설립했으나 무역보다는 실상 동인도의 여러 섬을 정복하고 지배하는 식민지화의 거점 역할에 충실했다. 특산품을 강제로 생산시켜 헐값에 사들이고 수출과 수입 이익을 독점했다.

그러나 1652년부터 오랜기간 전쟁이 일어났고, 이에 타격을 입은 네덜란드는 막대한 부채를 견디지 못하고 곧 파산했다. 프랑스의 경우 자국민들에게 홍보했으나, 동인도회사의 낯선 운영 방식 때문에 꺼리며 참여하지 않았다. 결국 부진한 수익 때문에 해체시켰다.

덕분에 영국 동인도회사는 인도와의 무역을 거의 독점하게 되었다. 이를 통해 인도를 식민지로 만들려고 했다. 당시의 거의 모든 동인도회사들이 동방을 식민지화하기 위해 전초기지로서 사용되고 있었다. 그러나 영국 내에서 동인도회사의 무역 독점에 대한 비판이 일어났고, 곧 인도가 영국 국왕의 직접통치를 받게 되면서 동인도회사의 기능이 정지되었다.

동인도회사는 전근대에 생겼던 독점상업조직이었으나, 중상주의에서 자본주의로 넘어가며 도태되었다. 19세기 초중반부터는 사실상 그 역할이 소멸되었으며 완전히 해체되기 전까지 단순히 국가 기관으로 남아있을 뿐이었다.

05

JUSTICE

리더가 제 역할을 못하면 조직이 흔들린다

"세계제국의 면모를 과시하던 청나라는 진퇴양난의 위기에 처하게 되었다."

백련교의 난 – 피폐해진 백성들이 난을 일으키다

'누은'은 백성들의 삶을 피폐하게 했다. 이내 종교의 형태를 빌린 반란조짐이 도처에서 일어났다. 대표적인 것이 가경 원년(1796)부터 불거져 나오기 시작한 '백련교白蓮敎의 난'이었다. 원제국을 패망으로 이끈 백련교가 다시 2백 년 만에 기승을 부리기 시작했던 것이다. 이 난은 건륭제가 사망한 이후에도 몇 년 동안 지속돼 10년 가까이 진행되었다. 이 과정에서 제국 무력의 기반인 8기군의 무능과 부패가 여지없이 폭로되었다. 당시 8기군을 비롯한 문무관원들의 부패는 심각한 상황이었다.

이 와중에 설상가상으로 산업혁명에 성공한 서구열강이 베트남과 조선 등 청국의 주변을 서서히 넘보기 시작했다. 세계를 대상으로 한 식민지 쟁탈전의 긴장이 청국을 주축으로 한 동아시아까지 밀려들고 있었던 것이다. 이런 상황에서 대영제국과 더불어 세계제국의 면모를 과시하던 청나라는 오히려 내부의 부패 등으로 인해 진퇴양난의 위기에 처하게 되었다. 각지의 내란은 외환보다 더 심각했다. 청나라는 건륭제 사후 안팎의 내우외환을 적절히 타개할 수 있는 효과적인 통제수단을 잃고 있었다.

원래 청나라는 입관 이후 일체의 결사를 엄하게 통제했다. 절대다수를 이루고 있는 한족의 궐기가 두려웠기 때문이다. 그러나 그럴수록 수많은 비밀결사가 각지에서 은밀히 만들어졌다. 이들 비밀결사는 거의 예외 없이 신앙집단의 모습을 띠었다. 반체제의 신앙집단이 흥기할 때는 으레 비적匪賊이 횡행하기 마련이다. 궁지에 몰려 마을을 떠나 떠돌이 생활을 하게 된 유민流民이 살아남기 위해 절도와 공갈, 협박, 유괴 등 온갖 불법행위를 일삼게 되면 비적이 된다. 여기에 강력한 지도자가 이끄는 신앙집단이 가세하면 비적과 반체제 신앙집단의 구분 자체가 어려워지게 된다.

청나라는 사교邪教를 정치와 무관한 현상으로 간주한 까닭에 신앙집단에 대해서는 너그러운 태도를 보였다. 통상적인 민란으로 성이 함락되면 지방장관은 사형에 처해지나 종교민란의 경우는 해임으로 그쳤다. 이 때문에 결사에 대한 강력한 통제를 뚫고 백련교를 비롯한 혼원교混元敎, 천리교天理敎, 청수교淸水敎 등이 일어날 수 있었던 것이다.

그러나 이들 역시 반정부 조짐을 보이자 이내 탄압을 받게 되었다. 당시 지방관들은 살아남기 위해 모든 민란을 사교집단의 반란으로 보고했다. 백련교의 난은 가경 원년에 일어나 섬서와 호북, 사천 등지로 퍼져나갔다. 가경 18년(1813)에는 백련교의 일파인 천리교 신도가 마침내 같은 신도인 환관들의 안내로 자금성 안까지 쳐들어가 저항하는 변괴가 일어났다. 비록 1백 명 정도에 지나지 않았으나 이들은 이틀 동안이나 자금성 안에서 저항했다. 이를 이른바 '금문지변禁門之變'이라고 한다. 외조와 내조의 경계에 있는 융종문 편액에는 당시에 꽂힌 화살촉이 아직도 남아 있다. 이 난은 무려 10년이나 지속되었다. 반체제 지하조직인 '천지회'와 조운漕運을 담당했던 뱃사람들이 주축이 된 '안청방安淸帮' 등이 개입했기 때문이었다.

| 융종문 편액에 남아 있는 화살촉

반청을 내건 정치적 비밀결사, 천지회

'천지회'는 출발부터 극히 정치적이었다. 청나라가 입관한 후 한족의 공식적인 저항은 대만의 정씨가 토벌되면서 종식되었으나 지하의 저항운동은 면면이 계속되었다. 이를 주도한 조직이 바로 '천지회'였다.

'천지회'의 기원과 관련해 몇 가지 설이 있다. 대만의 정씨 후예들이 내지로 잠복해 들어와 형성되었다는 '정씨후예설'과 조직이 광동 등의 화남 지역을 비롯해 동남아 화교집단에 널리 퍼진 점에 주목한 '대만기원설' 등이 있다.

천지회는 결사의 성격상 기밀 유지가 강조될 수밖에 없었다. 입문 과정에서 이른바 '홍문洪門'이라는 거창한 입문의식을 치른다. 이들은 서로 '홍문의 형제'로 불렀다. '홍문'과 관련해 창설 당시 후원자인 홍씨의 성에서 비롯되었다는 설 등이 있으나 명나라의 황족 후예인 주홍용朱洪英을 천지회의 우두머리로 옹립한 데서 유래했다는 설이 가장 유력하다. 천지회는 삼합회三合會, 삼점회三點會, 삼성회三星會 등의 별명을 갖고 있었

| 주홍용

다. 이를 두고 천지회와 창립 취지를 같이 하는 다른 조직으로 보아야 한다는 주장이 있으나 이들이 전개한 활동내용에 비춰 천지회의 별칭으로 보는 것이 중론이다.

'삼점'은 한자의 삼수변三水邊을 뜻하는 것으로 '홍洪'의 은어일 가능성이 높다. 광동에 있는 동강과 서강, 북강의 3강이 합류하듯이 각계각층의 사람이 합심해 청나라를 타도하자는 취지에서 나온 것으로 보는 설도 있다. 이 조직에 가입한 사람들은 서로 '형제'를 칭했기 때문에 '천지회'는 가제회哥弟會나 가로회哥老會의 별칭도 갖게 되었다. 천지회와는 별개의 조직에서 시작했을 것으로 보는 견해도 있다.

'천지회'가 본격적으로 수면 위로 떠올라 반청反清의 기치를 공식적으로 내걸기 시작한 것은 백련교의 난에 가담하면서부터였다. 지하에 잠복해 있던 비밀결사가 그 모습을 드러낼 수 있었던 이유는 청나라의 치안유지 능력이 급속히 저하되었기 때문이다.

아편을 취급한 뱃사람들의 결사, 안청방

원래 뱃사람들은 직업의 성격상 운하로 연결되는 모든 곳에 걸쳐 끈끈한 결사를 유지할 수밖에 없었다. 폭이 넓지 않은 운하에서 물건을 실어 나를 때 운하의 양 옆에서 공격을 받으면 이를 방어하기가 어려웠다. 공교롭게도 이들 역시 상호부조를 위한 조직을 만들 때 신앙의 형태를 취했다. 이를 '설교設教'라고 했다.

뱃사람은 북쪽 사람이 많았다. 이들이 짐을 부리기 위해 남쪽으로 내려올 때 대규모 숙소가 필요했다. 항주의 북쪽 출신 유력자인 전씨錢氏과 옹씨翁氏, 반씨潘氏가 요양시설과 묘지 등을 부대시설로 갖춘 암자를 세워 이들에게 숙소를 제공했다. 이를 통상 '3암三庵'이라고 불렀다. '3암'은 선종의 일종인 나교羅敎의 신자였다. 나교는 명나라 때 군량을 운반하던 나조羅祖가 세운 선종의 일파로 '무위해탈無爲解脫'을 근본 취지로 삼았기 때문에 일명 '무위교'로 불렸다.

당시 북쪽에서 남쪽으로 내려갈 때는 운반할 물자가 없어 빈 배로 가는 게 보통이었다. 이때 빈 배를 이용해 소금 등의 금제품을 운반하면 큰 이익을 얻을 수 있었다. 특히 사염私鹽을 취급하면 시세보다 훨씬 싼 값에 팔아도 큰 벌이가 되었다. 모두 값진 물건이었기 때문에 배신자가 생기면 큰일이었다. 서로 굳게 단결할 수밖에 없었다. 이들의 비밀의식은 신앙집단의 의식과 비슷했다.

이들은 시간이 지나면서 아편까지 운반하기 시작했다. 사염보다 훨씬 큰 이익을 취할 수 있었기 때문이다. 이들은 관청의 눈을 피하기 위해 '안청방'의 명칭을 내걸었다. '청나라를 편안하게 하는 집단'을 표방한 것이다. 이것이 바로 훗날 암흑가의 '천지회'의 후신인 '삼합회'와 더불어 암흑가의 상징이 된 '청방靑幫'의 효시이다. 항주에 있던 '3암'이 바로 그 모체였다.

이들은 청나라가 신경질적인 반응을 보일 때면 종종 '설교'의 금지령을 내려 감시의 눈초리를 비켜갔다.

무너진 중앙군, 만주8기

| 8기의 8개 깃발. 윗줄 왼쪽부터 8기의 필두인 황실 친위군 양황기, 양백기, 양홍기, 양람기.
아랫줄 왼쪽부터 8기군 최다인구를 보유한 정황기, 정백기, 정홍기, 정람기

    사실상 백련교의 난을 진압한 것은 현지에서 모집한 향용鄕勇이었다. 민간 용병 '향용'은 싸움이 끝난 뒤 다시 반란이 일어날 때를 대비해 무기를 가지고 귀농했다. 이는 민간에 잠재적인 무력을 부여한 것이었다. 원칙적으로 민간에게 전력의 존재를 허용하지 않았던 청나라의 근본방침이 무너졌다. 청나라도 위험성을 모르는 것은 아니었으나 이미 향용에 의지하지 않고는 각 지역의 반란을 평정할 수 없는 처지였다.

    건륭제는 백련교의 난이 평정되는 것을 보지 못하고 숨을 거두었다. 가경제는 이들 향용을 이용해 백련교의 난을 간신히 평정할 수 있었다. 건륭제의 총애를 한 몸에 받았던 화신이 가경제의 명에 의

해 사약을 받을 때 사천의 백련교를 토벌하던 만주족 사천총독 로보勒保가 상주문을 올렸다. 만주8기는 규율도 없고, 행군도 느려 한족의 녹영綠營에 경시당하고 있을 뿐이니 전원 북경으로 소환해야 한다는 과격한 내용이었다. 그는 증원군 파견을 거부하면서 지역 의용군 모집 등의 명목으로 5백만 냥의 군자금을 요구했다.

그러나 로보 또한 편파적인 인사로 원성을 사고 있었다. 만주족 사천장군 푸닌福寧이 로보를 탄핵하고 나섰다. 가경제는 로보를 처벌하는 방법으로 숙군肅軍을 시행했다. '숙군'이란 부대 안에 불상사가 생겼을 때 단행하는 인사이동이다. 백련교도의 수괴인 왕삼괴王三槐를 포획하고도 그의 잔당을 제압하지 않은 것 등이 로보의 죄목이었다. 그러나 푸닌 역시 문제가 있기는 마찬가지였다. 그는 호북에서 백련교도를 토벌할 때 공적을 부풀리기 위해 투항자 2천여 명을 모조리 죽였다. 이후 반란군은 정부의 '항복 권유'를 믿지 않고 끝까지 항전했다. 푸닌 때문에 진압에 애를 먹게 된 것이다. 이 일이 탄로 나자 푸닌은 형부로 넘겨져 투항자를 죽인 사람을 처벌하는 '살항률殺降律' 위반으로 처벌받았다.

로보와 푸닌의 처벌은 당시 만주8기가 얼마나 부패해 있는지를 상징적으로 보여준 사건이었다. 실제로 북경에 거주하는 만주8기의 장교들 중에는 가을에 실시하는 군대사열인 '추열秋閱' 때만 군복을 입어본 자가 많았다.

가경제는 선황들과 마찬가지로 성실한 군주였다. 그러나 그는 불행하게도 '강건성세'가 이미 절정을 지나 쇠락의 조짐을 보이는 시기에 즉위해 안팎으로 동시에 밀려드는 난관을 헤쳐 나가기 위해 시간을 보내야만 했다. 이는 25년에 달하는 그의 재위기간으로도 부족했다. 그의 뒤를 이은 도광제는 더 큰 시련의 시간을 보내야만 했다. 그것이 바로 아편전쟁이었다. 이를 계기로 청나라는 이제 더 이상 회복할 길이 없는 궁지로 몰리고 말았다.

| 도광제

청나라 쇠퇴의 길을 연 아편의 유입

청나라 말기는 백련교의 난, 천지회를 비롯한 소수민족의 봉기 등으로 나라 전체가 쇠퇴하고 있었던 시기였다. 이러한 전란들을 수습하는 데에도 상당한 국고가 차출되었지만 사실 청나라의 국고를 가장 많이 갉아 먹고 있는 주범은 '아편'이었다. 당시 청이 외국에 지불하는 대금은 모두 은이었다. 아편 때문에 어마어마한 은이 비공식적으로 유출되고 있었다. 은은 납세 수

| 청나라 화폐였던 은괴

단이기도 했기 때문에 은의 유출은 곧 '은의 가격 상승', 즉 '세금의 실질적인 상승'으로 이어졌다. 이에 조세부담을 이기지 못한 농민들이 유민이 되어 반란군이 되는 일이 허다했다. 여기에 당시 아편이 중독된 중국인은 4백만 명으로 추정된다. 이에 청의 마지막 황제 도광제는 아편을 엄금하는 정책을 시행했다.

이에 반해 영국의 대청무역에서 아편이 차지하는 몫은 굉장했다. 그들에게 청나라는 잠재력이 무궁무진한 시장이었다. 흑자를 남길 여지는 아직 충분했다. 본격적인 공략에 앞서 필요한 것이 있었다. 들쑥날쑥한 청나라의 관세와 하나뿐인 무역항, 그리고 상인 조합이

취하는 폭리를 해결해야 했다. 여기에 어중간하게 알게 된 청의 막대한 부와 그들이 보기에 야만적이었던 문화 등이 그들을 '계몽'시켜야 한다는 오만에 빠지게 만들었다.

아편전쟁, 불평등 조약으로 중국의 문호를 개방하다

이에 아편전쟁이 일어났다. 아편전쟁은 영국의 승리였다. 포탄을 발명한 것은 중국이었으나 그 개량은 영국이 훨씬 앞서고 있었다. 영국 군함 2척과 29척의 청군 함대가 맞붙은 적이 있었다. 영국 군함은 아무런 전략 없이 그저 포문을 열고 정신없이 포탄을 쏘았다. 그런데 청군 함대는 겨우 2척의 화력에 참담하게 패하고 말았다. 청군 군대가 쏘아올린 포탄은 영국 군함에 채 닿지도 못하고 물 속으로 가라앉았다.

| 아편전쟁 당시 광주를 공격하는 영국의 함대

| 홍콩에서 난징조약을 체결하는 영국과 청

　당황한 도광제는 일단 영국을 달랜 후 후일을 도모해야겠다고 생
각했다. 그러나 영국이 제시한 조건은 터무니 없었고 결국 다시 전
쟁이 발발했다. 1841년 결국 광동이 영국군에게 넘어갔다. 휴전하기
로 했으나 이전에 이미 화해의 손길을 내쳐버린 전적이 있었던 청을
불신한 영국은 가차 없이 청을 몰아쳤다. 결국 청은 난징조약을 받
아들일 수 밖에 없었다. 무역항의 개항과 전쟁 배상금, 청 상인 조합
의 폐지 등의 조항이 포함되어 있었다. 당시 중국은 이 조약을 별 문
제 없이 받아들였다. 그들의 입장에서는 막대한 영토나 재물을 요구
한 것이 아니었기 때문이었다. 그러나 이 조항들은 이후 서구 열강
들의 조약에서 반복되면서 청을 무너뜨리기 시작했다.

| 80년대 대표적인 홍콩영화. 왼쪽부터 〈영웅본색〉, 〈폴리스 스토리〉, 〈첩혈쌍웅〉

80년대, 홍콩영화가 물밀듯이 쏟아져 나왔다. 남자들의 끈끈한 의리와 변치않는 우정, 고난의 극복, 애절한 로맨스. 총성이 오가는 사건들의 물밑에는 반드시 비밀집단이 등장했다. 이탈리아 마피아, 남미 카르텔, 일본의 야쿠자, 대표적인 것은 중국 삼합회였다.

이전에는 청나라가 배경인 영화에서 '한족의 비밀결사대'로 고결한 이미지로 등장하기도 했다. 그러나 삼합회는 홍콩영화를 통해 악랄한 폭력조직으로서 인식되었다.

도박, 유흥업소, 도박, 매춘 등 많은 분야에 발을 걸치고 있다고 하지만, 삼합회에 관련된 설 중 가장 유명한 것은 연예계를 잠식하고 있다는 것이다. 80년대 홍콩 느와르 전성시대에는 조폭들이 미화되고 종종 영웅처럼 그려지기도 했다. 이 시절에 인기를 끌었던 성룡이나 이연걸, 주성치, 홍금보가 삼합회에 납치되었다거나 삼합회에 연루되어 있다는 식의 루머가 난무했던 것도 무리가 아닐 정도였다. 특히 홍금보는 삼합회 일원이라는 루머가 지금까지도 전해지고 있다. 또한 중국의 배우인 장백지의 아버지가 삼합회 조직원이라는 소문은 유명하다.

이러한 루머들은 모두 사실 관계가 밝혀진 바 없는 '소문'에 불과하지만 삼합회가 아직도 적지 않은 영향력을 끼치고 있다는 것만은 사실로 보인다.

1. 기본서

『논어』, 『맹자』, 『관자』, 『순자』, 『한비자』, 『상군서』, 『노자』, 『장자』, 『열자』, 『묵자』, 『주역』, 『시경』, 『서경』, 『예기』, 『주례』, 『한시외전』, 『효경』, 『대학』, 『중용』, 『초사』, 『설문해자』, 『여씨춘추』, 『안자춘추』, 『춘추좌전』, 『춘추공양전』, 『춘추곡량전』, 『공자가어』, 『회남자』, 『춘추번로』, 『신어』, 『신서』, 『포박자』, 『안씨가훈』, 『세설신어』, 『신감』, 『잠부론』, 『염철론』, 『국어』, 『설원』, 『전국책』, 『논형』, 『정관정요』, 『자치통감』, 『근사록』, 『송명신언행록』, 『전습록』, 『명이대방록』, 『일지록』, 『손자병법』, 『오자』, 『사기』, 『한서』, 『후한서』, 『삼국지』, 『진서』, 『남바』, 『북사』, 『수서』, 『구당서』, 『신당서』, 『오대사』, 『신오대사』, 『송사』, 『원사』, 『원조비사』, 『명사』, 『청사고』, 『입이사차기』.

2. 저서 및 논문

• 한국

가네타니 사다무 외, 『중국사상사』, 조성을 역, 이론과 실천, 1988

가이쯔까 시게끼, 『제자백가』, 김석근 외 역, 까치, 1989

강상중, 『오리엔탈리즘을 넘어서』, 이산, 1997

거지엔슝 편, 『천추흥망』 전8권, 정근희 등 역, 따뜻한손, 2010

구춘권, 「아시아적 자본주의」 『한국정치학회보』 33-1, 1999

궈모뤄, 『중국고대사상사』, 조성을 역, 도서출판 까치, 1991

김승혜, 『원시유교』, 민음사, 1990

김엽, 「전국 진한대의 지배계층」 『동양사학연구』, 1989

김영명,「세계화와 민족주의」,『한국정치학회보』36-2, 2002

김학주,『공자의 생애와 사상』, 태양문화사, 1978

나이스비트,『차이나 메가트렌드』, 안기순 역, 비즈니스북스, 2010

니스벳,『생각의 지도』, 최인철 역, 김영사, 2004

라이샤워 외,『동양문화사』, 고병익 외 역, 을유문화사, 1973

루카치,『역사와 계급의식』, 박정호 역, 거름, 1999

리둥팡,『삼국지강의』, 문현선 역, 돌베개, 2010

리쩌허우,『중국근대사상사론』, 임춘성 역, 한길사, 2005

마쓰시마 다까히로 외,『동아시아사상사』, 조성을 역, 한울아카데미,1991

마틴,『중국이 세계를 지배하면』, 안세민 역, 부키, 2010

멘지스,『1434, 중국의 정화 대함대』, 박수철 역, 21세기북스, 2010

모리모토 준이치로,『동양정치사상사 연구』, 김수길 역, 동녘, 1985

문정인,『중국의 내일을 묻다』, 삼성경제연구소, 2011

민두기,『현대중국과 중국근대사』, 지식산업사, 1981

박지원,『열하일기』, 고미숙 역, 그린비, 2008

박한제,『중국역사기행』, 사계절, 2003

박한제 외,『아틀라스 중국사』, 사계절, 2007

박혜숙 편역,『사마천의 역사인식』, 한길사, 1989

베네딕트 앤더슨,『상상의 공동체』, 윤형숙 역, 나남, 2004

부낙성,『중국통사』, 신승하 역, 우종사, 1998

브레진스키,『거대한 체스판』, 김명섭 역, 삼인, 2000

비숍,『한국과 그 이웃 나라들』, 이인화 역, 살림, 1996

사마광,『자치통감, 삼국지』, 신동준 역, 살림, 2004

사마광,『자치통감』, 권중달 역, 삼화, 2009

사마천,『사기』, 김원중 역, 민음사, 2007

서울대동양사학연구실 편,『강좌 중국사』, 지식산업사, 1989

소공권,『중국정치사상사』, 최명 역, 서울대출판부, 2004

솔즈베리,『새로운 황제들』, 박월라 외 역, 다섯수레, 1993

슈월츠,『중국고대사상의 세계』, 나성 역, 살림출판사, 1996

시바 료타로,『항우와 유방』, 양억관 역, 달궁, 2002

신동준,『인물로 읽는 중국근대사』, 에버리치홀딩스, 2010

아렌트,『인간의 조건』, 이진우 외 역, 한길사, 1996

아리기,『베이징의 애덤 스미스』, 강진아 역, 길, 2009

애덤 스미스,『국부론』, 유인호 역, 동서문화사, 2008

야부우치 기요시,『중국의 과학문명』, 전상운 역, 민음사, 1997

양계초,『중국문화사상사』, 이민수 역, 정음사, 1980

오까다 히데히로,『세계사의 탄생』, 이진복 역, 황금가지, 2002

오금성 외,『명청시대 사회경제사』, 이산, 2007

월러스타인 외,『세계체제론』, 김광식 외 역, 학사, 1985

유원수,『몽골비사』, 사계절, 2004

이성규 외,『동아사상의 왕권』, 한울아카데미, 1993

이종오,『후흑학』, 신동준 역, 인간사랑, 2010

이탁오,『분서』, 김혜경 역, 한길사, 2004

자오팅양,『천하체계』, 노승현 역, 길, 2010

전해종 외,『중국의 천하사상』, 민음사, 1988

조동일,『동아시아문명론』, 지식산업사, 2010

주치엔즈, 『중국이 만든 유럽의 근대』, 전홍석 역, 청계, 2010

중국사학회 편, 『중국통사』 전4권, 종합출판범우, 2013

중앙일보 중국연구소, 『공자는 귀신을 말하지 않았다』, 중앙북스, 2010

진순신, 『중국의 역사』, 권순만 외 역, 한길사, 1995

차하순 편, 『사관이란 무엇인가』, 청람, 1984

체스타 탄, 『중국현대정치사상사』, 민두기 역, 지식산업사, 1979

최명, 『춘추전국의 정치사상』, 박영사, 2004

치엔무, 『중국사의 새로운 이해』, 권중달 역, 집문당, 1990

쿨랑주, 『고대도시』, 김응종 역, 아카넷, 2000

크레인 브린튼 외, 『세계문화사』, 민석홍 외 역, 을유문화사, 1972

크릴, 『공자, 인간과 신화』, 이성규 역, 지식산업사, 1989

토인비, 『역사의 연구』, 홍사중 역, 동서문화사, 2007

퍼거슨, 『시빌라이제이션』, 구세희 외 역, 21세기북스, 2011

폴 케네디, 『강대국의 흥망』, 이일주 역, 한국경제신문사, 1990

프란시스 후쿠야마, 『역사의 종언』, 함종빈 역, 헌정회, 1989

프랑크, 『리오리엔트』, 이희재 역, 이산, 2003

핑글턴, 『중국과 미국의 헤게모니 전쟁』, 이양호 역, 에코리브르, 2010

헌팅톤, 『문명의 충돌』, 이희재 역, 김영사, 1997

헤겔, 『역사철학 강의』, 권기철 역, 동서문화사, 2008

헤로도토스, 『역사』, 박광순 역, 범우사, 1995

홍순창, 『사기의 세계』, 영남대출판부, 1982

황원구, 『중국사상의 원류』, 연세대출판부, 1988

후쿠자와 유기치, 『학문을 권함』, 양문송 역, 일송미디어, 2004

히로마쯔 와타루, 『근대초극론』, 김항 역, 민음사, 2003

• 중국

郭沫若, 「馬克斯進文廟」 『郭沫若全集』, 人民文 出版社, 1985

郭志坤, 『荀學論稿』, 三聯書店, 1991

關峰 外, 『春秋哲學史論集』, 人民出版社, 1963

匡亞明, 『孔子評傳』, 山東, 齊魯出版社, 1985

喬木靑, 「荀況'法後王'考辨」 『社會科學戰線』 2, 1978

金德建, 『先秦諸子雜考』, 中州書畵社, 1982

勞思光, 「法家與秦之統一」 『大學生活 153-155』, 1963

童書業, 『先秦七子思想硏究』, 山東, 齊魯書社, 1982

鄧小平, 『鄧小平文選』, 人民出版社, 1993

梁啓超, 『先秦政治思想史』, 商務印書館, 1926

毛澤東, 「新民主主義論」 『毛澤東選集 2』, 人民出版社, 1991

方立天, 『中國古代哲學問題發展史』, 中華書局, 1990

傅樂成, 「漢法與漢儒」 『食貨月刊 復刊 5-10』, 1976

謝祥皓, 『中國兵學』 1-3, 濟南, 山東人民出版社, 1998

徐復觀, 『中國思想史論集』, 臺中, 臺中印刷社, 1951

蕭公權, 『中國政治思想史』, 臺北, 臺北聯經出版事業公司, 1980

蕭一山, 『淸代通史』, 臺灣商務印書館, 1985

蕭統, 『昭明文選』, 京華出版社, 2000

孫謙, 「儒法理學異同論」 『人文雜誌 6』, 1989

孫開太, 「試論孟子的 "仁政" 學說」 『思想戰線 1979-4』, 1979

孫立平,「集權 · 民主 · 政治現代化」『政治學硏究 5-15』, 1989

宋鴻兵,『貨幣戰爭』, 中信出版社, 2008

沈展如,『新莽全史』, 臺北, 正中書局, 1977

楊善群,「論孟荀思想的階級屬性」『史林 1993-2』, 1993

楊雅 ,「荀子論道」『中國文學硏究 2』, 1988

楊榮國 編,『中國古代思想史』, 三聯書店, 1954

楊幼炯,『中國政治思想史』, 上海, 商務印書館, 1937

呂凱,「韓非融儒道法三家成學考」『東方雜誌 23-3』, 1989

呂思勉,『秦學術槪論』, 中國大百科全書, 1985

鳴康,「荀子論王霸」『孔孟學報 22』, 1973

鳴辰佰,『皇權與紳權』, 臺北, 儲安平, 1997

王道淵,「儒家的法治思想」『中華文史論叢 19』, 1989

王文亮,『中國聖人論』, 中國社會科學院出版社, 1993

王亞南,『中國官僚政治硏究』, 中國社會科學出版社, 1990

于孔寶,「論孔子對管仲的評價」『社會科學輯刊 4』, 1990

熊十力,『新唯識論 原儒』, 山東, 友誼書社, 1989

魏源,『海國圖志』, 鄭州, 中州古籍出版社, 1999

劉如瑛,「略論韓非的先王觀」『江淮論壇 1』, 1982

劉澤華,『先秦政治思想史』, 南開大學出版社, 1984

游喚民,『先秦民本思想』, 湖南師範大學出版社, 1991

李侃,「中國近代'儒法鬪爭'駁議」『歷史硏究 3』, 1977

李錦全 外,『春秋戰國時期的儒法鬪爭』, 人民出版社, 1974

李德永,「荀子的思想」『中國古代哲學論叢 1』, 1957

李宗吳,『厚黑學』, 求實出版社, 1990

李澤厚,『中國古代思想史論』, 人民出版社, 1985

人民出版社編輯部 編,『論法家和儒法鬪爭』, 人民出版社, 1974

張豈之,『中國儒學思想史』, 西安, 陝西人民出版社, 1990

張君 ,『中國專制君主政制之評議』, 弘文館出版社, 1984

鄭良樹,『商 及其學派』, 上海, 上海古籍出版社, 1989

趙光賢,「什 是儒家, 什 是法家」,『歷史教學』1, 1980

曹思峰,『儒法鬪爭史話』, 上海, 上海人民出版社, 1975

趙守正,『管子經濟思想研究』, 上海, 上海古籍出版社, 1989

曹旭華,「『管子』論富國與富民的關係」,『學術月刊 6』, 1988

趙翼,『廿二史箚記』, 中華書局, 2001

曹操,『曹操集』, 中華書局, 1959

鍾肇鵬,『孔子研究, 增訂版』, 中國社會科學出版社, 1990

朱謙之,『中國哲學對歐洲的影響』, 上海, 上海人民出版社, 2006.

周立升 編,『春秋哲學』, 山東, 山東大學出版社, 1988

周雙利,「略論儒法在 '名實' 問題上的論爭」,『考古』4, 1974

周燕謀 編,『治學通鑑』, 臺北, 精益書局, 1976

陳飛龍,『荀子禮學之研究』, 文史哲出版社, 1979

馮友蘭,『中國哲 簡史』, 北京大出版社, 1996

鐵川,「韓非子論法與君權」,『法學研究 4』, 1987

韓學宏,「荀子 '法後王' 思想研究」,『中華學苑 40』, 1990

文甫,『春秋戰國史話』, 中國青年出版社, 1958

黃公偉,『孔孟荀哲學證義』, 臺北, 幼獅文化事業公司, 1975

黃偉合,「儒法墨三家義利觀的比較研究」『江淮論壇 6』, 1987

黃俊傑,「孟子王霸三章集釋新詮」『文史哲學報 37』, 1989

曉東,「政治學和政治體制改革」『瞭望 20-21』, 1988

• 일본

加藤常賢, 『中國古代倫理學の發達』, 二松學舍大學出版部, 1992

加賀榮治, 『中國古典解析史』, 勁草書房, 1973

角田幸吉,「儒家と法家」『東洋法學 12-1』, 1968

岡田武彦, 『中國思想における理想と現實』, 木耳社, 1983

鎌田正, 『左傳の成立と其の展開』, 大修館書店, 1972

高文堂出版社 編, 『中國思想史』, 高文堂出版社, 1986

高須芳次郎, 『東洋思想十六講』, 新潮社, 1924

高田眞治,「孔子的管仲評-華夷論の一端として」『東洋研究』6, 1963

館野正美, 『中國古代思想管見』, 汲古書院, 1993

溝口雄三, 『中 の衝 』, 東京大學出版會, 2004

宮崎市定, 『アジア史研究I-V』, 京都, 同朋社, 1984

宮島博史 外,「明淸と李朝の時代」『世界の 歷史』, 中央公論社, 1998

金谷治, 『管子の研究-中國古代思想史の一面』, 岩波書店, 1987

吉川英治, 『三國志』, 六興出版社, 1953

內山俊彦, 『荀子-古代思想家の肖像』, 評論社, 1976

大久保隆郎也, 『中國思想史, 上-古代中世-』, 高文堂出版社, 1985

大濱晧, 『中國古代思想論』, 勁草書房, 1977

渡邊信一郎, 『中國古代國家の思想構造』, 校倉書房, 1994

木村英一, 『孔子と論語』, 創文社, 1984

茂澤方尚, 「韓非子の'聖人'について」『駒澤史學 38』, 1988

尾藤正英, 『日本文化論』, 放送大學教育振興會, 1993

服部武, 『論語の人間學』, 富山房, 1986

福澤諭吉, 『福澤諭吉選集』, 岩波書店, 1989

山口義勇, 『列子研究』, 風間書房, 1976

澁澤英一, 『論語と算盤』, 大和書房, 1992

上野直明, 『中國古代思想史論』, 成文堂, 1980

上田榮吉郎, 「韓非の法治思想」『中國の文化と社會 13』, 1968

小林多加士, 「法家の社會體系理論」『東洋學研究 4』, 1970

小野勝也, 「韓非, 帝王思想の一側面」『東洋學術研究』10-4, 1971

小倉芳彦, 『中國古代政治思想研究』, 青木書店, 1975

松浦玲, 「'王道'論をめぐる日本と中國」『東洋學術研究 16-6』, 1977

守本順一郎, 『東洋政治思想史研究』, 未來社, 1967

狩野直, 『韓非子の知慧』, 講談社, 1987

守屋洋, 『韓非子の人間學』, プレジデント社, 1991

信夫淳平, 『荀子の新研究』, 研文社, 1959

安岡正篤, 『東洋學發掘』, 明德出版社, 1986

安居香山 編, 『讖緯思想の綜合的研究』, 國書刊行會, 1993

栗田直躬, 『中國古代思想の研究』, 岩波書店, 1986

伊藤道治, 『中國古代王朝の形成』, 創文社, 1985

伊藤仁 , 『童子問』, 岩波書店, 1970

日原利國, 『中國思想史, 上下』, ペリカン社, 1987

町田三郎 外, 『中國哲學史研究論集』, 葦書房, 1990

中村哲, 「韓非子の專制君主論」『法學志林 74-4』, 1977

紙屋敦之, 『大君外交と東アジア』, 吉川弘文館, 1997

津田左右吉, 『左傳の思想史的研究』, 岩波書店, 1987

淺間敏太, 「孟荀における孔子」『中國哲學 3』, 1965

淺井茂紀他, 『孟子の禮知と王道論』, 高文堂出版社, 1982

村瀨裕也, 『荀子の世界』, 日中出版社, 1986

貝塚茂樹 編, 『諸子百家』, 筑摩書房, 1982

布施彌平治, 「申不害の政治說」『政經研究 4-2』, 1967

戶山芳郎, 『古代中國の思想』, 放送大敎育振興會, 1994

丸山松幸, 『異端と正統』, 每日新聞社, 1975

丸山眞男, 『日本政治思想史研究』, 東京大出版會, 1993

荒木見惡, 『中國思想史の諸相』, 福岡, 中國書店, 1989

· 서양

Ahern, E. M., Chinese Ritual and Politics, Cambridge, Cambridge Univ. Press, 1981

Allinson, R., ed., Understanding the Chinese Mind - The Philosophical Roots, Hong Kong, Oxford Univ. Press, 1989

Ames, R. T., The Art of Rulership - A Study in Ancient Chinese Political Thought, Honolulu, Univ. Press of Hawaii, 1983

Aristotle, The Politics, London, Oxford Univ. Press, 1969

Barker, E., The Political Thought of Plato and Aristotle, New York, Dover Publications, 1959

Bell, D. A., 「Democracy in Confucian Societies The Challenge of Justification.」 in Daniel Bell et. al., Towards Illiberal Democracy in Pacific Asia, Oxford, St. Martin's Press, 1995

Carr, E. H., What is History, London, Macmillan Co., 1961

Cohen, P. A., Between Tradition and Modernity- Wang T'ao and Reform in Late Ch'ing China Cambridge, Harvard Univ. Press, 1974

Creel, H. G., Shen Pu-hai. A Chinese Political Philosopher of The Fourth Century B.C., Chicago, Univ. of Chicago Press, 1975

Cua, A. S., Ethical Argumentation - A study in Hsün Tzu's Moral Epistemology, Honolulu, Univ. Press of Hawaii, 1985

De Bary, W. T., The Trouble with Confucianism, Cambridge, Mass. Harvard Univ. Press, 1991

Fingarette, H., Confucius The Secular as Sacred, New York Harper and Row, 1972

Fukuyama, F., The End of History and the Last Man, London Hamish Hamilton, 1993

Hegel, F., Lectures on the Philosophy of World History, Cambridge, Cambridge Univ. Press, 1975

Held, D., Models of Democracy, Cambridge, Polity Press, 1987

Hsü, L. S., Political Philosophy of Confucianism, London, George Routledge & Sons, 1932

Huntington, S. P., "The Clash of civilization," Foreign Affairs 7, no.3, summer.

Johnson, C., MITI and the Japanese Miracle, Stanford, Stanford University Press, 1996

Kissinger, H., On China, New York, Penguin Press, 2011

Machiavelli, N., The Prince, Harmondsworth, Penguin, 1975

Macpherson, C. B., The Life and Times of Liberal Democracy, Oxford, Oxford Univ. Press, 1977

Mannheim, K., Ideology and Utopia, London, Routledge, 1963

Marx, K., Oeuvres Philosophie et Économie, Paris, Gallimard, 1982

Martin, J., When China Rules the World - The End of the Western World and the Birth of a New Global Order, New York, Penguin Press, 2009

Mills, C. W., The Power Elite, New York, Oxford Univ. Press, 1956.

Moritz, R., Die Philosophie im alten China, Berlin, Deutscher Verl. der Wissenschaften, 1990

Munro, D. J., The Concept of Man in Early China, Stanford, Stanford Univ. Press, 1969

Orell, D., Economyths, Hoboken NJ, Wiley, 2010

Peerenboom, R. P., Law and Morality in Ancient China - The Silk Manuscripts of Huang-Lao, Albany, State Univ. of New York Press, 1993

Plato, The Republic, Oxford, Oxford Univ. Press, 1964

Rawls, J., A Theory of Justice, Cambridge, Harvard Univ. Press, 1971

Rubin, V. A., Individual and State in Ancient China - Essays on Four Chinese Philosophers, Columbia Univ. Press, 1976

Sabine, G., A History of Political Theory, Holt, Rinehart and Winston, 1961

Schumpeter, J. A., Capitalism, Socialism and Democracy, London, George Allen & Unwin, 1952

Schwartz, B. I., The World of Thought in Ancient China, Cambridge, Harvard Univ. Press, 1985

Stewart, M., The Management Myth New York, W. W. Norton & Company, 2009

Strauss, L., Natural Right and History, Chicago, Chicago Univ. of Chicago Press, 1953

Taylor, R. L., The Religious Dimensions of Confucianism, Albany, State Univ. of New York Press, 1990

Tocqueville, Alexis de, Democracy in America, Garden City N.Y., Anchor Books, 1969

Tomas, E. D., Chinese Political Thought, New York, Prentice-Hall, 1927

Todd. E., Après l'empire - Essai sur la décomposition du système américain, Paris, Gallimard, 2002

Tu, Wei-ming, Way, Learning and Politics- Essays on the Confucian Intellectual, Albany, State Univ. of New York Press, 1993

Waley, A., Three Ways of Thought in Ancient China, Stanford, Stanford Univ. Press, 1939

Weber, M., The Protestant Ethics and the Spirit of Capitalism, London, Allen and Unwin, 1971

Wu, Geng, Die Staatslehre des Han Fei - Ein Beitrag zur chinesischen Idee der Staatsräson, Wien & New York, Springer-Verl., 1978

Wu, Kang, Trois Theories Politiques du Tch'ouen Ts'ieou, Paris, Librairie Ernest Leroux, 1932

Zenker, E. V., Geschichte der Chinesischen Philosophie, Reichenberg, Verlag Gebrüder Stiepel Ges. M. B. H., 1926

374

위대한 황제에게 배우는 리더십 총서 2

최고의 지도자를 만드는 실행력

리더의 품격

초 판 1쇄   2017년 06월 01일

지은이 신동준
펴낸이 류종렬

펴낸곳 미다스북스
총 괄 명상완
마케팅 권순민
편 집 이다경
디자인 한소리
등록 2001년 3월 21일 제2001-000040호
주소 서울시 마포구 양화로 133 서교타워 711호
전화 02) 322-7802~3
팩스 02) 6007-1845
블로그 http://blog.naver.com/midasbooks
전자주소 midasbooks@hanmail.net

ⓒ 신동준, 미다스북스 2017, *Printed in Korea*.

ISBN 978-89-6637-528-8 03320
값 15,000원

「이 도서의 국립중앙도서관 출판예정도서목록(CIP)은 서지정보유통지원시스템 홈페이지(http://seoji.nl.go.kr)와 국가자료공동목록시스템(http://www.nl.go.kr/kolisnet)에서 이용하실 수 있습니다.(CIP제어번호: CIP2017011851)」

미다스북스는 다음세대에게 필요한 지혜와 교양을 생각합니다.